方 向

寶鼎出版

方 向

寶鼎出版

獻給所有在人生中不斷脫殼成長的龍蝦們

目錄

國外好評 002
作者的話 010
前言：龍蝦 012
第一章：菜鳥登場 014
第二章：破壞鋼球 019
第三章：牛棚 038
第四章：演久就成真 061
第五章：我的超能力 080
第六章：商業的樂趣 116
第七章：專業跟蹤者 137

第八章．．價值和估值 158
第九章．．性、愛與矽谷 189
第十章．．程式碼遇上血肉之軀 218
第十一章．．準備說「好」 235
第十二章．．很像人類 258
第十三章．．上電視了！ 305
第十四章．．陰暗地帶 333
第十五章．．軟體中的錯誤 342
第十六章．．不可能的任務 356

第十七章．．天下大亂 378
第十八章．．麥當勞騙局 399
第十九章．．木板路就在心裡 410
後記．．點點點 426
謝誌 434

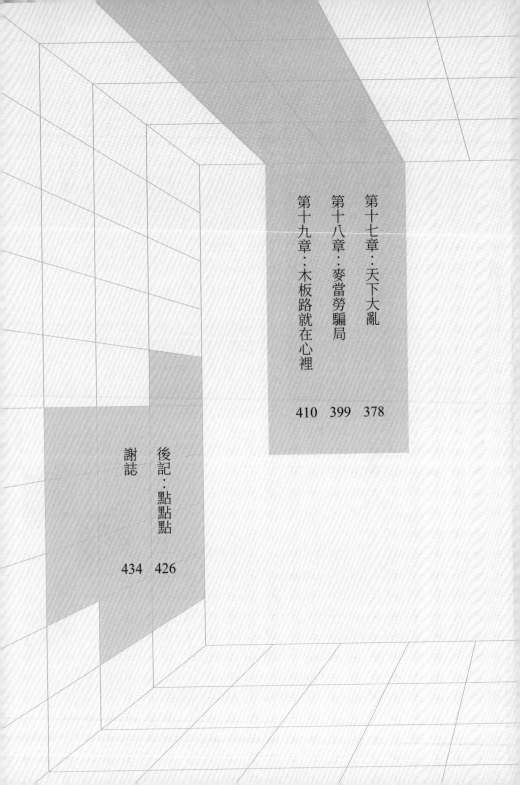

作者的話

各位即將閱讀的篇章，都是我根據記憶所及的真實事件與經驗，鉅細靡遺地書寫而成。為了保護書寫對象的隱私，我改掉了部分人士的姓名與身分細節。我也將故事做了一番濃縮與整合，把我狂野的十年時光，融合成四百四十八頁的文字內容。另外，故事中的對話也經過重新鋪陳，以便勾勒出這段時期的最佳輪廓。這些對話固然出於我的記憶，但是我的大腦尚未先進到以人工智慧來運作，因此我在書寫時並非原封不動地將內容記錄下來。這十年來，我的記者筆記本和日記已經累積了數十本，再加上手機裡的文字訊息和記錄在手機裡的筆記都還存留著並未遺失，真是謝天謝地，這些正是對話內容的素材。多虧了我自己有點多愁善感的個性，自從踏入職場之後我都有寫日記詳實做紀錄的習慣。除此之外，我和科技巨擘們的對話也大多都有現場錄影，人人都能看到。

本書各章節所提及的對話與故事在重述時，是以喚回對話當時真正的感受和意義為目的，藉此呼應事件發生時的心境。祝各位讀者閱讀愉快！

前言：龍蝦

亞伯拉罕・特韋爾斯基（Dr. Abraham Twerski）是一位面容睿智的猶太教拉比*，此刻正望著鏡頭解釋龍蝦的生理構造，臉上又長又白的鬍子在身後黑色背景的映襯下，更加彰顯了他崇高的身分地位。

這位拉比在線上布道時用這段描述作為開場：龍蝦是一種軟趴趴、住在堅硬外殼裡的生物。起初牠住得很舒服，不過硬殼是沒辦法變大的，所以當牠愈來愈大、硬殼變得愈來愈擠、束縛也愈來愈緊的時候，牠開始覺得有壓力。最後，龍蝦會躲藏在某個安全的地方，脫下身上的舊殼，長出新的殼。

拉比繼續解釋說，龍蝦在長出新殼的階段十分脆弱，因此會隱身在岩石下面保護自己，以免被掠食性魚類和其他海洋生物吃掉。雖然壓力啟動了脫殼過程，但龍蝦最終會得到一個適合自己的新殼，所以這種不舒服的感覺是值得的。

當然，龍蝦會繼續成長，新長出的殼到頭來還是會變窄，龍蝦勢必得再經歷一次同樣的過程。

龍蝦唯有感受到不舒服、壓力以及伴隨脫殼而來的脆弱，才能讓自己成長，並長出新殼。這種長大換殼的過程會一再重複……

*Rabbi，是猶太人對合格教師的稱呼，精通猶太律法，是極受尊崇的頭銜。

第一章

菜鳥登場

「女士，你還好嗎？」

一位警察停下車，他的搭檔搖下車窗。

我穿越第二大道時，想必走得搖搖晃晃，大概是高跟鞋惹的禍。五五身的我，一定要穿四吋以上的高跟鞋才行，不過穿上後未必表示我可以走得優雅。

周遭的街道平常是紐約大學學生的出沒之地，他們成群結隊流連在東村的酒吧，但現在這個時間點空蕩蕩的，一個人也沒有。

那輛警車停車熄火時，我看了一下我的 iPhone 手機。

當時是二〇〇八年八月十八日，凌晨四點〇三分，也是我的二十三歲生日。

我整理了一下身上的白領鈕釦襯衫，這在我心目中是符合專業表現的標準穿著，然後對著長得一副娃娃臉的警察和那位比他年長的搭檔露出我最亮麗的笑容。

「噢！我很好，非常好！」

就這一天的這個時間點來講，我的反應實在太過熱情有勁了。我的身軀顫動，渾身散發活力，那是一種歲月尚未流逝、黑眼圈還沒深深刻印在臉上之前會有的活力。警察理所當然會認定這位二十三歲的小姐為了掩飾自己醉酒而用熱情來偽裝。

「現在在這裡走動是不是太早了點？」警察說：「在凌晨這個時間，這一區對落單女性來說很危險，妳需不需要我們送妳一程？」

是不是真的危險我不能肯定；在我看來，東村是個非常安全的地方，即便是在凌晨四點鐘的時候。有時我會懷疑，如果我不是年輕的白人女性，會不會在碰到同樣的狀況時，照樣走路去上班。我心中有了一絲猶豫：我該不該坐上警車搭趟便車，還是去等地鐵？

內心經過一番盤算，權衡了搭地鐵和免費便車的優缺點之後，我坐上了警車。

「五十八街和第八大道交叉口那裡，」我對警察說。

「妳這麼早要去哪裡呢？」比較年輕的那位警察看著後照鏡問道。

「今天是我第一天上班。」我稍微停頓一下後又繼續說：「在CNN。」這是我第一次這樣說，這句話的每一個字縈繞在空氣中。

「太厲害了！」年長的那位警察大聲地說，他對我眨眨眼，然後喝了一大口咖啡。

我咧嘴笑了笑。我並沒有告訴他這份自由新聞助理工作是試用職，當然我也沒有告訴他，我這個初出茅廬的記者到目前為止最大的成就，就是已經朝目標跨出第一步了。為此我動用了所有能力，包括不惹人厭的堅韌頑強、創造力，以及最重要的敢做敢為的精神。我耕耘了十年，終於來到眼前這一刻。

等警車停下，我謝過警官們後下車，映入眼簾的是一片逐漸明亮的天空，讓我十分雀躍。太陽還未在中央公園如詩如畫的景致中升起；街燈在高樓大廈之間舞動。過不了多久，一些專做早晨通勤族生意的街頭小販，他們製作烤蜂蜜堅果和咖啡的香味就會填滿空氣。我深深吸了一口氣，看看四周靜謐的街道，聽著黃色計程車駛過的聲音。我來到CNN所在的「時代華納中心」（Time Warner Center），當我穿過旋轉門時，那一刻我彷彿走進了電影場景，我人生的片頭就在其中。

進入大樓內部，放眼望去都是深色調和大理石，由於時間尚早，這裡寂靜無聲，只有製作人趕在晨間節目開始前匆忙跑去買咖啡時，鞋跟踩在地板上以及他們進出刷證件發出的聲響而已。保全人員排成一列坐在門旁邊，顯得權威性十足，其中一位注意到我在旋轉門旁逗留。

「小姐有什麼問題嗎？」他抬眼看了過來，用眼神質疑我為什麼會來這棟大樓。

「我今天第一天上班！」我的回答熱情有勁，絲毫無法抑制。

他咕噥一聲，對我指著另一名保全，那位保全便領著我上七樓。到了七樓之後，來了另外一位保全，這位保全對我的熱情洋溢視而不見，他要替我拍照，我露出快裂到耳朵的笑容，及時在閃光燈亮起前把衣領整理好。

接著，我又回頭搭電梯下到四樓。四樓的開放式新聞編輯部有數十張辦公桌，除此之外，還有很多攝影機像長頸鹿一樣伸長鏡頭，佇立在一堆堆雜亂的監視器和閃爍的螢幕上方。無論白日或黑夜，新聞編輯部這座迷宮不斷有消息傳進來，控制室的燈光也閃爍個不停。走廊兩旁的剪接室是剪接新聞片段的地方，譬如《安德森．庫柏三百六十度》（*Anderson Cooper 360°*）這類節目要播出的新聞片段，就是事先在這些房間剪接而成。

我已經在上星期先行研究過我上頭的製作人，他們都是曾經報導過九一一事件的記者。這些務實精明的記者，朝著高樓大廈狂奔而去，冒著生命危險轉播新聞，記錄了那一天發生的恐怖事件，而那一天距今差不多快滿七年。我看過一支又一支的YouTube

影片，聆聽他們陳述事實時的嗓音。我研究他們的姓名，重複按下「暫停」和「播放」鍵。這些製作人是真正的高手，我即將進入他們的牛棚，在最厲害的人底下受訓。

我找了位子坐下，和其他幾位新手新聞助理一起等待。雖然我很興奮，但我很清楚我們的處境。我們是自由工作者，最底層的無名小卒，只有一年試用期可以打動對的人，否則就只好出局。這一批個個充滿雄心壯志、有望成為新聞從業人員的助理們，都已經走到了這一關，身在其中的我必須脫穎而出才行。只要努力不懈，找到對的人支持，再加上完美時機，我一定有機會得到全職工作。

其他助理互相交換一些情報，順道閒聊，我則靜靜坐著觀察新聞編輯部的製作人進進出出，記者在辦公室裡轉來轉去，部門主管對著手機大聲下達命令。這情景嚇壞我了，但另一方面也讓我覺得自己是世界上最幸運的人。

第二章

破壞鋼球

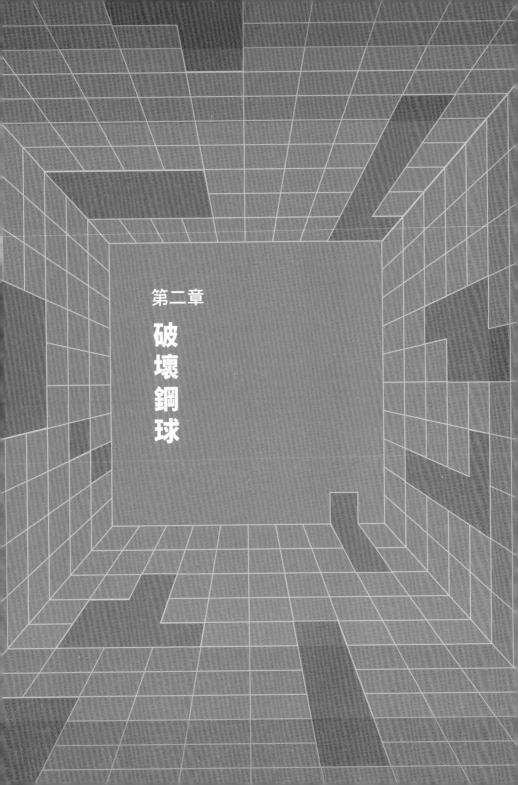

這條引領我落腳新聞編輯部的路徑，起始於我的中學時期，也就是我們尚未能安於自我而過得慘澹又格外不安的那些年，也就是據悉我們會從中蛻變成長的那段歲月。那時的我是個還未進入青春期的矮胖少女，身上穿著過大的法蘭絨運動衫，長到蓋過卡其褲——大到可以讓我藏起對自己身體的不安，以及隨之而來的沒安全感。

燦爛的秋日早晨，我和弟弟在母親的吩咐下坐到那張細條紋沙發上，然後她告訴我們父親不愛她了。她拉上窗簾的那一刻，新時代降臨。父親不再是我日常生活的一部分，母親也正和她破碎的心搏鬥，我們家充滿了怒氣，這股不安的態勢讓我難以適應，十分痛苦。我們位在亞特蘭大郊區的家是一棟灰色木造屋，有一條長長的車道往上通到我家，這裡林木蔥鬱，但如今烏雲罩頂。我躲到日記裡，把家裡發生的戰鬥全寫進去，也寫了關於陌生人的故事以及在郊區的所見所聞。我把自己投入寫作當中，那些與我心中的孤獨感相呼應的歌詞，都會被我寫進破舊的筆記本裡。我緊抓著朋友的家庭不放，離不開他們燈光溫馨、笑語不斷，還有餐餐都能吃到家常菜的家。

這段時期，母親為了安撫我和弟弟，會帶我們去郊區的一個聖地：麥當勞。

母親每星期至少會帶我們姊弟倆到麥當勞報到一次，試圖讓我們覺得一切如常，也讓我們有所期待。當時麥當勞新推出一項促銷方案：只要餐點加大就能玩「地產大亨」，當然我們每次點餐都遵照辦理將薯條和汽水加大，把大拇指指甲大小的遊戲貼紙撕開，巴望著能得到獎品或抽到一百萬美元大獎。就像在玩真正的地產大亨桌遊一樣，人人夢寐以求想得到的是「木板路」(Boardwalk)，因為這是最昂貴的地產，倘若能拿到代表該地產的寶藍色標籤，便可贏得一百萬美元。

我在一年內胖了快七公斤，但還差一張就能中一百萬美元。我念茲在茲的就只有木板路，這場追尋之旅成了我逃避現實的途徑，讓我暫且忽略亞特蘭大那勢利的郊區，忽略爸媽的離婚，忽略接踵而來的痛苦，忽略自己在面對這個似乎專為我以外的人所打造的世界時，拚命想融入的心情。

說不定我們有一百萬美元的話，母親就不必擔心家裡經濟狀況驟變的現實。我們若是拿到木板路的話，校車上那些刻薄的中學生也許會對我另眼相看；這些學生的母親拒絕讓我母親加入她們那個令人窒息的小圈子，她們最惡劣的武器不是酸言酸語，而是普遍的漠不關心。如果我們贏得這場遊戲的大獎，父親說不定會更常打電話來。

我是「乖女孩」這件事是天性使然，而非出於選擇。在外遊蕩到超過門禁時間或胡鬧惡作劇，這些我都不會做，因為我自覺有責任當母親的「伴」，扮演大人的角色，給予她情感上的支援。我父親雖然是一位深受病患喜愛的醫生，對我的怒氣卻感到不滿。他的新家明明就在我們鎮上另一頭，但感覺好似在美國的另一邊。全家人都很痛苦，沒有一個人可以完全消化這種痛苦，所以大家就用「選擇自己的冒險方式」的機制來應付，這些做法也大多不健康，譬如把班級合照的同學眼睛全戳成洞，關門的時候用甩的，不管是手指還是心都千瘡百孔。我們家原本充滿每天晚上的鋼琴獨奏，晚餐吃義大利麵配肉丸的情景，但憤怒凍結了這一切。

在我記憶中，父母只有一次肢體接觸，那是數年前的事，我把那個畫面記了下來，經常在腦海裡播放，就像按下重複播放的歌曲一樣。當時的情景是這樣的，爸媽開車載我和朋友去電影院，我倆坐在我家休旅車後座，一邊聽著車上播放的音樂，一邊聊天。當喇叭傳來法蘭克．辛納屈（Frank Sinatra）唱的《你今晚的模樣》（*The Way You Look Tonight*）時，父親望向母親，嘴角不知不覺彎成了一抹溫暖的微笑，然後他伸出手臂摟住母親的肩膀。母親眉開眼笑地回望父親，那一刻我便知道，這是他們的主題曲。

不過，主題曲現在被壓抑的怒氣取而代之了。混亂在我周遭打轉，我覺得自己好像渺小到不存在。然而，我不曾放棄過對美好事物——木板路——的想望，這個美好事物離我只有一個麥當勞餐點的距離而已；換言之，「奇蹟」就在不遠處。當你過上奇蹟的人生時，綠意盎然的美麗郊區裡，那些關係緊密的社區不會對破碎家庭有偏見，碰上節日必定會準備有五種派的晚餐，而且餐桌旁會有成堆的歡笑聲，而在這樣的人生當中，我不會感到麻木、恐懼和看不見自己——這是一個任何事都有希望的人生。

弟弟去念寄宿學校的時候，我傷心地哭著睡著了，那是一間離我們混亂的家很遠的學校。我後來轉到新學校聖嬰主教中學，心情十分焦慮。這所保守的南方高中只有少少幾個猶太女生，我就是其中之一。我費盡心思要打進那個圈子，但還是格格不入；我既不是金髮藍眼，也沒有那種在可口可樂帝國占有一席之地的父母。有個男生說我不信耶穌，以後會下地獄，我一聽便忍不住笑了起來，然後我聳聳肩心想，世界上到底有沒有一種地方，可以讓我不必努力用一笑置之的態度去面對自己就是「局外人」的感受。

我對自己的膚色感到不安，對牙齒上的虎紋矯正器感到不安，也對不肯安分待在耳朵後面的捲髮感到不安。

但轉到新學校之後，我覺得自己比以前更渺小了。母親口中說的「親切的猶太女孩們」並不願意正眼看我，那些小圈圈也沒有熱烈歡迎我們這個有瑕疵的家庭。

我在新學校讀不到一年，又轉回原來的學校，這次我自闢空間。我不參加車尾派對*，而是聽斯卡（Ska）曲風的樂團，我會開車去離我家路程不遠的博克海德（Buckhead），在那裡的羅西戲院（Roxy Theatre）觀賞身材像乾酪絲那樣纖細的歌手抱著吉他，唱著另一個世界的故事。我的白色二手「福特探險家」，散落著大條魚合唱團（Reel Big Fish）、RX Bandits 和義和國搖滾樂團（Something Corporate）的 CD。我會搖下車窗，讓汽車喇叭大聲播放《龐克搖滾公主》（*Punk Rock Princess*）。實際上，我根本就不是龐克搖滾咖，和公主更是沾不上一點邊。

十六歲時我當上校刊的總編。我對各種題材都有想法，寫過同性戀為何應該結婚的專欄文章，還針對縣園遊會遲鈍到使用「鐵達尼號」造型的充氣溜滑梯大力批評。不過，我花最多心思撰寫的是「聚光燈」專欄，這個專欄讓我有機會描繪我想書寫的對象。我是一個對任何體育活動都沒有一點運動細胞的人，也因此我得以認識在場邊的「旁觀者」，所以我不採訪運動明星，幕後人物才是我的專欄主角。

* 美國的一種派對活動，人們會在車上準備好各式食物飲料，開到目的地後，打開後車廂門，擺上幾張椅子後，以後車廂空間當桌子，就地烤肉或野餐。

田徑教練瑞德（Coach Red）將近八十歲，他個子很高，眼神和藹可親。從他當年跑操場，嘗試指揮學生衝刺，學生卻笑個不停的那段日子到現在，已經過了數十載。訪談進行時，我們就坐在體育館角落的地墊上，我按照先前寫在筆記本上的問題一一詢問。他描述數十年前與妻子相識的情景，也說到他在第二次世界大戰打仗的種種，臉上神采奕奕。那是我第一次在採訪時體驗到「燈泡點亮的時刻」；當布幕掉落，某個人的某件事得以揭開，進而改變你的觀點時，那就是「燈泡亮了」。隨著採訪進入尾聲，他大方談起自己罹患帕金森氏症，內心備受煎熬。在籃球場燈光的照射下，他哭了起來，說他知道自己就快死了，他會帶著這樣的心情度過餘生。那位動作慢條斯理，指導學生跑步衝刺時，活像個睡眼惺忪的警察站在攔檢處，讓學生忍不住竊笑的男人消失了，此刻坐在我面前的是一個發人深省的人，他上過戰場，找到真愛，現在又進入一場新的戰鬥，凝視著自己的人生盡頭。我們的對話真實無比，沒有加油添醋，他說的字字句句是我聽過最有意義的話語。

我跑不了操場又如何？我希望我接下來這輩子都能述說像瑞德教練這樣的人的故事。有鑑於此，我把剩下的兩年高中生活投入在校刊中，用校刊來記錄其他被遺忘的人，包括年老的圖書館館員安娜貝爾，她顯然有一些祕訣，還有我的祖父，他也是戰爭英雄，而且是南方率先廢除種族隔離等候室的醫生之一。這些人物側寫我稱之為「角落故事」，我透過這些故事找到歸屬感，也從無法融入一般常規的他人身上，找到一絲慰藉。

高中畢業後，我迫不及待要去密西根大學（University of Michigan）重啟人生，就讀他們一個頗具聲望的學程，那是專為我這種想成為作家的人所設計的。和我從同一所高中的畢業的學生，大多都去念附近的大學，譬如奧本大學（Auburn University）、喬治亞大學（University of Georgia）或克萊姆森大學（Clemson University）。儘管不斷有人提醒我密西根的氣候天寒地凍、天空總是灰濛濛的，但我心中只有一個念頭：我需要距離。我申請的每一間大學都在亞特蘭大數百公里之外。

大學入學前的那個暑假，我和很多人一樣創建了第一個 Facebook 個人檔案。Facebook 才剛剛對常春藤聯盟以外的大學開放平臺，讓其他學校的大學生也能加入，該公司自我標榜為「線上通訊錄」，透過社群網路連結人與人。登入 Facebook──平臺名稱原本為「The Facebook」，最近把「The」拿掉了──讓我有一種新數位時代先驅之感。

「你剛剛加我朋友了嗎？」我和朋友賈姬擠在她電腦前，她興奮地問我，我們的大行李袋就堆在一旁，預告我們即將出遠門到外地求學。

現在我們是彼此的 Facebook 好友了，我們還許下承諾，各奔東西之後也要在平臺上保持聯繫。

來到密西根安娜堡之後，母親驅車送我到校園，我找到我的宿舍房間，將行李放在破舊的床墊上。母親離去前用手臂環抱住我，抱了很久很久。她對我說：「親愛的，我愛妳。」然後便走出門。這麼多年來我倆相互作伴，但如今我踏入了轉大人的新階段。走廊充斥著尖叫和大笑的聲音，我完全不知道接受我入學申請的這個名聲響亮的寫作學程，分配到的宿舍是最大的房間，不過那一小群正是為了寬敞宿舍而申請此學程的長島女孩，顯然早就知道這個祕密。來到勞埃德宿舍（Lloyd Hall）的第一天，除了我之外，其他清一色都是長島來的女孩，其中有幾位抱著遠大的目標，不過每一個人都分到了大房間。我既興奮又震驚，原本我待的地方包括我在內只有少數幾個猶太女孩，可是從現在開始，我看起來就和周遭的其他女孩沒有兩樣。

然而，雖然我的模樣沒有違和感，但依舊格格不入。像尺一樣直的髮型，搭配UGG牌的靴子和硬挺緊身褲這樣的標準打扮，是我還得學著點的基本功夫。那些頭髮蓬亂、會幫忙拉住門的南方男孩，這裡看不到。密西根大學的男生用髮膠把頭髮抓得尖尖刺刺，他們是一群家境富裕、懂得花言巧語的特定族群。我已然踏入嶄新的世界。

迫切想要找到立足之地的我，加入了姊妹會，這是因為根據那些看起來比我懂得多的人的說法，外地來的學生都是這麼做的。然而，即便我的外表看起來跟姊妹會的其他女孩並無二致，但內心深處我卻覺得自己好像我在安娜堡二手商店買到的那隻復古風外星人玩偶。有一次招募會員的活動，我因為歡呼得不夠大聲而被教訓之後，我在姊妹會的工作就此告終。當我看著周遭的「姊妹們」整齊劃一地拍手，反復唱著「我超愛姊妹會！加油！姊妹會！」時，我明白自己已經到了極限，決心離開位在沃什特瑙大道上的姊妹會會所，另覓讓我有歸屬感之處。

這段期間，我還是繼續寫日記，不曾中斷，把筆記本寫滿的習慣延續到了安娜堡的咖啡館。我找到新的角落故事和主角，譬如有一位蓄著白色長鬍子的老者，他在密西根大學校園那塊被稱為「迪亞格」(The Diag)的開放空間吹奏口琴。我把我的綠色JanSport背包放在他身旁，聆聽他吹奏的曲子，講述了一個故事：大家以為他是個無家可歸的男人，但實際上他是一位不知該如何改善和兒子的關係的退休教授。

寫日記就是我整合思緒和感受的主要方式，我藉此建立對周遭世界的認知。日記也是我的避風港，我可以在日記裡盡情書寫任何事物——但絕對不是高中嚴格的英文老師指定的五段式論說文。高中時期我曾為克雷波老師工作，完成她交付的寫作工作，她也馬上支持我擔任校刊的工作人員，不過除此之外，在學校的寫作經驗是件苦差事，不是適合述說故事或發揮創意的管道。

然而，上了大學的寫作學程之後，一切都變了。有一位講師介紹我閱讀瓊．蒂蒂安(Joan Didion)的作品，她的文筆讓我激動不已。蒂蒂安筆下的文句很長，描述性強，抓得住人物的神韻和各種想法，能在一般人覺得不起眼的尋常事件上賦予某種意義。我在讀她的書和文章時，往往會把某些書頁摺角，譬如描述到拉斯維加斯的新娘變成耐人尋味的奇聞軼事的部分。蒂蒂安的想法很獨特，表現感受的方式十分通俗。她的坦率深深吸引我，激發我以對話的形式寫作，這是我過去不曾有過的。蒂蒂安的文字自然原始，沒有矯揉造作，而且讀來讓人感受強烈。這位作家「不按牌理出牌」的特質，正是我所恐懼的一切；她自成一格。寫作學程成了我發揮創意的出口，也讓我多年來在日記上大量堆疊的文句和所見所聞有了一個棲身的地方。我愈是對故事著迷，內心就愈清楚往後自己一定要將寫故事當成職業。因此，我更加積極尋找任何可能的寫作機會，並且開始在密西根大學的校園電視臺 WOLV TV 擔任志工，撰寫節目內容。

大三那一年，我的好運來了。有一位大學朋友的表親和《魅力》(*Glamour*) 雜誌有往來，於是把我引薦給該雜誌的編輯。編輯給了我一個千載難逢的好機會，她要我祕密參加「貞潔舞會」(purity ball)。貞潔舞會是一種儀式，小女孩會在父親的見證下簽署貞潔誓言，而父親則成為女兒貞潔的守護者，直到女兒將童貞「交予」丈夫為止；而這個貞潔舞會，就在我的家鄉喬治亞州舉行。

我興奮極了，這根本是終極版的角落故事，而且必須暗中進行——和我的父親一起。我那時和父親很少講話，就在幾個星期前，他告知我準備和女朋友哈莉葉結婚，可是我跟他女友根本沒往來過。我硬是壓下震驚的心情，恭喜兩個字哽在喉嚨，最後脫口而出我的問題：他願不願陪我參加貞潔舞會？

這些年來我們父女的關係從荊棘滿布到吵吵鬧鬧，但是能在我發展職涯的過程中助我一臂之力，他真的非常開心。這是我第一次從學術界跨足到新聞業，我若是表現得好，說不定能打開機會的大門。

於是，我回到亞特蘭大，和父親一起飛到喬治亞州的哲基爾島 (Jekyll Island)。根據我在 Google 搜尋的結果來看，這個地方最有名的就是高爾夫球、信仰和海龜。這是十年來我和父親唯一一次的單獨相處，我暫且拋開尷尬不安，專注在編輯給我的任務上。貞潔舞會背後的涵義是很美好，但同時也很古怪。只有九歲大的女孩吟唱誓言，宣告父親是自己貞潔的守護者，而背景是大家在舞池跳舞搭配慷慨激昂的演說。這個活動的本質其實是要強調父女關係的重要。**真是諷刺啊，**我邊想邊遞給爸爸一包飛機上的花生。

不到兩個小時，我們就來到貞潔舞會所在的會議中心大廳。我內心猶豫不決；放眼望去盡是穿著一身閃亮公主禮服的少女們，她們綁著髮辮，頭上還戴著皇冠。我拉了拉身上合身的白色洋裝。可惡，這件洋裝太合身了！都顯露出我的曲線了，這表示我是目前為止年紀最大的參加者之一。

爸爸調整了一下眼鏡，然後彆扭地站在一群女孩後面跟著排隊，這些女孩們個個戴著長至手肘的白色手套，緊抓著她們父親的手。這時，有一個男人問我們的姓氏，我雙臂交叉，屏住呼吸。

父親回答：「塞格爾。」

我咬緊牙關，深深覺得光是說出姓氏就會洩漏我的身分──就像很多名媛的成年舞會、交際舞課程，還有我小時候參加的禮拜堂活動那樣。

男人在名單上找到了我們的名字。

「請直接進去吧，先生，」他用濃重的南方口音說道，對我父親指著舞廳那幾扇已經敞開的門。

第一關通過，我在心裡對自己說。

我和爸爸從冰雕和五彩繽紛的氣球旁邊走過，穿過一群又一群蓬蓬裙女孩，來到我們的桌子旁，桌上擺了一張大張的白色卡片，上面寫著「溫柔」，而每一個座位上擺著一份貞潔文件要我們填寫。

爸爸讀著他面前的卡片，父親的貞潔禱詞主要是要求他們當女兒的楷模（**這倒是公平的要求**），並且保護女兒的純真（**這個嘛……**）。我也讀了我的卡片，上面提到各方面都要保持純潔（**這一點我沒辦法發誓**），另外誓言也明確宣告，我的父親是我童貞的最高守護人。

爸爸很有風度，我看著他被別人找去加入「爸爸圈」，和其他父親一起朗誦誓詞，覺得很有趣。爸爸是一個有點冷淡、屬於分析思考型的人，他就這樣站在那兒跟著覆誦誓詞，嘴裡唸著要成為我的靈魂男性好友，並守護我的貞潔，直到我結婚那一天。

接著，我和其他女孩站在一起，將我的童貞與純潔獻給父親，直到步入結婚禮堂。當我看著女孩們朗誦自己的誓詞，我感覺到這個承諾的莊嚴，但如果我在十歲時簽了這種文件，那絕對不能代表現在二十一歲的我，尤其是牽涉到我的性行為這種既私密又仍在發展中的事情。

我迫不及待要下筆了。回到密西根大學後，我洋洋灑灑論述了年輕女孩對性尚且一無所知，便簽字出賣自己的性行為權利所產生的影響。這篇面面俱到又細膩的文章，是我的第一篇評論文。我把文章寄給《魅力》雜誌的編輯，真心以為這是我的好運。

然而，我最慘的惡夢，也就此開始了。

那天午後的安娜堡天空一如往常灰濛濛的，我走進熟食店 Amer's Deli 時，我的折疊手機響了起來，是《魅力》的編輯打來的。這位編輯一開口便說：

「羅莉，問一下，妳是處女嗎？」

我急忙躲到放滿UTZ洋芋片的貨架後方，腦袋怎麼想也想不透，或許我看起來和那群在貞潔舞會上立誓的女孩們毫無共通之處，不過我的確……也是處女。但是，我的評論文裡面並沒有任何地方提到我不曾交過男朋友，或我不太懂該怎麼和男性做基本互動。有時候我依然會覺得自己還是那個國中時在校車上彆彆扭扭找座位的學生。我在這方面起步慢了點，仍在苦苦追趕中。眼下看起來，我大概是唯一一個還沒有完整性經驗的人，不過密西根大學那些抹了髮膠的男生我看多了之後，就覺得沒必要急著去體驗。也因此，我順其自然，等待有一天找到合適的對象。

「我的意思是說，我不是因為誓言才一直等待啦，」我開始跟編輯亂聊，腦海裡想像她坐在一間閃亮的辦公室裡，那間辦公室可以俯瞰中央公園豐富的景色。「我高中時跟同學格格不入，一起住宿舍的女孩花在弄頭髮的時間比我多很多……現在我這個年紀也不適合隨性地交出第一次，況且目前又沒有什麼對象。」

編輯沒在聽，她直接插嘴說：「我們希望用第一人稱來寫，加入更多親身經驗的那種方式。」

掛電話之前，我一定答應了什麼。若是按照編輯的方向重寫，我這輩子**永遠別想**交到男朋友了。

我失敗了。不管重寫多少次，都不能讓我向密西根大學甚至是全國宣告我仍是處女之身。然而，編輯也沒有因此不採用我的稿子，只不過隨著一次次的退稿，我的個人風格愈來愈少，內容更加簡化，變得不再那麼細膩。整篇文章的「思路」逐漸被挫敗連連的編輯所寫的文句所取代。我知道我經驗不足，所以不隨便與人衝突，以至於編輯要求我寫一些我認為會貶低這場活動的句子時，我都不敢表達意見。

雜誌的初次打樣寄來了，我火速翻閱，尋找我寫的那篇文章，然後我找到自己的署名，後面接著一篇根本不是我寫的短文。文章第一段就宣告「二十一歲的我，依然是個處女」，內容自此每況愈下，繼續說明了我如何「面對無意義性交所衍生的悔恨」，但就我每一次與男性尷尬的互動而言，我並沒有這種困擾。文章上方配上一張照片，照片裡的我身穿白色洋裝、笑容燦爛地站在父親身旁，手裡拿著我簽好名的貞潔誓言。

不必懷疑，這本雜誌印刷出版後，我終身都會是個貞潔處女。我知道這篇文章對姊妹會那幫穿著UGG靴子的女孩來說，肯定會讓她們亢奮至極。

幸虧這篇讓我丟臉丟到全國的文章出版的時機剛剛好，我已經註冊了倫敦的一個海外課程，所以等雜誌出現在書報攤時，我已經離開美國。這本雜誌的封面有電影明星珍妮佛．康納莉（Jennifer Connelly）燦爛的笑容，旁邊一條醒目的標題提供多條捷徑讓讀者可以看到更性感的身軀。我的文章〈我闖入貞潔舞會〉就在書報攤上那一整排的發行本當中。

我的貞潔簡直無所不在了；那篇本來應該僅限刊登於美國版雜誌的文章，沒多久也上了國際版面，讓住在倫敦公寓的我有陰魂不散的感覺。我在二十一歲這一年有了「向國際宣示貞潔」的經驗，也因此明白了一件非常重要的事情：我不想去女性雜誌社工作。我一定要遠離這段經驗才是上策，所以我強迫自己振作起來、挑戰自己，去找新聞媒體的暑期實習工作，而且還必須是和《魅力》雜誌的性質完全相反的新聞媒體。雖然離畢業還有一年時間，不過大家都知道，先在大三時有紮實的實習經驗，說不定有機會在畢業前就找到工作。如果要達到我進入新聞產業的目標，就得先在我畢業後想去工作的公司實習。

換句話說，我得想辦法在CNN弄到實習工作才行。

接下來幾個月的時間，我在英國帕丁頓（Paddington）的雙人床上，練就了一身打陌生電話的功夫。我先追查到CNN人資主管的電話，然後打給她一次，再打給她第二次……非常多次。每一次留下的訊息，我都會拿捏好分寸，不讓自己的堅持不懈變得像跟蹤狂一樣；說也奇怪，我特別能掌握這兩者的平衡，而且還收到了回應。

不過我勝利的喜悅沒多久就因為被拒絕而消退。拒絕我的人太多了；安德森．庫柏的團隊拒絕我的實習申請（那是我的夢幻工作），格林．貝克（Glenn Beck）的節目也拒絕我（回想起來，那或許不是最糟糕的事），另外還有一或兩個現在已經停播的其他節目也拒絕了我。

但最後，我還是得到了CNN國際新聞臺（CNN International）的暑期實習機會。這個單位有兩位製作人和一位聰明幹練、留短髮的特派記者。這位笑容溫暖的記者名叫瑪姬．雷克（Maggie Lake），我一心一意想在她手下把工作做到完美。

實習的第一天到了午餐時間，我拿著托盤在自助餐廳繞來繞去，不知道該坐哪裡才好。我實習的單位很小，沒有其他實習生可以做朋友，安德森．庫柏那個小組就不同了，他們馬上就集結成一個小圈子。這個小圈圈有股特殊的氣氛，不過說句公道話，倘若你是為鼎鼎大名的主播銀狐（Silver Fox）安德森謄寫影帶內容，走起路來自然特別有風。那群安德森的實習生是由一個金髮男領頭，他看上去就像迪士尼卡通裡的王子，每天都會打不同花色的領帶；這個人後來會成為 Instagram 的網紅，不過此時此刻離 Instagram 的誕生還有好幾年。

我茫茫然地來到一個餐區，排隊付錢買烤過頭的漢堡。

「今天過得如何呀？」一名中年男子問道，他的目光似乎朝著我的方向。這位身材高大的男人身穿條紋 POLO 衫，臉上戴著金屬框眼鏡。我花了一秒鐘才意識到他是在跟我說話。

「我今天第一天上班，正在努力應付過去，」我回答，同時也為自己的坦率感到驚訝；但這個男人有一種令人安心又想親近的特質，所以我立刻就信任他了。

我掃視了整個空間，看到安德森那個實習小圈圈擠了一桌，沒有空位了。那麼我應該自己一個人坐嗎？看起來會不會太悲慘？

「你真走運，我也是第一天上班，我叫羅斯！」那個中年男子喊道，眼鏡後面炯炯有神的雙眼亮了起來。

是盟友耶！我如釋重負地呼了一口氣。他邀請我和一群人一起坐，走近時我才發現，這群人的年紀都比較大，有一種共事數十載之後才會有的那種輕鬆自在感。一坐下來我便明白，自己加入了一群老前輩們，羅斯也是其中之一。

「抱歉啊，其實我不是新人，我在剪接室工作，製作黃金時段要播放的電視節目。」他說道。

我大笑出聲，焦慮全都煙消雲散了。羅斯邀請我去串門子，所以只要瑪姬．雷克不用上現場播報，我又有空的話，就會去他的剪接室溜達，觀看他像拼拼圖一樣把新聞報導組合起來，把聲音和影像轉化成電視內容。他向我示範如何把長達數小時的磁帶，加上世界各地的主播的播報鏡頭和各種影像，剪接成三分鐘的報導，在《安德森．庫柏》(*Anderson Cooper*) 或《賴瑞金現場秀》(*Larry King Live*) 等節目中播放。羅斯在高壓的環境下工作，編排影像、文字與聲音，製作出夜間的迷你鉅作。

日復一日，很快地我愈來愈常去找羅斯串門子。我待在他的剪接室很自在，我和他聊起天來就像我跟我父親那樣，我會請他給我職涯上的建議，也會把我的不安全感告訴他，沒有任何顧忌。

我若是沒有去剪接室找羅斯，就是在拍攝現場支援，協助採訪並提供製作人後援。由於瑪姬的團隊很小，我不像安德森．庫柏的實習生只要記錄採訪內容而已。當時還沒有自動文字記錄，可以自動謄寫錄好的採訪內容，這種技術很久之後才會問世。也因此，實習生必須仔細聆聽好幾個小時的採訪影帶，然後幫製作人謄寫逐字稿，以利他們整合出新聞播報內容。這個過程耗時耗力，一個小時長度的訪問得花半天時間聽打——取決於你的手指在鍵盤上移動的速度——把受訪者說的每一個字全部打出來。

上頭指派給我的任務讓我跑遍紐約市的各個角落，也讓我在這整棟大樓間穿梭，所以我把握這個機會和「每一個人」交談，譬如，那些在十樓星巴克排隊買咖啡，一邊匆忙用手機打字的製作人，或是在影帶資料庫找畫面鏡頭的助理製作人，又或者是我最喜歡的保全人員蓋瑞。我成了控制室的常客，經常去那裡觀察幕後的操作人員。我也和五十二號攝影棚的攝影師羅傑成為朋友，他是一個非常熱情的人，我們發現原來我們都是迪士尼電影和音樂劇歌曲的愛好者，所以沒多久他就成了我的「同夥」，一起在他有隔音設備的控制室即興演唱卡拉OK，他會在YouTube上面播放《小美人魚》(*Little Mermaid*)伴奏曲，並幫我提詞。

每天我都能學到不一樣的撇步，可以開啟另一扇門並發現新的祕密。舉例來說，我很快就領悟到，跟負責拍攝瑪姬播報畫面的攝影記者交朋友會有莫大的好處。和攝影記者有交情的話，拍攝過程會順利很多。那些不尊重攝影師行程，也不花心思安排好製作流程的實習生，某天一定會被狠狠敲醒。因為攝影記者中有不少人是這個圈子的老屁股，這些實習生日後再想要安排拍攝事宜恐怕會更辛苦。

在短短的工作期間內，我竭盡所能地吸收一切經驗，三個月的實習生活便結束了。我帶著一張手寫卡片去剪接室找羅斯，給他一個擁抱，心中下了一個結論：只要能留在新聞編輯部，叫我擦地板也願意。

經過一個學期的倫敦深造加上一個暑期的紐約實習經驗之後，我回到了密西根。大學旁那些酒吧和姊妹會所林立的街區，我是不打算再去了，現在的我已經準備好脫離足球比賽和車尾派對，好從兄弟會派對和我的小泡泡跨出來，朝著更大的目標前進。

隔年春天我畢業之後，羅斯打了電話給CNN的新聞快報編輯臺，幫我爭取到和新聞臺主管面試的機會。我在這次的電話面試和基恩與艾登這兩位聲音聽起來讓人緊張、不多說廢話的主管談了三十分鐘，他們問起我的實習經驗以及新聞知識等基本問題。從一問一答的面試過程中，我聽不出來他們的聲調變化，直到這通好像沒什麼情緒起伏的通話結束，我一邊掛上電話，心裡一邊納悶，我們這場面試究竟算談得很好、乏善可陳，還是不上不下。然而出乎意料地，幾天後我收到好消息：那次面談他們很滿意。換句話說，我被錄取了——算是吧。我的正式頭銜為「自由新聞助理」，職務是替主播捲動讀稿機，幫來賓別麥克風，打電話調查新聞快報的報導內容，適時協助製作人迅速讓新聞播報出去，並且製作電視節目要播放的內容。工作時間不定，從早上六點到下午兩點、早上十一點到晚上七點，又或者下午三點到晚上十一點都有可能。

趁著還有幾週才要上班的空檔，我搬到東村一棟沒有電梯的五層大樓，和別人合租一間三房公寓。這棟大樓裡有一個鄰居叫做馬利歐，他很愛穿長禮服，偶爾會自稱「瑪麗亞」，嘴裡無時無刻哼唱著美妙的歌劇民謠。我的臥室正下方是一間由愛爾蘭人酒保經營的在地酒吧「布瓦」，居民可以在這裡喝到各種特調；我很快就會把那裡當家。

不過無論如何，我都沒辦法太放鬆，畢竟我在CNN的工作是一年期的約聘，期限到了之後，除非這家新聞臺給我全職職位附健康保險，否則就不能合法留我下來。意思就是說，我可以用來說服上頭僱用我為全職員工的時間，已經從十二個月開始倒數計時了。

第三章

牛棚

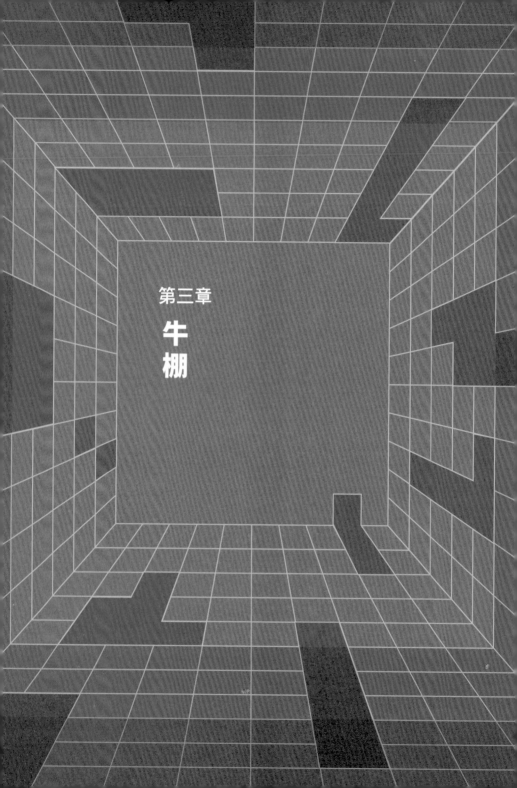

我剛開始成為新聞助理的那段日子，每天狂做筆記、忙著求生存。瑪姬的小單位就在樓上，跟我只有一樓之隔，但我已經離那次暑期實習平靜安逸的氛圍非常遙遠了。現在我身處「牛棚」，這裡負責採訪調派的編輯們會大聲吼著難以理解的指令，我完全搞不懂指令的意思，只能先趕緊寫在我的記者筆記本裡。

「塞格爾！你去幫柏克消化七號的影帶，然後再去謄寫晚上七點的訪問內容，做完講一下。影帶編輯室。」

老天爺啊，他講的是英文嗎？

「收到，沒問題！」我邊說邊抓起筆快快寫下，心中暗自祈禱另一位比較資深的助理可以幫我翻譯一下。

事實證明，其他助理要不就是可以幫上大忙，要不就是幫倒忙，十分極端，沒有介於這兩者之間的。我花了幾天時間便摸清楚哪些人樂於伸出援手，哪些人巴不得我一敗塗地。願意出手相救的助理會詳細告訴我控制室的編號，會跟我八卦製作人的小道消息，還會轉述提詞時碰到的夢魘。

「我記得我幫坎貝爾．布朗（Campbell Brown）提詞的時候，讀稿機壞掉了，結果整間控制室的人都站起來對著我大叫『提詞員！』」有一位名叫艾琳的新聞助理說起她的回憶時，雙眼睜得大大的。

「沒有人叫妳的名字嗎？」我有點嚇到地問她。

「當然沒有，提詞的時候你就是無名氏，**千萬不要**糾正他們，」她回答：「所謂的

「他們」指的就是並肩坐在有如太空船指揮中心的控制室裡，協調指揮節目播出的製作人。

我會意地點點頭。「提詞員」在這個圈子的地位很低，工作卻十分重要。負責提詞的人要手動捲動螢幕上的文字，讓主播可以邊看邊播報，若是搞砸的話，周遭的每一個人都會與你為敵，包括主播在內——也許不要特別指名道姓是哪位主播會比較好。

艾琳雖然笑著談起往事，不過可以明顯看出來，那次「意外」造成的陰影依然留在她心裡。「我敢保證有人氣到差點對我丟東西，」她強顏歡笑地說：「那天我差點就不幹了。」

提詞的部分我還沒學到，但是我已經開始膽戰心驚。

「聽起來根本是場惡夢。」

「妳還沒替珊德拉提詞過呢，那才是惡夢，千萬別跟她對上眼。」她回答。

「妳開玩笑的吧？」

「絕無戲言！」

特別留意珊德拉，我速速寫在筆記本上提醒自己。

到牛棚的第三天，我遇見黛比。

「妳在聽《孩子》（Kids）？」我問她，那是搖滾樂團 MGMT 的歌曲，也是我最愛的一首。

「沒錯，」她回答，對於我的辨歌能力並不感到驚訝，畢竟音樂聲大到從她的耳機炸了出來。

「我也在聽這首，」我說，並且把我的 iPod 放在她面前。

她可能不感興趣，不過話說回來，當時是早上六點鐘，那個班又只有我們兩個新聞助理而已，其他助理要之後幾個小時內才會陸續來到牛棚，所以就清晨這個時間點來講，她能接觸到的人很有限。

我倆在等待任務指派時聊了起來，這才發現原來我們都畢業於密西根大學，也同樣覺得自己在那裡格格不入。來自南方的我，身高一百七十八公分，留著一頭濃密的深色長髮，必須用角蛋白護理才能讓頭髮柔順服貼，踏入了一個男生用髮膠、女生愛八卦的校園，而相較於我這個可悲的姊妹會怪咖，黛比看起來就是個「可愛的猶太女孩」，能夠完美融入我在勞埃德宿舍見識過（和恐懼過）的那些姊妹會派對。然而她很特殊的地方是，她「不懂遊戲規則」：閒聊是她極不擅長的事，大家在黏膩的姊妹會會所喝著雞尾酒時會閒聊的那種對話，她根本不屑做。

黛比成長於紐澤西特納夫萊（Tenafly）的郊區，那裡的猶太媽媽們總會在共乘一輛車時講八卦和訴說各種期待，而且她讀密西根大學時也跟我一樣有類似的孤獨感。

中午時，電話鈴聲像警鈴大作般響起，新聞編輯部如夢初醒，製作人從電腦後頭吼著各種新消息，一位採訪調派編輯大喊：「塞格爾，去保全那裡接來賓，然後帶他們去五十三號攝影棚上節目！」

「好的！」我滿腔熱血地回答。這時我看看四周，其他新聞助理大多都不見了。

黛比放低音量告訴我：「那位來賓很可怕，有一次還把莎拉弄哭，而且……他讓人心裡發毛，下次行程上要是又有他的名字，妳最好趁他快來之前先閃，才能明哲保身。」

「大家就是因為這樣才會不見人影嗎？」我望著那些空蕩蕩的辦公桌問道。

「沒錯，喔對了，一定要讓艾斯特喜歡妳，」黛比指的是辦公室的業務經理，這位經理負責所有新聞助理的行程。「妳愈得她歡心，她給妳的時間就愈多。」

黛比很快就成為我的線民，在沒人替我著想時為我留意提防。我們的個性都很獨立，深信婚姻是強迫推銷，對社會常規也感到恐懼，譬如產前派對、讓親朋好友尋覓昂貴銀餐具的賀禮登記系統、循規蹈矩地長大等等，都是我們害怕的事物。比起那些生活中總是「得到」比較多的人，我們和因「失去」而煎熬的人更聊得來。我們都不善計畫，但充滿野心，能同理別人，在新聞編輯部來講，我們簡直是契合度百分之百的盟友，更有可能成為超級好朋友。

幾天相處下來，我發現黛比有用力扯頭髮的習慣。新聞評論員傑克．卡弗蒂（Jack Cafferty）的節目現場拍攝時，是以正在辦公中的新聞編輯部為背景，當他正經八百地講話時，我可以從畫面上看到黛比坐在椅子等待上頭派任務給她，她的手一直猛扯著同一束頭髮，不曾停止。

結果，卡弗蒂的節目觀眾打電話進來抱怨「背景讓人分心」，然後編輯部一位主管便立刻把黛比叫進辦公室告誡她。她走出主管辦公室時，我看到她努力眨著眼睛想把眼淚吞回去。我與她四目交接，給了她一個笑容安慰她，希望能用我的臉部表情向她傳達我們新聞助理的團結一心。

當她經過我身旁時我小聲地對她說：「晚點我們要不要去喝一杯，為了卡弗蒂節目中發生最有趣的小插曲慶祝一下？」她感激地看了我一眼。

其實，黛比就是因為焦慮才會一直扯著同一束頭髮，她不必告訴我我也明白，因為焦慮就像我們之間獨特的暗號一樣，我非常瞭解那種感覺。有時候當我看著別人對話，會覺得自己好像在看電影，又或者像一抹幽魂置身事外地看著他們。我會在腦海裡圈出一些詞組，思考該說什麼話，如何參與話題，別人心裡真正的想法是什麼等等。每一次互動都被我過度分析，這是非常耗費精神的事情。喝酒可以讓我得到緩解，但喝到最後會變成反效果。我精神緊張、不得安寧，黛比也是如此，所以我們找到彼此的那一刻，有一種深深鬆了一口氣的感覺。

黛比是我見過最體貼的人之一，沒多久我也知道了她是非常厲害的攝影師，十分擅長拍人物，譬如地鐵上的陌生人、公園裡的年長女性、街上的行人。我們從時代華納中心走到第四十二街，閃爍的霓虹燈招牌像在眨眼睛似的，一群群觀光客忙著和真人大小的蝙蝠俠和米老鼠合照，黛比看到《芝麻街》(*Sesame Street*) 裡面那隻 Elmo，很想拍他脫掉頭罩的模樣。

我們朝 Elmo 走去時，我對黛比說：「祝好運啊！」才短短幾分鐘，黛比就用流利的西班牙語，和那位身穿 Elmo 裝扮的秘魯人深聊起來。他把頭罩拿下，露出一張上了年紀的臉，這位男士眼睛深邃，皮膚歷盡滄桑、像皮革一樣粗硬。她為他拍了一張照片之後，他立刻將頭罩套回去。

黛比所拍攝的對象從照片上看起來，就是他們原本的樣子，並沒有美化或醜化他們。她的照片捕捉到這些人物的一切，包括經年累月的苦痛、人生的十字路口、不為人知的愛情故事。相較於黛比卓越的指點和拍照技巧，她裝模作樣和閒聊的能力就顯得太拙劣了。用笑臉去面對不可理喻的老闆和那些用定型噴霧把頭髮弄得像鋼盔一樣的記者，並且在新聞編輯部複雜微妙的政治角力中摸索出一條路，這些是我的強項。以前一直覺得自己難以融入保守的基督教學校，結果到了大學又再一次覺得自己是局外人。然而這種我不屬於任何地方的感覺，卻賦予我在任何環境都能適應的能力。我在新聞編輯部就像變色龍一樣，會根據眼前的主管、記者和情境來判讀，然後變換色彩和音調。小時候目睹父母離婚時的混亂，所以我很習慣退一步站在後方觀察情勢的發展，也很習慣抓出對話流露的弦外之音以及別人內心「真正」想表達的想法。我的童年一直迫切地在無法給予認同的家庭中追求認同，所以我知道如何問對的問題，讓別人感覺到自己被關注，覺得自己很特別。

換個角度來看，黛比是個充滿創造力、懂得自省的人，她透過攝影鏡頭來詮釋這個世界。

有一天早上，她沉重地趴在新聞播報臺上，特別地安靜。

「妳還好吧？」我問道，小心地不讓自己的關心越線變成窺探。

「我沒事，我偶爾會這樣，整個人生都擺脫不了，」她揮揮手說道。

「妳吃過抗憂鬱的藥嗎？我自己大學時吃過。」我冒險一探。

她端詳我，不知道該對我說的話作何評論。

她的痛苦和錯亂我都感覺得到，我邀請她來我的住處聊聊。

於是，那個週末我們爬上五層階梯，到我那間東村的公寓，然後又回過頭下樓到布瓦酒吧，開啟我們的夜晚。結果那天晚上，我們喝遍了曼哈頓下城的酒吧，隔天早上起床後除了宿醉之外，腦海裡還多了我們前晚認識新朋友時聽到的故事。從此以後，這成了我倆的例行活動，我們便這樣恍恍忽忽地度過了幾週。在新聞編輯部，不管是深夜還是清晨，我們都黏在一起策劃想要拍攝的故事，下班後就跑去喝馬爾貝克（Malbec，這是黛比喝的酒）和琴湯尼（gin and tonics，我喝的）。以前一直覺得自己到哪裡都格格不入，但現在新聞編輯部讓我有如魚得水的感覺，我和黛比夜夜都去狂飲。

二〇〇八年九月二十九日，我的新聞助理工作已經做滿一個月，事情爆發時我正坐在新聞編輯部。

「趕快讓阿里播報！」我們主任的狂吼聲從玻璃辦公室傳遍編輯部。

「他正要去播報臺了！」另一位製作人喊著。

道瓊工業指數（Dow）暴跌，一百點、二百點……直直往下掉。CNN首席商業記者阿里．韋爾什（Ali Velshi），這位活力十足、戴著黑框眼鏡的光頭男士，飛奔到新聞編輯部的攝影鏡頭前，開始做現場最新報導。

「交易所哀鴻遍野！」他喊道。隨著道瓊工業指數持續下跌，他說話的音量愈來愈大，雙手也忍不住揮動起來。電話響個不停，電子郵件不斷湧入，每一通電話和郵件不外乎都在傳達含有「歷史性虧損」和「金融危機」等字眼在內的警訊。

我們的經濟就這樣突如其來地陷入全面衰退。失業率在一夕之間驟升，而我做的是全世界最刺激的工作之一，現在也面臨了玩「大風吹」的窘境；等音樂一停止，我要不就是拿到正職工作，要不就是出局。事到如今，設法讓自己從眾多小魚中脫穎而出的壓力，已經比過去任何時候都來得緊迫。我們不只要接待來賓，謄寫影帶內容，擔任製作人的助手，偶爾還要寫新聞。到班時間若是早上六點，那就表示我們會帶著宿醉見到彼此，還有在新聞編輯部才有的高壓情況下，經常讓我們在奇怪的時間點聯繫在一起。不過我們都很清楚，最後只有少數幾人能留下來。唯一能讓我們從約聘職的新聞助理晉升為全職員工的辦法，就是必須有全職員工離職，騰出空缺。不確定的氛圍瀰漫在新聞臺，每個人都緊抓著自己的工作崗位不放。

新聞助理的本質說到底就是成敗全靠自己，而工作內容本身則並非總是那麼美好，但無論別人有什麼要求，譬如「塞格爾，妳幫我謄寫兩小時的汽車紓困訪談」、「塞格爾，我需要妳早上六點鐘替〔在此插入最不討喜的主播姓名〕提詞」之類的，我都會笑著提醒自己，有人需要我是何其幸運的事。不過，偶爾若是有人交付我重大任務，我就會覺得這一切辛苦都值得了。

二〇〇九年三月，這時的我已不再是菜鳥新聞助理。我和黛比舉杯慶賀我為 CNN.com 撰寫了第一篇報導，這篇報導以緬因州開了一家店員上空提供服務的咖啡店，講述小企業如何在全球經濟大衰退期間勉強度日。

這家咖啡店老闆表示：「我知道人們要什麼，大家都喜歡裸體，賣咖啡又有利潤。當然，我是可以開一家普通的咖啡店，不過這種店大概一個星期就倒了。」

「敬乳房和生意！」黛比舉杯與我碰杯，慶賀這篇文章造就了我在 CNN.com 的第一個轉捩點。

三月下旬的某一天，我正在確認來賓名單時，手機響了起來，是部門主管打來叫我過去。

「塞格爾，妳可以處理馬多夫的案子嗎？」他笑著問我。

「當然可以，隨時聽候差遣！」我差點尖叫出聲。

伯納．馬多夫（Bernie Madoff）操作了史上最大的龐氏騙局，詐騙了許多菁英人士，同時這件詐騙案也讓紐約成為全美國注目的焦點。我在新聞編輯部的地位雖然很低，但我已經準備好在新聞助理出任務的表現中奪冠。

於是部門主管喊道：「那麼明天早上妳的第一件事就是去法庭幫艾倫．切爾諾夫（Allan Chernoff）占位子，一定要把他弄進去，不管有什麼新消息都要協助處理！」

隔天清晨，也就是二〇〇九年三月十二日早上四點鐘，我來到市中心的珍珠街，這裡已經開始出現攝影機的閃光燈和SNG新聞轉播車。接下來的一個小時，媒體會陸陸續續進駐，包括美國廣播公司（ABC）、CNN、美國全國廣播公司（NBC）在內，沒有一家媒體會缺席，整條街熱鬧非凡。有幾十個像我一樣的無名小卒早早就來到法庭，要在審判室幫地位更重要的人占位子，待審判結果出爐，這位重要人物就會立刻將馬多夫的命運播報出去，我一定要贏過他們。

這還是比較簡單的部分，「傳接」才是麻煩。由於法庭禁帶手機，因此消息一出來，艾倫．切爾諾夫就得用「傳話遊戲」那種老方法，立刻衝到法庭外頭播報新聞，但唯一的問題是，從艾倫離開法庭到他出現在CNN攝影鏡頭前會有一段時間的落差，畢竟他沒辦法瞬間移動到鏡頭前報新聞，而且因為禁帶手機的關係，他也不能在宣判結果出爐的那一刻馬上打電話。

我幫艾倫占好位子之後，突然靈機一動：**要是我只會照規定辦事，恐怕很難拿到全職工作，我不該只當個會占位子的人，必須發揮更多價值才行。**於是，等艾倫一到法庭接手我幫他占的位子，我便到外頭的走廊，在整排的公共電話旁找到一個外擴空間。我發現只要稍微調整一下位置，就可以在這個空間聽到法庭裡面的人講話的聲音，同時還能拿起公共電話的話筒。這表示，**我可以利用公共電話即時將新聞通報給電視臺**。如此一來，我們就能比其他電視臺早一步將新聞轉播出去。正在電視臺內播報的主播可以馬上收到新聞，同時讓艾倫有緩衝時間一路衝到鏡頭前，再分享法庭內部的種種細節。這個計畫太出色了，但不是沒有風險。我不是很確定這樣做合不合法，如果被抓到然後被扔出去怎麼辦？說不定接下來幾個星期我都只能做些幫「鋼盔頭」提詞或謄寫影帶內容的工作，而且再也沒有機會變成全職員工。

我往其中一個公共電話走過去，同時感到頭暈目眩。**這是孤注一擲啊，**我心想，一邊望著聚集在這個外擴空間的所有人。

我靜候著，努力把心思放在呼吸上，讓脈搏跳動的速度慢下來。接著，馬多夫承認罪行的那一刻到來了。

「我操作了龐氏騙局，我以為很快會結束，結果愈滾愈大。」我聽到他對擠滿人的法庭說道。

我立刻打給新聞臺，跟一堆CNN新聞製作人和撰稿人連線，轉述馬多夫的話。

「我一直知道會有這一天，」他繼續說道。

接下來是他的答辯，他承認犯下十一項罪名。隨著他說話的聲音從法庭傳到外擴空間，我沒有時間多想。**開始吧！**

「馬多夫對十一項罪行供認不諱，」我在電話上即時詳述，心臟劇烈跳動，電話那頭的部門主管複述著我傳來的最新消息。

這個出色的計畫執行得非常成功，直到我看見一位保全人員迅速朝我走來。我對著新聞之神祈禱，**在我拿到全職工作之前別讓我被逮捕呀！**

我飛快地思考，最後決定，我寧可被看扁，也不要去坐牢。所以當法警靠過來時，我一邊揮手一邊露出大到令人覺得尷尬的笑容向他打招呼，好像他是我好朋友似的，然後我繼續講電話。

我對著電話那一頭所有在CNN新聞臺的人說道：「對啊，媽，真的是歷史性的一刻，太不可思議的一天了！」

保全困惑得停下腳步。

電話上寂靜無聲，隱隱約約的茫然感瀰漫著。一位亞特蘭大的企劃製作人笑了出來。

保全伸出手拿走我的聽筒，不過他沒有逮捕我。嚴格來講，我沒有違法，而且我們還成功將新聞快速轉播出去。我跑到外頭時，艾倫正凝視著鏡頭，這時CNN電視臺的播報現場已經報導了「馬多夫對十一項指控認罪」的消息。

等我回到東村那間沒有電梯的公寓時，冷冰冰的冬日太陽已經在聖馬可廣場一二六號的逃生梯後面落下，精疲力竭的我差點沒辦法把自己的身軀拖上階梯。我的腦袋依然嗡嗡作響、轉個不停，但兩條腿已經招架不住了，我噗通倒在雙人沙發床上。這張床是我十分得意的戰利品，那是IKEA賣的所有床當中，唯一能放入我這個裸磚牆面、角落小房間的床。我往外望去，俯瞰底下那條人聲車聲不曾停歇的街道，此刻我的腦袋總算有時間消化這一整天所發生的事。我發現，新聞快報有如巨大的拼圖，不知道最後的解答沒關係，快速且篤定的思考才是關鍵，而且無論如何，都別讓任何人知道我很害怕。

當然，我時常感到害怕。我害怕自己不夠好、不夠聰明，害怕把事情搞砸。知道我祕密的人只有黛比，因為她本身也是如此。

不過，雖然害怕失敗的恐懼感總是在不遠處盯梢，但我的求生本能告訴我持續努力——先答應下來就對了，其他的之後再想辦法。

過了一個月，二〇〇九年豬流感（H1N1新型流感）疫情襲擊紐約，一位製作人走到我的辦公桌旁對我說：「安德森．庫柏要訪問得了豬流感的小孩或小孩的家人，今天晚上就要，去找人來。」

「沒問題！」我回答，然後匆匆記下：**找到得豬流感的小孩，上安德森的播報現場。**

製作人遞給我一張只有幾個人名的名單，這些都是已知小孩得了豬流感的家長。真是太棒了，起步就這麼輕鬆！

我打了第一通電話，從這位某某太太口中得知，已經有其他電視臺和報紙的助理與她接洽，但是她沒興趣接受訪問。顯然，曼哈頓每一家媒體新聞編輯部的製作人手上拿的都是同一份名單，而且每一位家長現在都避之唯恐不及，因為他們的手機成天響個不停，全都是打來請求訪問小孩的來電。

一定還有別的辦法。

到了快傍晚的時候，我的筆記本上寫了很多點子，但每個點子都被劃上了大叉叉。能做的傳統方法全都失敗了，在沒什麼可損失的情況下，我決定去任何一位資深製作人都意想不到的地方試試看——Facebook。

當時的 Facebook 仍屬於千禧世代的平臺，也就是只有職場青年、大學生和高中生才會用。我開始在 Facebook 上深入鑽探，希望上面主管不會以為新聞當頭我竟然在鬼混。在調查過程中我發現很多感染豬流感的孩子都念同一所高中，而且大部分先前都參加過某次到墨西哥的春假旅遊。我仔細篩選他們在 Facebook 上的群組，這當中有高中籃球群組，有去年學校舞會的群組，當然也有一個春假去墨西哥旅遊的群組。

我該加入這個群組嗎？反正不會少一塊肉，我心想，然後便加了一些學生為朋友，並且為自己的不矜持感到慶幸。這種不矜持的特色不但讓我結交了酒鋪的職員，以及在我住處那條街轉角經營可麗餅店的老闆，如今更是巧妙地融入了我的日常工作之中。

沒多久我便傳了訊息給一位得豬流感的高中生。

希望你身體沒事，我在輸入這些文字的同時，一邊思考在這樣一則寫給陌生人的 Facebook 訊息裡，應該用什麼樣的措辭作為適當的開場，來詢問對方是否得了豬流感。我決定表現出擔心但不蠻橫的態度，並且善用自己年輕的優勢，先說幾個笑話，然後再說服這位受訪者讓他的媽媽接電話，同時也把我們製作人拉進來。

不到十五分鐘，製作人就和高中生的媽媽通電話談妥事情，幾個小時過後，安德森戴上防護面罩，蓋住了他精心梳理的髮型，在高中生位於皇后區的家後院，保持距離地採訪這位高中生。

當我在新聞編輯部的辦公桌觀看電視即時播出這場訪問時，有兩個重要的想法浮現在我腦海：第一，安德森即使戴上防護面罩也無損於他的帥氣；第二，我初次透過 Facebook 安排採訪的經驗有其重大意義。

從此，社群媒體便成了我的調研工具之一。當手機鈴聲響起，傳來飛機迫降哈德遜河的報導時，我馬上檢查推特貼文，結果看到該平臺史上最重大的歷史性畫面之一，那是一則由帳號 @jkrums 所發布的推特貼文，上面寫道：「哈德遜河上有一架飛機。」貼文還附上一張乘客小心翼翼從飛機機翼朝救生艇走去的照片。一位製作人把這則推文標註給新聞編輯部，大家立刻衝到哈德遜河報導飛機迫降的新聞。

我是當時新聞編輯部少數幾個有推特帳號的人，而且一開始就搶到「LaurieSegall-CNN」這個帳號。我看到 @jkrums 的推文後立刻傳訊息過去，然後我們追蹤了彼此。不到幾分鐘，我就問到他的手機號碼，再將號碼轉給我們製作人。很快的這個帳號的主人便出現在電視播報畫面中，談起他拍下的這張經典照片和推文。這次推特經驗成了新聞快報的試金石。

我一直以來所觀察到的心得就是，科技擁有普及化資訊、報導新聞和傳播的強大力量，而這則推文把這一點呈現得淋漓盡致。拜智慧型手機崛起所賜，再加上愈來愈多人隨身攜帶手機，諸如 Facebook 和推特這類新興平臺也都開始有人報新聞快報了。二〇〇七年 iPhone 手機初上市，我趁機換掉了黑莓機（BlackBerry），接著我又在蘋果（Apple）推出應用商店 App Store 時，觀察到此平臺是一張可以揮灑創意又能觸及數百萬人的畫布。不過，這些令我十分著迷的重大科技，卻被新聞編輯部視為「串場節目」

而已。

我上頭那些務實頑強的記者們，專注的是其他議題，譬如經濟大衰退、歐巴馬總統頭一年任期的表現、麥可．傑克森猝死和氣球男孩事件*。

黛拉是一位對新聞助理十分親切寬容的製作人，我向她學到了如何交涉採訪事宜。她對一位悲痛的母親說道：「我們很希望妳能上電視分享妳的故事，但若是妳還沒準備好這樣做，我不會強迫妳。」她的語氣中充滿同理心，我知道她說的是真心話。

其他一些製作人則教導我再三確認消息來源的重要。

製作人艾力克斯是新聞臺的固定班底，每次我告訴他某個消息來源給的情報時，他都會這樣鞭策我：「妳怎麼知道這個人可靠？我們需要更多參考依據，繼續追！」

我學會做事要乾淨利落、不拖泥帶水；學會如何用電話溝通，別總是靠電子郵件；學會如何確認事實，直到沒有一絲懷疑的篤定；學會如何以誠信來持續追查故事。

但是我在新聞臺的日子會有結束的一天，除非有職缺，否則我就得捲鋪蓋走人，到時候會連房租都繳不起，想成為記者的夢想也將碎滅。

就在此時，似乎是幸運使然，新聞臺開出了一個罕見的空缺，他們需要「影帶編輯室協調員」。這個職位負責接收各方進來的消息，並將之標上媒體來源編號，再送入CNN的系統，最後變成可供輸出的資訊。我跟別人一樣努力工作，所以我相信自己拿到這個職位的機會很大。

「我用創意的方法做新聞，而且是一條朝氣蓬勃、能使新聞產業日新月異的途徑，」我向面談我的主管表示，同時也將自己的功績一一列出。

我上次和基恩在電話上面談後，獲得了新聞臺的約聘職工作，而那次面試距今也將近一年的時間了，現在擔任新聞編輯部總編的基恩負責管理新人招聘，當我熱血地陳述自己的主張時，他使勁地點頭。我有好預感，直覺告訴我這次面試非常順利。

那天晚上，我和黛比去布瓦酒吧慶祝。魅力四射的愛爾蘭酒保費恩是街坊鄰居迷戀的對象，他因為簽證快到期，所以隔天要回愛爾蘭去了。店裡有個本地人，自稱是《星際爭霸戰》(*Star Trek*) 的鐵粉，他跟大家說他準備搬去布希維克 (Bushwick)。對街那間廉價酒吧已經關門大吉，換成另一家廉價酒吧。我們這個本地小圈子就要各奔東西了，雖然我只在這條街住不到一年，但我已經感覺到，隨著新一波有前途的人接踵而來，變動正在發生，這正是我已經稱之為家的這個地方永遠都在歷經變化浪潮的寫照。

費恩喝著第六杯威士忌，每一次碰杯都讓他變得更加多愁善感。他上半身趴在吧檯上，看著我口齒不清地說著：「等我回來時，妳一定會主持CNN的節目。」語氣中帶著充滿醉意的信心。我瞥向外頭，看到瑪麗亞穿著紅色騷莎舞裙緩步走過，準備進來酒吧。

*二〇〇九年十月十五日，美國警方接到報案電話，聲稱有一名六歲男孩福爾肯・希尼 (Falcon Heene) 被自製的氦氣球帶上了天並失去蹤影。隨後，全美國各地的新聞媒體和各搜救單位鋪天蓋地追蹤男孩的行蹤。最後證實是希尼一家為了知名度而自導自演的一場騙局。

我望著費恩笑了起來。「是啊，對啊，」我說道，把杯子裡的酒一飲而盡，用隔天還要謄寫好幾小時影帶的念頭麻痺自己。「就算過了一百萬年他們也不會讓我上電視。」

我看到這間櫻桃木酒吧外面的樹木長出了新芽，路上的行人也開始穿起貼身牛仔褲、頂著蓬鬆的髮型，東村生氣盎然。有那麼一瞬間，我充滿信心。

過了三個星期，基恩對我說：「我們也很難取捨。」聽到這句話，我就知道留在新聞編輯部的夢破滅了。

「我明白，」我嘴裡回道，內心卻絲毫無法理解。我在想是不是就乾脆放棄我努力的目標，回亞特蘭大算了。我也想到，下一個來住我公寓的新房客會不會像我一樣那麼喜歡瑪麗亞在深夜吟唱的情歌，會不會喜歡他愈來愈有破壞性的酒品，每次只要一喝酒就會爬防火梯到我這一樓，在凌晨三點用力敲我的窗戶大吼大叫：「親……愛的！」

我不想離開紐約，又或者可以說不想離開我才剛開始打造起來的小圈圈。我想到那些和黛比一起鬼混的夜晚，那些深夜裡的探險。附近第二大道上的桑多西提咖啡館（Cafe Centosette）有一間不賺錢的披薩小店，我們還說服他們讓黛比在店內的紅磚牆上展示她的攝影作品。我不能離開聖馬可，不能離開CNN，這些地方讓我有歸屬感，我沒辦法忍受這種歸屬感被奪走。

不明不白的拒絕對我而言有如世界末日。即便影帶編輯臺的工作不過就是整天黏在螢幕前盯著國會聽證影片，但我還是覺得被拒絕就好像聽到別人說不喜歡我，說我不夠格，說我沒有能力擔任見證歷史的記者。

我意志消沉又絕望，步出時代華納中心大樓，望著哥倫布圓環（Columbus Circle），忍不住想這會不會是我最後一眼見到這間我已經愛上的辦公室。紅色馬車載著觀光客穿越中央公園時發出的達達馬蹄聲傳到了我的耳朵裡，這樣的景致往後大概不會再成為我午休時的日常。我漫步在溼黏的紐約街道上，路過酒鋪時看到裡面的花已經不新鮮了，接著我又看到時代廣場上的霓虹燈招牌正在打著百老匯歌舞劇的廣告。我往右轉，離開人群，隨性地走著，最後我來到一間布魯克史東書店（Brookstone）。在書店的按摩椅和一些小東西之間，擺了幾個疊起來的塑膠容器，我看到非洲侏儒蛙在裡面游來游去，以販售電子產品聞名的連鎖門市竟然會賣這種生物，這倒是奇異的發現。

可以當寵物耶，活生生又是我可以照顧得來的小東西。我的想法是，如果能養活一隻青蛙，至少可以證明我是有責任心的大人。

於是，我一時衝動便買了兩隻。一隻我叫牠瓊（這是蒂蒂安的名字），另一隻就叫崔維斯（我認識的崔維斯們都對得起這個名字）。有了這兩隻青蛙再加上我對牠們許下成熟負責的承諾，影帶編輯室沒錄用我的事也不再那麼悲慘了。

我的約聘職工作只剩幾週就結束，一年期的職務已經來到尾聲，我決心要回到新聞編輯部，所以儘管我沒有任何關於財經市場的專業知識，還是應徵了「商業更新」（Business Updates）網站開出的職缺。這是一個以提供當天市場動態新聞為主的網站，大概也是我最後的機會了。一旦離開這棟大樓，心境上就會變成「眼不見、心不想」，換言之，倘若我沒有找到工作就離開CNN的話，這輩子基本上很難再有機會回來。

我在線上填妥應徵資料之後，系統要求我進行商業新聞測驗。我在牛棚上方一層伏案苦幹，做完一題題跟市場動態和股市知識有關的測驗。當我看著那些我根本不知道該怎麼回答的題目時，我一邊猜答案，一邊在心裡為我短命的媒體產業經歷寫下訃文：

她來了，她提詞了，她失敗了。

一星期後傳來天大的消息，讓我久久不能自己：「商業更新」錄取我了，不可置信！

我奔下樓找黛比，她百般無聊地坐在辦公桌前。

「妳一定不會相信！」我上氣不接下氣地說道。

「說妳錄取了。」

「我錄取了！」我說，試著壓下自己的音量。

「妳怎麼可能那麼懂股票市場的東西？」她狐疑道。

「如果不是我很幸運都猜對題目，就是他們非常需要有人來補這個職位，」我回答。不管是哪一個原因，做了一年的約聘職工作，汲汲營營於追求自己渴望至極的目標之後，我總算可以鬆一口氣了。現在，我終於「正式」拿到我的夢幻工作。

一週後我就是「商業更新」的新製作助理，但我不知道這個職位在CNN被認為是有如「安排超爛的婚宴座位」。這個單位的主管史丹，是一個老是把別人名字叫錯的傢伙，他會看當天天氣，有時候叫我「羅琳」，要不然就是「麥金斯」。

製作助理的主要工作是針對每日市場動態，為主播撰寫說明資料，因此我得找到可以幫助我搞懂財經的人士。我查看了CNN內部的來賓預約名錄，挑出最權威的避險基金經理，然後撥通他們的電話，從最基本的地方開始：「你好，我是CNN的記者，雖然我很清楚債券是什麼（不完全是事實），但是您本身會怎麼解釋給不太懂債券的人聽呢？」CNN這三個字母就是金字招牌，只要別讓自己看起來一副菜鳥樣，也別自稱是製作助理，這些權威人士就不會知道我在這個圈子的地位有多低。我會把他們的說明理出脈絡，然後謄打出來讓主播在播報「商業更新」新聞片段時能一邊閱讀。

我開始學習如何撰寫電視新聞影片和跑馬燈文字，還有如何把這些文字轉入系統，以便主播在播報新聞時，這些文字會出現在螢幕下方。這些任務雖然比我在新聞臺的工作內容輕鬆多了，但我卻覺得幫主播寫市場消息實在很乏味，沒什麼機會能離開這棟大樓去支援拍攝。寫東西不需要花我很多時間，所以把腳本提交出去，再拿出需要的影帶之後，我會和其他製作助理一起從電視監視器上觀賞《嬌妻系列》（*Real Housewives*）的實境秀節目。下午四點鐘，紐約證券交易所收盤的鈴聲響了之後，我結束一天的工作，打道回府。

現在，我從傍晚到晚上都很空，有時間可以去探索我對科技業剛萌生的興趣。我因緣際會透過一位共同朋友參加了某個科技聚會，從那次之後便週週都報到，認識了正在創建應用程式的人，而應用程式正要開啟一波波潮流。這些科技人會發展到什麼地步還未可知，但我非常確定他們一定會走到某種境界。下班後我會和一些正在創辦新公司的怪咖去喝一杯，吸收很多新資訊，然後到了隔天早上八點鐘，再帶著這些我還不知道該怎麼處理的新資訊回到「商業更新」網站。

我寫愈多跟華爾街有關的東西，我就愈是無法忘懷自己夢想中的工作。我真正想要做的是，再一次像大學時期寫角落故事那樣，寫下我的所見所聞，把那些離華爾街光芒很遙遠、沒有名氣的人，如何在邊緣地帶創新的故事說給大家聽。我想報導我在廉價酒吧和科技聚會認識的創業家，我想寫尚未得到關注、周遭世界還沒有注意到的那些人物。

事實上，華爾街沒那麼酷了，它的光環正逐漸退去，再加上股市暴跌和馬多夫龐氏騙局的影響，「美國夢」也受到了打擊。不過話說回來，每朵雲都鑲著一條銀邊*。二〇〇九年，在經濟衰退的灰燼裡，有一股新的創造性能量正從一片匱乏之中興起。適合怪胎生存的空間誕生了，這些怪胎既聰明又充滿雄心壯志，但不順從美國企業所確立的常規。他們不受「普世標準」支配，也不相信世上只有特定的行事方向。這些人是一群不願意融入體制的企業家，他們想打造自己的一套架構。他們是局外人，用不一樣的角度看待世界，我感覺他們眼裡的世界是我可以找到歸屬的地方。

*英文諺語，意指每件不好的事都會有美好的一面，就像每朵雲背後都隱藏著陽光。

第四章

演久就成真

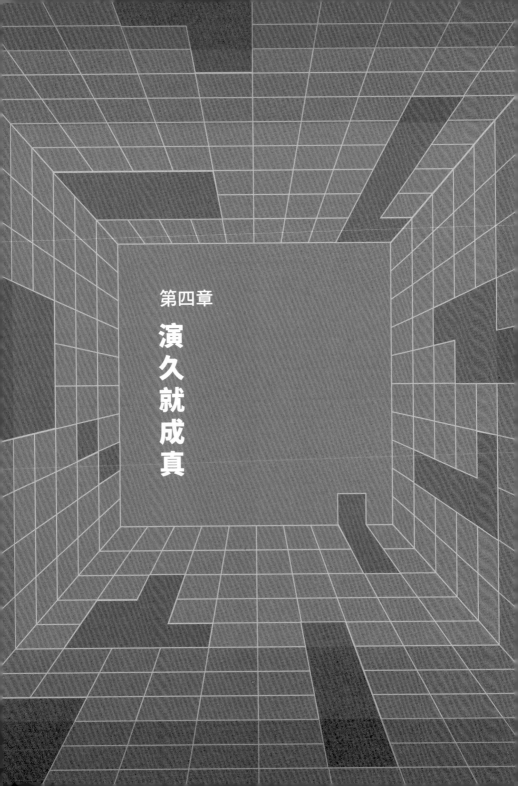

深夜逗留在人滿為患的酒吧，喝下一杯杯琴湯尼，聊著各種定位應用程式的後果，就是腦袋到現在依舊昏昏沉沉，我拿出手機打了幾個字：**約會對象如何？她是木板路嗎？**然後按下傳送，讓訊息飛越線路。

跟木板路完全沾不上邊，丹尼爾回訊說。

丹尼爾是我的紐約家人。我初來乍到之時，是個眼神發亮的二十一歲實習生，深深相信時代廣場就跟我從公寓防火梯看到的閃爍的曼哈頓摩天大樓一樣有魔力。我立刻去蘇活區（SOHO）買了一幅街景畫，還在華盛頓廣場公園和一名叫做路易斯的男人下西洋棋，而且發現一種叫做「生日蛋糕冰淇淋」的絕妙東西。我把省下的錢都拿去送給我那些無家可歸的鄰居。

我走到麥克杜格爾街，肩上掛著公事包，筆直地朝著我最愛的寫作地點——艾斯比蘭多咖啡店（Esperanto Café）——走去。這家全年無休的以色列咖啡店服務糟透了，但是在這裡和別人談天說地卻叫人畢生難忘。店內的桌子和座位都太狹窄，但是晃進晃出的客人並不介意。這裡還有一張天鵝絨的沙發，周邊用霓虹燈裝飾，坐在這張沙發上可以眺望街道，街道上有推銷人員在發放喜劇、音樂和藝術方面的廣告傳單，也有二十幾歲的年輕人搖搖晃晃地進出潘奇多墨西哥餐廳，然後走到一條聞起來有咖哩、水煙和垃圾味的街道。有一次我坐在一個正在讀俄國文學書籍的男人旁邊，隔天我在這裡翻看腳本時，坐我旁邊的是一位女演員。每一位客人都來自世界各個角落，然而這家店卻有某種力量可以讓我們用這裡獨有的方式來交流。或許是桌子彼此太靠近，很難有隱私空間，又或者這家咖啡店只是在實踐店名所宣揚的「艾斯比蘭多」——艾斯比蘭多其實就是「世界語」的意思。每位客人都說它，也都感覺到它，不管它是什麼，我都把它一飲而盡。我希望能在這些小小的木桌和那張破舊的沙發周遭，找到共同的想法，又或者可以說是一種目標或者是夢想。

我還在尋找自己的位置，迫切要找到連結。我在街上依然試著用眼神和擦身而過的人交流，這樣做有時候會招來老紐約客的斥責。不過我相信自己最終一定能在這片喧囂和汽車喇叭聲中，找到我的歸屬之地。那個時候，我並不知道艾斯比蘭多後來會停業，被一堆連鎖店取而代之，以及我唯一凝視的霓虹燈很快就會在我的掌握之中。我並不知道一種新的通用語言就快要顛覆整個世界，也不知道自己會身在這波顛覆浪潮的核心。

某天晚上，我坐在下東區一家燈光昏暗、名叫「自由人」的酒吧，和一個女人聊了起來。這位名叫泰拉的女人留著一頭金色長髮，眼部化了煙燻妝，渾身充滿紐約的酷勁。我把她的號碼存入手機，覺得這位新認識的朋友以後一定會變成我的至交。過了幾天，我傳訊息到那個號碼：**見個面吧！超想見妳！**

我們說好去喝一杯，所以我在酒吧等她。等著等著，有個男人朝我走過來，我隱約覺得這個人好像是我在喬治亞一起長大的好友的表親之類的。他在我旁邊坐下，還伸出手要跟我握手。

「很高興收到妳的簡訊，」他說道，粗粗的棕髮在他充滿男孩子氣的大眼睛周圍舞動著。「我是丹尼爾。」

我茫然地盯著他說：「我以為你是泰拉。」

「妳在說什麼呀？」

總之，我一定是弄錯號碼了，不過泰拉很快就被我拋諸腦後，我和丹尼爾成了知己，幾乎每週都會在桑多西提咖啡館碰面一次。每次去的時候，店裡通常只有我們兩個客人，坐在那總是空蕩蕩的吧檯時，我們會把自己當成VIP。

我後來漸漸明白，丹尼爾真正在乎的人並不多，但是他會用那種黑手黨式的忠誠來對待這些人。這位老菸槍十分有魅力，事業也做得很成功，他的約會對象很多，但從未真正向誰敞開心扉。沒有幾個人知道，他親眼目睹自己的酒鬼父親死於心臟病。

儘管如此，或者也可以說正因為如此，丹尼爾使出渾身解數在過生活，他就像浪一樣，在你還沒意識到之前就撞上了你。他一笑起來，整個空間會為之而明亮，讓人陶醉在他不同凡響的特質。他像打電玩一樣穿梭於紐約，一關關的升級，跳過各種障礙，打倒壞人，一路笑傲向前行，直攀到頂。

然而，即便是這樣的一個人，卻也同樣沒安全感。丹尼爾和我一樣有根深蒂固的恐懼——害怕自己「不正常」，甚至隱約覺得自己不值得當正常人。所以他努力奮鬥，提早從紐約大學畢業，不動產事業做得有聲有色。我們是那種一定要弄明白笑話的笑點在哪裡的人，因為我們怕自己就是那個笑話。我們低調看待日常的荒誕無稽，但是我們在約會的時候，在尋覓感情關係的時候，還有創造「奇蹟」生活的時候，會為自己笨拙的努力乾一杯。我們把這種奇蹟的生活定名為「木板路」，這是我在樹葉很多的喬治亞郊區長大過程中養成的觀念。

從我中學開始，這樣的概念變成一種更崇高意義的追尋之旅：只要拒絕走輕鬆的路線或者不輕言放棄，你就離奇蹟那種東西不遠了。木板路是毀滅不了的感情關係，是一種雙方都拒絕安定下來的關係。木板路是追尋一個不會讓人覺得鬱悶或被論斷的族群。木板路有如奇蹟一般壯觀。我早就過了超重七公斤的年紀，也不再穿著過大的法蘭絨運動衫，但我依然在追尋更美好的意義，更卓越非凡的東西。我認識了那些拒絕接受平凡的科技創業家時，也有跟他們一樣的感覺。他們想要更美好的東西，一種遠勝過當前一切的東西。

二〇一〇年，一場科技運動正式發酵中。拜蘋果 App Store 大獲成功所賜，一個和斷垣殘壁的華爾街無關的新階級崛起了，他們是一群敢做敢為、跳脫框架的樂觀創業家。深夜和這些成長中的科技圈老班底聚會，是我的生活目標，我也開始思考該怎麼把這些非正式會面時的交流對話，轉化成不只是滿足好奇心的東西而已。我弟弟是個很有創意的傢伙，他對尖端先進的東西慧眼獨具，聽他說「科技就是未來」這句話的時候，我就知道自己想對方向了。我在桑多西提咖啡館，向丹尼爾和黛比他們練習簡報我的構想，私下策劃如何製作科技新聞。

「你們覺得我有空的時候去採訪科技新創家如何？」

「妳下午四點就下班了，一定有空的，」丹尼爾附議。

「我來拍攝，妳來製作，」黛比邊說邊喝了一口馬爾貝克。「這樣一來上頭的人不必多做什麼事，自然就會點頭了。」

「史丹一定不會讓我做，他還是叫我麥金斯。」我忍不住抱怨我在「商業更新」的老闆。

「不如去問問迦勒？說不定他會讓妳兼著製作新聞影片。」

迦勒是 CNNMoney 的主管，他的權力比史丹大，要是我這場在公司的棋局下得好，說不定有機會朝夢想成真邁出第一步，並且在新聞編輯部往上爬。我或許是個受訓不到兩年的製作助理，但我內心愈來愈清晰，眼下「商業更新」這個職位，只是一個等著被我真正想要的工作取代的位置而已。

隔天，我一邊奮力抵抗宿醉，一邊帶著滿滿自我懷疑的心情，朝著迦勒的辦公室走去，準備向他簡報我的構想。

先讓我採訪一位新創家就好，如果你不喜歡我們製作的影片，我就不再來打擾，我在心裡這樣複述，然後經過吱吱喳喳的新聞編輯部走道，來到迦勒的辦公室門前。

迦勒是一位十分幽默的年輕主管，有一種很酷的猶太教拉比的氣息，我在陳述想法時，他仔細聆聽：**我會去採訪科技人士，給你有趣的報導，黛比負責拍攝，所以我們也不需要什麼資源，你不必多費心，只要答應我們就好。**「剛開始我們先製作一個，如果你不喜歡，我們就當作沒這回事，」我發表完最後的結論，雙手不知該放哪裡才好。

他猶豫地望著我，好像我是一隻會說話的松鼠。我把頭髮弄得直直順順的，拿出我最專業的穿著，也就是黑色合身外套搭裙子，期待這身打扮可以發出「力量套裝」的信號，然而我等待他回應的同時，卻覺得這身穿搭似乎暗示著「我正在參加自己的葬禮」，希望從我心裡一點一點地流失。

不過他接著露出笑容對我說道：「沒問題，塞格爾，妳就試試看吧！」

「他要讓我們用公務車？」隔天黛比問道，雙眼睜得老大。或許是突如其來的好運，也或許是判斷力明顯失誤，總之迦勒同意讓我和黛比借用CNN的公務車。公務車通常都保留給專業攝影記者和知道該怎麼駕駛這種車的人。

「老實說，我也不敢相信。可是話說回來，我沒辦法在紐約開車。」

我上一次開車是五年多前在喬治亞桑迪斯普林（Sandy Springs）的郊區，現在駕照已經快過期了，想到要在紐約的車陣中鑽來鑽去，四周都是闖黃燈的瘋子，他們對單車騎士狂按喇叭，還會朝窗外咒罵大吼，就叫人心驚膽戰。

「我來試試看，」黛比說，聽起來不太可靠。

我和推特的三位共同創辦人之一畢茲．史東（Biz Stone）約好了採訪的時間。雖然這個現今已然是主流的媒體在當時尚未流行，不過公司正逐漸成為矽谷最炙手可熱的社群網路。

我對黛比說：「他以為我是製作人，妳覺得這樣會不會有問題？」

我和畢茲來往了幾封電子郵件，在信裡我自稱「CNN的羅莉」。我並沒有「說謊」，但確實用「模糊地帶」避免揭露製作助理這個低階的身分。

「那句話怎麼說來著？」黛比笑著抓起車鑰匙說：「演久就成真了！」

黛比駕著公務車出發往東村，我們把車窗搖下，廣播的聲音轟轟作響，我穿著Converse球鞋的雙腳放在副駕駛座前的置物箱面板上，我們選了聖馬可和A大道交叉口那邊的一張紅色長椅作為採訪畢茲的地點。當時，我已經搬到離原來住處再過去兩個街區的十一街，那是我的第一間獨立公寓，不過我覺得能在之前的街區拍攝訪問過程當作紀念是一件很棒的事。舊街區的視覺畫面很搭，又有鬧區的氣氛，要是讓科技咖坐在CNN攝影棚明亮的燈光下，實在太不妙了。不只是畢茲，就我聊過的科技人士，他們大部分都沒辦法適應政商名流和主播都很習慣的攝影棚燈光。這些科技人沒有伶牙利齒的口才，他們頭腦好，說起話來往往語句很長，未經過修飾。這場科技革新運動自由奔放，我們的採訪應該反映這種精神，攝影棚的環境太讓人窒息了。

我先在當地一家義大利餐廳和畢茲碰面，以便在訪問前先和他小聊一下。基本上，所謂聊一下就是我先自我解嘲一番，讓他敞開心扉多說一點，也讓黛比有時間把攝影器材就定位。

「嘿！」畢茲輕鬆地和我打招呼。他很年輕，看起來不是拘謹的人，身邊也沒有公關陪同。若要說有什麼特別的地方，他滿像會在飛機上先開口跟別人聊天的那種陌生人。

過了十分鐘，我收到黛比的訊息：**可以開拍了。**

「走吧！」我對畢茲說道，然後我們兩個走過一個街區到紅色長椅那裡。

我和畢茲坐在黛比的攝影鏡頭前，畢茲說了一個抽大麻的笑話，又講到他那位嬉皮太太讓野生動物在家裡隨便亂走的事。我拿出我希望是最專業的笑容聽他說話，一邊想像在西部某處有臭鼬和烏龜在充滿大麻的家中四處遊蕩的情景。我和畢茲坐在長椅上，對著一輛駛過的觀光巴士揮揮手，巴士上的乘客望著我們，一定在想這個身穿黑色上衣和牛仔褲，戴著金屬框眼鏡的男人是誰：沒有人知道這位先生以後會成為身價數十億美元的人。

「準備拍嘍！」黛比喊完便按下錄影鍵，毫無疑問，鼓勵我表現的比我感覺的還放鬆。

「推特（Twitter）這個名字是怎麼來的呢？」我問畢茲，同時也意識到黛比的鏡頭正對準我，我為自己能坐在鏡頭的這一邊感到幸運。製作助理出現在鏡頭上，這在CNN來講是前所未聞的事。一般而言，必須先在地方的新聞市場報導數年之後，才進得了CNN這種全國型新聞媒體的大門，得到在電視上露面的機會。我不曾在地方新聞媒體闖蕩過，以前也都不曾想過上鏡頭這種事。這些情況，畢茲全然不知。

我笑著說一些自認應該是萬無一失的話，但對於自己的聲音、雙手的動作還有該把手擺哪裡卻在意到令我痛苦。我知道我已經成功耍過體制，但資歷深淺恐怕不是可以造假的事。

「我們稍微討論了一下命名的事，」畢茲答道。「像『吉特』（Jitter）這個名字就出現過。」他笑著說，順便調整一下眼鏡。

「這樣的話，說不定我們原本應該說『發吉特』（jeeting），而不是『發推特』（tweeting）囉？」我用了一點小小的幽默，然後再轉到更切題的內容。「你是個有豐富創意的人，你是如何衡量某個點子有多大潛力？」我繼續問道。

「最簡單的方法就是，這個點子有沒有讓你產生共鳴？這是不是你真心想做的東西，就算別人說這很蠢又沒有用處？」他回答。

這樣的觀點我以前聽過，我認識的很多創業家都有同樣的想法。這些試圖顛覆產業的創業家，總是會聽到業界質疑的聲音，比方說老經驗的員工或是墨守成規的人，根本搞不懂這些創業家想做什麼。這些外在的噪音說他們的構想一無是處，說他們不可能成功，還說世界有它**應該**有的樣子，我們**應該**用固定的行事之道，因為一向就是這樣行事的。這種觀念也是理所當然，畢竟大多數人不喜歡改變；改變不是常規。然而，創業家不理會這些噪音。

話說回來，常規對我而言反而陌生。我經歷過父母不願意坐下來商量，反而對簿公堂的情景；在我還搞不定青春期時就必須讓自己當個大人；我唯一的弟弟在我高中時去念寄宿學校，導致我們姊弟倆三年來幾乎都分隔兩地。

我不知道什麼是正常生活，不過我知道我恨透了「常規」。「常規」就是其他女人在校車站牌無視我母親，因為她們認為離過婚的女人是烙上標籤的壞女人。「常規」就是在沃什特瑙大道姊妹會會所的紅色大廳，和其他姊妹狂喝啤酒、聊著刻薄的流言蜚語。「常規」既苦澀又乏味，但是科技和創造科技的人卻是完全與「常規」相反的人事物，我和他們站在同一陣線。

採訪結束時，畢茲低頭看著我們坐著的長椅，有人在紅漆木頭上塗鴉，是一些名字和愛的宣言。

「我要不要也留下我的名字？」他開玩笑道，然後拿出一枝筆，把自己的名字塗寫在長椅上，在這個由他領路的數位世界，留下了代表他本人的象徵。

「這個訪問做得不錯！」迦勒看了黛比剪接好的「推特的畢茲」(The Biz of Twitter) 之後，一邊靠回椅背上，一邊對我說。當天，這支訪問影片就發布在CNNMoney.com。

到了晚上，我和黛比在桑多西提咖啡館乾杯慶祝我們旗開得勝，並繼續策劃下一步。接下來，我們打算去SXSW。

SXSW (South by Southwest) 是行之有年的大會，但是過去一向是音樂盛宴，最近才開始納入新興科技。二〇〇七年，推特首次亮現就是在SXSW大會；二〇〇八年，馬克·祖克柏在大會上的一場專訪引起騷亂；二〇〇九年，丹尼斯·克勞利（Dennis

Crowley）在此宣布推出名為Foursquare的熱門新創公司。到了二〇一〇年，科技界任何值得關注的人士都會到SXSW共襄盛舉。哪家新創公司若是能在SXSW「奪下聲勢」，絕對是好事，如果做不到的話，那麼……成敗全憑自己了。

我們策劃好下一步後，過沒多久我就在CNN控制室隔壁撥打Foursquare的辦公室電話。繼製作過訪談畢茲的影片之後，我又通過了幾次測試證明自己的能力，所以迦勒同意我為CNNMoney製作少量的新聞影片。我實際上的工作依舊是「商業更新」的製作助理，每天必須為新聞主播撰寫當日最新動態，不過我開始偷渡一些科技新聞到市場最新消息當中，把我下班後認識的新創公司相關資訊納入到給主播的素材裡。我在寫其中一則有關Foursquare和Bravo電視臺合作的新聞時，從一長串往來郵件中找到Foursquare的辦公室號碼，所以我才會撥這個號碼，打算藉機調查一下我正在處理的另一則報導：蓬勃發展的科技公司揮旗進軍奧斯汀SXSW大會。

「你好？」一個聲音有點模糊的男人接起電話。

「嗨！我是CNN的羅莉。」

「妳好，我是丹尼斯。」

「請問是丹尼斯．克勞利嗎？」

創辦人竟然會親自接聽公司的電話，讓我十分驚訝，我原本以為要經過公關層層轉接。我們聊了幾分鐘之後，我便直接切入重點。

「你認為今年SXSW的大熱門是什麼？」

「一定是『我們』，」他用就事論事的語氣答道。

「你只是說說而已吧？」我回答，一邊把電話線纏在手指上。**這位先生是自信還是自大？又或者兩者皆是？**

「拭目以待吧！妳會去奧斯汀嗎？」

「當然！」我說，雖然「直到此時此刻我才想到這件事」才是比較誠實的答案。

當天晚上，我和黛比在桑多西提咖啡館空蕩蕩的吧檯邊陷入兩難，焦躁不安。

「如果妳聽老闆的話，CNN是不會派妳去奧斯汀的，」黛比對我說。

「如果就說我會自己打點好去奧斯汀的事呢？」

「可以這樣嗎？」她問道。

「說不定這個月的房租會付不出來，但是從別的角度來看的話，我覺得值得一試。」

我們想好一個計畫。我先向「商業更新」請幾天假，就說去「度假」，然後告訴迦勒我反正都會去奧斯汀參加大會，再試著說服他由公司出錢讓黛比一同前往拍攝，我們兩個會在現場製作新聞報導。住宿就到汽車旅館，兩人擠一張小床，一天約可拍攝四到六個訪問。總之，我只需要在他面前營造出這是雙贏局面即可。

萬萬沒想到，我的簡報成功了——迦勒同意派黛比陪我去！

一抵達旅館，我們就明白丹尼斯說得沒錯，二〇一〇年的SXSW大會確實是由定位應用程式登上主戰場廝殺。由創辦人丹尼斯領軍的Foursquare連同競爭對手Gowalla和Loopt，都因為人們喜歡使用智慧型手機查看朋友位置及贏得獎勵而廣受歡迎。我和黛比漫步在充滿音樂和烤肉的奧斯汀街道時，看見科技咖們於「打卡戰」中一較高下，紛紛在咖啡店和通宵達旦的派對上用應用程式宣告自己的位置。這種熱門的新程式由二十幾歲的年輕人開發，其所營造的氛圍不但讓SXSW的精神更具競爭性，而且趣味無窮，從白日到黑夜，啤酒暢飲不盡。

假裝成製作人的我，安排好採訪一群野心勃勃、還沒有什麼名氣的年輕創辦人。雖然這些人創辦的公司過不了多久就會取得成功，但此時主流新聞媒體還看不見新創公司的潛力與影響力，自然不會把關注的觸角伸向他們。正因為如此，雖然我只是一個自稱製作人的年輕人，但也是當時主流媒體中少數關注新創公司的人，所以這些創辦人十分樂意跟我暢談他們的想法。

我和黛比抵達採訪丹尼斯的現場時，看到他穿著一件印著Foursquare品牌圖樣的T恤，而且還一臉宿醉的模樣。

「他真的在玩『四格球』*嗎？」我們朝這位新創之王走去時，黛比抓著攝影腳架對我說。

我瞥了一眼，看到人行道的水泥路面上有人用粉筆畫了四個方格，丹尼斯正在上面拍球。

「沒錯。」我一邊回答，一邊低頭望著我手指上斑駁的指甲油，然後想到我們應該拍一些我在手機上滑動應用程式的輔助畫面，作為補充訪談的材料。我忍不住責怪自己，假如要扮演好製作人的角色，就不該再咬指甲。就算我的公寓凌亂得像犯罪現場，就算我很容易弄丟身分證和信用卡之類的重要證件，但我不能讓人看出我的心思，應該表現出冷靜的樣子才對。

二十分鐘後，丹尼斯坐在會議中心外面的長椅上向我解釋道：「SXSW就像怪咖的春假一樣。」黛比把攝影鏡頭對準他，他則望著我向我敘述他的定位科技如何引導大家「對每個人的行動產生社群意識」。換句話說，我們使用「打卡」應用程式時，可以看到朋友身處的位置以及他們接下來的行動，並藉此創造更多社交互動。

下一位要採訪的是Loopt創辦人山姆．奧特曼（Sam Altman），這位活力充沛的奇才來自聖路易斯，也是一個似乎總是全力衝刺的聰明人。不同於丹尼斯，山姆十分安靜內向。

我站在他前方向他提問，但因為他是坐著的，似乎沒辦法看著鏡頭。於是黛比便給他一點指引：「你回答的時候，就看著羅莉的胸部，這樣你的視線就會跟鏡頭平行。」

山姆馬上就滿臉通紅。

老天爺啊，我們能不能至少表現得專業一點？

當山姆依照指示進行時，我忍不住懷疑我們這幾個其實都是在裝大人而已。

* 英文為Four Square，和丹尼斯創辦的公司名相同，是一種球類運動，會在分為四個象限的方形球場上進行比賽。

日以繼夜、夜以繼日，我和黛比忙得不可開交，並且宿醉連連。我們潛入派對，參加創業投資人的晚宴，在星空下跳舞，認識正在崛起的創辦人。我訪問了 Gowalla 創辦人喬許．威廉斯（Josh Williams），接著是推特執行長伊凡．威廉斯（Ev Williams），他是個說話溫和、沉著冷靜的人。

「如果你現在在《赫芬頓郵報》（*Huffington Post*）看到一篇報導，裡面提到烈火紅唇合唱團（Flaming Lips），你可以馬上就從那裡上推特去追蹤烈火紅唇合唱團。」他向我吹捧推特日益壯大的影響力。

那天晚上，有人靠過來向我透露消息，說伊凡就要被趕下推特執行長之位。我回想起稍早他顯得平靜的熱情，忍不住思索他在我們的臨時訪談裡沒說到的事。不過，由於沒有足夠的資訊可以繼續追蹤，所以我沒有發布這個消息。

到了大會的最後一晚，我們放下編輯和採訪工作，去參加 Foursquare 在一個叫做雪松街庭院的現場音樂表演場地所舉辦的派對輕鬆一下。

「妳確定可以把我們弄進去？」黛比緊張地問道，眼神瞥向一位體格壯碩的保全，這位保全會決定哪些來賓能走進那令人垂涎的 VIP 通道。我很清楚我們兩個的名字不可能在名單上。

「完全沒把握，但無論如何絕對不能把害怕表現出來。」她把相機塞進包包裡時，我笑著說道。我們擺出自信十足的模樣朝保全人員走去，心情也漸漸輕鬆起來。

「嗨，你好嗎？」我熱情洋溢地說道，一邊和這位保衛入口的彪形大漢用眼神交流。先跟對方做連結很重要。

他點點頭，表示注意到我們的存在。不過，真相揭曉的時刻就要到了。

「妳的名字是？」他問。

「羅莉．塞格爾……來自CNN」我回答，然後又用十分篤定的口氣補充說：「他們說我可以攜伴參加。」

我可以感覺到黛比在我身後變得有些僵硬，所以我挺直身體擋住保全的視線，讓他看不到黛比。黛比的撲克臉實在太可怕了。

保全仔細查了查手上的文件。

「這裡沒有妳的名字，」他說道。

「唉呀，真是奇怪。我很抱歉，我聯繫他們看看，」我的回答很冷靜，但「他們」是指誰我壓根不知道。「他們跟我說可以攜伴參加，實在很抱歉我誤會了。」我又補了上幾句，同時還對著裡面某個特定方向的隨便一個人揮揮手。

我看到保全抬眼看了一下，也注意到他正在思考接下來要採取的行動。

拜託這招一定要有效！

「這樣吧，直接進去，不必聯繫了。」他對我說，然後把兩條VIP手環遞給我和黛比。

「謝謝你！」我回答，走進去的同時又猶豫了片刻，想到這整個過程背後的荒謬：

排隊進場、來賓名單，必須自稱是VIP才會被選上的人……。我聽到後面的男人對那位保全說自己是「推特上的名人」，我鬆了一口氣，翻翻白眼，然後朝著人聲鼎沸的露臺走去。

「剛剛我緊張到爆，」黛比低聲對我說，直直走向吧檯。

場地裡面可以看到Foursquare的商標圖案投射在爬著常春藤的水泥牆面上，一條條閃爍的串燈把空間妝點得像大人的樹屋。不管是創業家還是自稱推特名人的賓客，大家穿著鮮豔的連帽上衣，脖子上戴著名牌掛繩，跟著DJ的表演擺動身軀。演員艾希頓·庫奇（Ashton Kutcher）漫不經心地站在一旁，其他怪咖假裝他跟他們是一夥的。後來眾人又轉移陣地去W飯店的一間特別套房，那是僅限庫奇邀請的人士才能參加的即興演奏會，創業家在那裡通宵達旦地喝著威士忌討論未來。

來到大會的最後一天清晨，我帶著宿醉醒來，腦海裡滿滿繼續前行的靈感。我差不多花光所有的積蓄，但是花掉的每一分錢都很值得。我和黛比在大會期間製作的影片發布在CNNMoney.com後也獲得不錯的反應。從數據資料可以看到，觀眾紛紛點閱我們的影片，我們回到家後馬上剪接的影片同樣表現亮眼。民眾對新創公司和新興科技是否感興趣，這個問題的解答無庸置疑，而且我有感覺，這趟旅程已經足以向我們的老闆證明我的理論是正確的：科技就是未來。

我們返回紐約市之後，迦勒同意隔年由公司出錢派我們去SXSW做報導。我轉身準備離開他的辦公室時，他說：「塞格爾，我願意在妳身上冒險。」

看來我找到了致勝公式，那就是說服別人相信你懂一些事。做好採訪跑腿工作，讓一些重要人物提到你的名字，然後你就紅了，換言之「你」就成功了！

那個時期，成功人士如雨後春筍般出現。我和幾位年輕的製作人一起，成功說服了來自某處的某個人相信我的重要性，接著我的名字就像野火一般，開始從別人口中冒出來，邀約也接踵而至，然後我們就變成別人眼中「懂點東西」的年輕人——我們對未來的模樣有概念。

那年夏天，紐約熱斃了，但是科技界卻酷斃了。丹尼斯出現在 Foursquare 的地鐵廣告上，還上了《連線》（*Wired*）、《富比士》（*Forbes*）和《財星》（*Fortune*）等雜誌的封面。隨著廣告客戶、創業家以及各種創意人士策劃了形形色色的專案與合作案，紐約的科技風景欣欣向榮。到了夜晚，我和丹尼爾除了講八卦之外，就是聊聊失敗的約會，還有我們最近在工作上的野心。我常常只睡幾小時，到了早上六點就起床。紐約市由於季節性藝術展的關係，在一些地點擺放了鋼琴，所以去新聞編輯部的路上，我會彈奏《悲慘世界》（*Les Miserables*）的曲子，音符迴盪在東村空蕩蕩的街頭，賣新鮮水果的小販都還沒出來。

我一邊謄打解說股票市場的腳本，一邊想到了那些有人際關係問題或晚歸的科技界創辦人，那些看上去有靈魂的人。我想到那些自信爆棚的人，他們自負滿滿，個個都有一個心照不宣的想法：我們是做大事的人，而且是那種改變世界的大事。

第五章

我的超能力

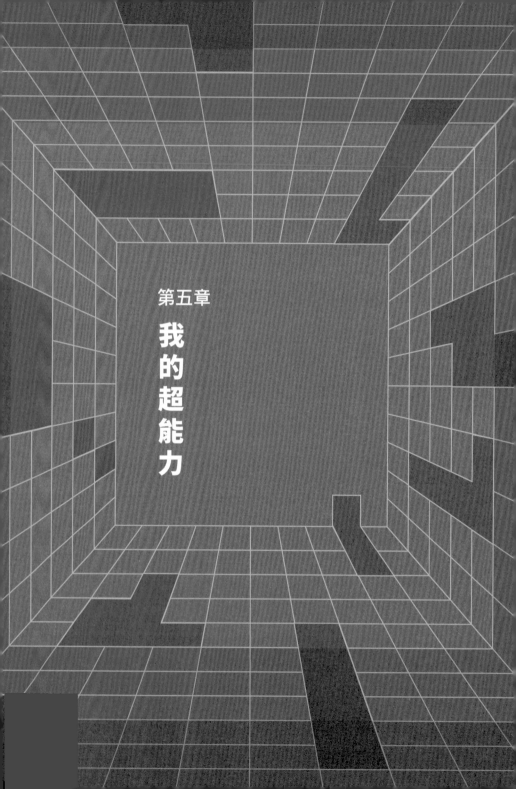

我站在時代華納中心向下通往全食超市（Whole Foods）的手扶梯旁，心裡一邊想著，超市的隊伍排得好長，食物又太貴，我在「商業更新」的薪水買不起。我剛下班而已，正在和父親講電話。自從我們一起去參加貞潔舞會之後，我們父女開始比較常聯絡，通常隔個幾天就會通電話。

父母離婚造成的痛苦和失序依然影響著我和父親之間的關係，不過經過這些年，衝擊減輕了，我內心的怒氣也緩和下來了。

「爸爸，我得找第二份工作才行，」我說道，一口氣把我想到的選項都講給父親聽，例如服務生、酒保……等等的，只要是能支援我實現「紐約夢」的工作都好。

「羅莉，我頭痛。」

我翻了翻白眼；我在說我的**未來**，他卻說**他頭痛**？

「醫院那邊認為是腦瘤，」他直接了當地說。父親告訴我他的自我診斷：大腦左側長了腫瘤。

他嘴裡吐出的每個字就像子彈一樣，強大的衝擊力把我擊倒在旁邊一座的巨大裸男雕像跟前。這座由一位知名藝術家所雕刻的雕像，時至今日主要吸引的都是觀光客，這些觀光客一邊摸著雕像的重要部位，一邊笑著自拍。不過就在那一天，這座三、四公尺高的雕像隱含著這個重大消息將讓我們家庭天翻地覆的象徵意義。

我的身軀靠著雕像粗壯的青銅大腿，呼吸困難地聽著父親說話。他說他的腦部在出血，打算兩天後動手術，醫院那邊覺得運氣很好能找出病灶。

掛上電話後，我就打去CNN，按了羅斯的分機。幾秒後，他的聲音出現在電話另一端。

「羅斯，我沒辦法呼吸了，」我一邊哽咽一邊擠出這句話：「是我爸爸，他說不定會死掉。」

電話裡停頓了一下。

「妳在哪裡？我馬上來。」

我和羅斯默默地並肩走到第九大道，走過十個街口、二十個街口、五十個街口。我想到我因為爸爸跟媽媽離婚而氣他這麼多年，氣他和媽媽分開後沒有常常打電話給我。我又想到他**明明有打電話**，但我很生氣所以故意不接他電話。那些錯過的機會，那些浪費掉的寶貴時間……，我頓時明白，自己承擔太多母親的痛苦。然而，和爸爸講完電話的那一刻，我的怒氣全宣洩出來了，被這些年沒能好好相處的遺憾和巨大痛苦所取代。

我和羅斯就快走到雀兒喜區（Chelsea），我突然想到以後結婚時父親不知道會不會牽我走紅毯——這個念頭嚇了我一跳，畢竟我從不曾想過要尋覓另一半，更別說結婚了。這是第一次，我允許自己渴望父親能待在我身邊，放肆地感受女兒會有的心情：我真的很想要父親的陪伴。

在車水馬龍的城市喧囂中，我任由恐懼感沖刷而來。一輛救護車從旁駛過，它紅色的警示燈在大樓之間閃動，讓我瑟縮了一下。

「他會不會很痛？要是我失去他怎麼辦？他會不會就這樣死了？」我的語氣雖然平靜，卻透露著歇斯底里。

羅斯並沒有說一切都會沒事這種話，而是給我一個擁抱，接著我們道別後便各自離開。

我立刻訂好回家的機票，在離開前，我發電子郵件跟史丹說明，但沒想到自己會寫出這樣的內容；我告訴他我得陪伴家人，我父親可能會離開人世，所以恐怕無法盡快返回工作崗位，一切就看這趟去亞特蘭大的狀況。

我按下「傳送」，不曾想過自己竟然有這種心境，願意就此放棄原先的目標，選擇走另一條路，全心全意陪伴某個人做治療，陪伴他度過可能是最後的時光，而我和這個人之間在今天的一通電話以前，關係一直那麼疏遠。

我們家的世界崩塌了，這讓我很快就看清楚自己每分每秒都想陪伴父親的渴望，我想要彌補那些失去的時光。

我把衣物丟進行李，然後撥了姑姑雪倫的電話號碼。雪倫就像我的第二個媽媽，我從小就崇拜她。她是我父親的妹妹，長得很美，垂肩的金髮勾勒出她纖細的臉龐，穿著打扮總是無可挑剔，不過最重要的是，她是我的避風港。

小時候我不知道該找誰求助的時候，想依賴長輩的時候，她給了我慰藉。我父親再婚的那一天，我坐在浴室裡掉眼淚，她陪在我身邊。她輕撫我的背，擦去我的淚水，讓我做個能盡情表達情緒的孩子。那天她沒有離開我一步，我一點也不孤單。

「羅莉，」她立刻就接起電話：「妳還好嗎？」

我一句話也說不出來，只是啜泣著。

「我明白，」她低聲說道。

我的腦海裡浮現她清澈的藍色眼眸默默含著淚水的模樣；即便在充滿憐憫的時刻，她看起來也總是如此堅韌。

「羅莉，」她說道。

「妳說。」

「他需要妳。」

我懂她的意思，父親此刻正面臨他人生中最可怕的一刻，我當然可以盡情用我想要被愛的方式去愛他，這樣做並不會犧牲我母親。從我在一旁看著母親解決現實問題，先是和父親大打法律戰，然後她的一切變成泡影，隨之而來的混亂所造成的骨牌效應又將她擊垮，在那之後我對母親就展現出強烈的忠誠感。所以雖然她一向是我的緊急聯絡人，也是只要我有一點不舒服就馬上反應過度的人（這一點充分發揮了她「猶太媽媽」身分的特質），但我在她身邊時，一定會小心翼翼地處理我父親的消息，畢竟地雷實在太多了。

隔天接近傍晚時，我抵達亞特蘭大。太陽低掛在天邊，強迫我看著它下沉，愈變愈小。為什麼在死亡的面貌中處處可見美麗的痕跡呢？看那日落的輪廓如此鮮明，落葉的色彩如此豔麗。

那天晚上我回到媽媽家，心情悲傷又矛盾。我母親和父親從我讀大學後就很少說話，但是她尊重我，陪著哭泣的我一起坐在廚房桌邊。「他們還不知道診斷結果，」她找話對我說。我看得出來，聽到父親的狀況後，她有一種不同的痛苦感受，不過我們很難一起交流心裡的感覺；這塊區域仍布滿地雷。

第二天早上九點二十分在醫院，我走進他的病房。我屏住呼吸，心裡十分害怕，不知道爸爸狀況怎麼樣：他看起來如何？可以說話嗎？可以擁抱嗎？我安慰自己至少他得到了最好的照顧，畢竟他在這家醫院是一位深受愛戴的醫生，他們就是在這裡幫他動開腦手術。

我見爸爸坐起身來，吃著法式吐司配一大堆糖漿，然後看CNN，那是我平常幫忙製作的「商業更新」新聞影片。他的頭髮剃光了一半，一大塊繃帶蓋住引流管，這個裝置可以減緩腦部壓力，進而改善頭痛和複視問題。

他臉上掛著笑容，睡袍上半部鬆開了，看起來非常脆弱，但權威感不減。雖然他的身形似乎比我記憶中小，但看到他對護理師講解注射豬流感疫苗的好處時眼神發亮的模樣，我如釋重負地鬆了一口氣。儘管眼前的狀況讓我覺得好陌生，不過爸爸還是老樣子。

別哭，我對自己低聲說，腦海浮現前一晚我和姑姑通電話時她說過的話：「他需要妳。」

爸爸的新太太，也就是我的繼母哈莉葉坐在角落的椅子上。自從爸爸打了那通電話之後，她一有最新消息就會傳給大家，我十分感謝。我弟弟住在阿根廷，現在正從那裡飛來。一聽到這麼重大的事情，我們毫無疑問當然要回家來，因為我們姊弟倆都渴望陪伴爸爸，陪他做治療、一起向前走。

目前病房裡就只有我、哈莉葉和父親，他看起來精神很好。今天是我第一次願意用父親的角度去看哈莉葉，將她當作一位支持丈夫的妻子和夥伴。從今天起，她不再和父親從我們家缺席劃上等號，而是一位我可以與之建立關係的人。我們現在都仰賴她照顧父親。

我閉上雙眼，想像自己不曾努力壓抑對父親的需要，那會是什麼樣的情景，說不定在那種情景下，我要聊工作上的新消息或者是和男友相處的情況時，我會去找父親，而不是找羅斯。怒氣和憤恨湧了上來，我為浪費掉的時間生氣，也為那些害我疏離父親的痛苦感到憤恨。後悔的情緒占滿我整個身軀，在我的血液裡奔騰。

不到一週，爸爸出院回家，大家都在等醫院告訴我們更詳細的狀況，包括腫瘤多大、良性還是惡性等等的問題，這些都還需要經過診斷。於此同時，弟弟終於抵達與我們會合，我們在爸爸家待了很長一段時間，那個我們曾經覺得十分遙遠的家。等待消息的時間好漫長，長到讓人覺得樹葉彷彿在我們眼前變色了，從森林綠轉換成耀眼的紅。這段期間我們看了電影《謀殺綠腳趾》(*The Big Lebowski*)，父親打太極拳，大家喝了雞湯……。比起過去幾年，現在的我覺得自己更完整、更美好了。

我和父親並肩緩緩走在車道上，我噙著淚水對父親說：「我很快就回來。」我忍不住看著他頭上動手術放置的引流管，那塊突起物顯示他的腦部在出血。我伸手去抱他，手臂環繞著他，這是一種很不熟悉的感覺。他也抱緊了我，我滿心感激，帶著痛苦、憤怒卻又喜悅的心情感激人生。父女倆就這樣默默站著，直到我淚眼汪汪地說出這些話：「爸爸，我好愛你。」

我回到紐約，回到CNN，也回到攝影機和麥克風前，重新喝到一杯杯不太新鮮的咖啡，不過我心裡明白，無論何時，只要一接到通知，我就會立刻收拾好行李，回去陪伴父親度過他最後的時日。

接下來數週，我便照慣性做著工作，不去想太多，直到感恩節我接到父親的電話。「什麼意思？你說那不是腦瘤？」我在電話上問了父親一遍又一遍，為的就是要確認我沒聽錯；這實在太不可置信了。

我在感恩節這一天，收到了父親的腦瘤是誤診的消息。磁振造影（MRI）檢查的結果顯示，父親並沒有得腦瘤，手術確實救了他一命，不過他腦部的問題是血管畸形所致，並非長了腫瘤。他不會死，而且會好起來。我癱軟在新搬入的公寓沙發上，讓眼淚奪眶而出。

害怕失去父親的恐懼感把我嚇得僵在原地，迫使我審視剛步入成年的自己如何過生活。我已經逐漸將幾個人視為我在紐約的家人，一心想成為他們更好的朋友；像丹尼爾和黛比就成了跟我一起衝鋒陷陣的戰友，羅斯則是指引我的北極星。

至於職涯發展規劃方面，我的目標變得更清晰，心境比過往幾年更自由。當我把內在的怒氣全宣洩出來的同時，便準備好要蛻變成一個更有自信、更完整的自我。我那尚未被探觸過的部分，現在已然敞開，讓我多了實驗和發揮創造力的空間。我專注於建立新創路線，報導怪咖和創意人士的故事。CNN新聞網還沒有人真正關注新創公司，自然也沒有可參考的教戰手冊能讓製作助理照著去規劃和經營，對我這種低階職位的人來說，這是前所未聞的事。

我開始撰寫關於新創公司籌募資金的文章，然後提交給CNNMoney。這些文章是激起了一點漣漪，但還不夠，於是我繼續把科技素材彙整到我替「商業更新」寫的新聞內容中，設法將科技融入到一篇篇的故事，比方說，我替主播撰寫的腳本裡，就描繪了各種應用程式和新興科技趨勢。有人嘲笑說那是千禧世代的自以為是，但我不予理會，逕自從世代之間的鴻溝摸索出一條路，將自己化身為各種新詞彙的字典。我為記者們簡述即將到來的趨勢，糾正他們關於科技內容的文法和發音。

「沒錯，『發推特』就是正確用詞，」我一邊替待會要播報推特相關新聞的記者預習，一邊抓順她深色的長髮。我作為仍在受訓中的製作人，有責任讓這位明星記者既具備充分知識**同時**很上相。

「一般人真的關心推特嗎？」她問我，低頭看著我為她寫的腳本。

「百分之百關心，」我用一種**這我很瞭**的態度說道，然後在她離開前再順一次她的頭髮。

當我邊捲動讀稿機邊聽她照腳本講述我寫的內容時，突然有一個瘋狂的想法浮現在我腦海：**為什麼我不自己播報？為什麼我不能站在鏡頭前面？**這個念頭感覺有點危險。我是在鏡頭前訪問過畢茲．史東沒錯，但也只有那一次而已，我去SXSW大會採訪時，都是在黛比的攝影鏡頭後面與科技創辦人對話，不管是製作還是提問都不在鏡頭前。就此時此刻來說，我也撰寫和製作了不少訪談，不過都是在鏡頭「背後」完成的。我不曾想像過自己站在鏡頭前播報的模樣，覺得自己用風險比較低的身分來執導比較自在，就算指甲油缺了角也沒關係。會有人把我當一回事嗎？作為新聞編輯部階級中的小咖，我真的可以做出這樣的要求嗎？我沒想過自己要站在鏡頭前，畢竟我更喜歡寫作，況且我在新聞臺的夢想就是最終要成為一名現場製作人。不過，現在不一樣了，我為別人製作的新聞愈多，就愈想為自己寫新聞，用自己的言語在螢光幕上表達想法。本來只是一瞬間的念頭，後來逐漸變得急迫。然而，我還是非常害怕承認內心有個想站在鏡頭前播報的渴望不斷滋長，所以沒敢說出來。

我在新聞臺認識的人大多都還在擔任新聞助理磨練經驗。以新聞助理為起點所開啟的食物鏈，包括了從新聞助理的角色晉級為助理製作人，然後再當上製作人。整個過程可能要花上十年功夫，所以只要有新聞助理表現出想上鏡頭的野心，多數人對此的反應都是翻白眼。偶爾是有製作人變成鏡頭明星的例子，不過就CNN等級的電視臺來講，鏡頭明星往往來自其他的新聞臺，都是經驗豐富、優雅自信的主播，他們有經紀人代為去和電梯間另一頭的玻璃辦公室的執行長交涉合約。這個圈子的體制就是這樣運作的。

然而當我看著這位記者講到推特時，她剛梳過的頭髮在肩上活潑跳動的模樣，我忍不住望著鏡頭想：**要是我有勇氣站在鏡頭前呢？**

蘇珊．格蘭特（Susan Grant）一頭俐落的短髮，手臂上戴著皮革手環，笑起來充滿感染力，讓人忍不住想跟著笑。在數位的潛能尚不為人知，數位也還沒變成一種資產之前，她被延攬去領導CNN.com，並坐鎮亞特蘭大的總部辦公室。雖然她從九〇年代中期就在這家公司任職，但謝天謝地她沒學到這間公司的官方口吻。嚴格說起來，她屬於穿「西裝」那一類的人，但實則不然。當她踏入某個空間的時候，目光不帶有任何偏見，而且展露出一種我希望自己有朝一日也能仿效的大膽無畏。換個方式來說，她就是我的偶像，我必須說服她把我收入她的麾下。

CNN的電子郵件系統有公司每一個人的郵件地址，我找到蘇珊的郵件地址之後，便寫了一封信給她；這封信讀來討喜卻很專業，篇幅雖然不長，但也足夠鋪陳出有趣的內容。我把自己平常寫的科技故事寄給她，信中還用幾句話描述了科技日益增長的重要性。

她立刻就回覆我，並答應和我見面。

後來她有一次從亞特蘭大到紐約來，我們在十樓的自助餐廳喝咖啡、俯瞰中央公園。蘇珊正在想辦法為 CNNMoney 和 CNN.com 創造更多價值，而我對科技的論述引起她的共鳴。雖然我有時候深信自己只不過是個地位很低的製作助理，但有時候我也會覺得我有一些特別的東西可以提供給對的人，而這個人會願意花心思投資我。雖然這種人在大公司裡不容易找到，但我依然一直尋尋覓覓。我寄出去的電子郵件多半石沉大海，要不就是收到被打槍的回覆，令人心痛，但我並沒有因此放棄。我憑直覺知道蘇珊就是我想要建立良好關係的人；我渴望能找到一位能對我用心、願意投資我的未來，我也可以把自己的志向與之分享的人。

我記得和她初次私下見面時，心情馬上就放鬆了。她的笑點很低，才聊沒多久就直接說出對我的評價。

「除了妳以外，沒有其他人在做這件事，」她的語氣就事論事。「妳必須扛起這個報導路線。」

她的坦率和自信撼動我的內心。隨後我們一起搭電梯返回我那張堆滿文件的辦公桌，這時的我已經決定要相信她了。

蘇珊很快就成為我的盟友。這位新聞業狂熱分子經常到紐約市出差，每次來都會和 CNNMoney 的主編，也就是迦勒的老闆克里斯．皮卡克（Chris Peacock）見面，他和蘇珊是同路人，十分聰明、體貼，以及愛挖苦人。除此之外，蘇珊會到新聞編輯部走動，靠在我的辦公桌旁，推倒我那些亂糟糟的文件、舊腳本和便利貼。

「今天抽屜裡有什麼新玩意呀？」她邊問，邊對我裝滿小東西的抽屜點了一下頭，那些科技小物都是公關人員送的。

「那是馬鈴薯頭先生？」她看到我舉起一個小公仔時說道，這個公仔的裝扮不知道為什麼有點像《星際大戰》(*Star Wars*) 裡面的黑武士達斯．維德 (Darth Vader)。**感謝老天爺，她很有幽默感**，我心想。我本來就亂七八糟欠整理的辦公桌，現在成了公關公司發送的紀念品的儲藏庫，抽屜裡堆滿各種小東西，從電子產品到公仔應有盡有，甚至還有一件奇特的迪士尼茉莉公主衣服，那是一位《阿拉丁》(*Aladdin*) 電影的鐵粉觀眾送給我們某位記者的禮物。

那一天的後來，我們坐在樓上的自助餐廳眺望中央公園。

「我覺得CNN應該要有一位多平臺的新聞記者，」我對蘇珊說，心裡想著我兼著寫的新創公司報導。「公司一定會需要一位既能製作新聞，又能上鏡頭報導，還可以寫網路文章的人，這幾樣工作將會巧妙的融合在一起。」

坐在旁邊那一桌的幾位 CNNMoney 撰稿人挑起眉毛，對我正在向公司頭頭闡述的未來表示不以為然。

我不理他們，繼續解釋：「這種職位現在還不存在，但我覺得應該要有這樣的職位才對。」

「妳搔到癢處了！把這個職位的說明寫詳細一點，然後交給克里斯．皮卡克。」她回答。

我真的可以把自己想的職位，也就是電視和數位整合的工作寫出來，然後踩著輕快的步伐走進CNNMoney負責人的辦公室向他做簡報，從無到有催生出來這個職務嗎？聽起來根本是個瘋狂的主意，所以我全身上下每一吋都在尖聲大叫：**妳不可以這樣做！**

「做吧，」蘇珊說，她讀到了我的想法。

於是，我走回辦公桌，把我對「多平臺科技記者」的想像寫下來：一種可以製作新聞、在鏡頭前報導新聞，又可以為CNNMoney.com和CNN.com寫網路報導的人。當時任何一家新聞媒體都沒有這種職位，但我認為未來一定需要這樣的記者。這個職位沒辦法套上單一名稱，畢竟那不只是撰稿人，也不只是電視製作人，而是一個線上的混合體，沒有路徑圖指向這個職位的存在。我把文句打了一遍又一遍，然後刪了一遍又一遍。**這個職位除了需具備深刻的科技知識，也應該有製作電視新聞、站在鏡頭前報導新聞以及撰寫網路文章的充分能力。**克里斯會不會覺得我野心太大，還是會覺得我瘋了？

一個星期後，蘇珊回來了，她問我：「妳把職位說明交給克里斯了嗎？」

「還沒，」我答道。東西是寫好了，但我不敢繼續推動這件事；我算老幾竟以為自己可以在鏡頭前做報導？

「妳不敢扛下這個職位，為什麼？」

我猶豫地說：「因為這太扯了，妳不覺得嗎？」

「怎麼會？妳報導的是科技的最新消息，沒有人在做這樣的事，這個報導路線就是妳創造出來的。」

她說得沒錯。嚴格說起來，我根本不是CNNMoney的一員，但已經著手報導科技界的最新消息。哪些新創公司正在出售，哪些公司正在籌備……我是科技新聞的萬事通，但我連個職銜都沒有。為什麼我這麼害怕去要求我想要的東西，這麼害怕去要求我早就在做的事情？

她靠過來對我低聲說道：「妳看看四周，CNNMoney基本上是男人的天下。去拿下那個職位。」然後她笑著走開了，而且她剛剛說的話可不是一個建議。

我深呼吸一口氣，走向克里斯．皮卡克的辦公室。結果，他竟然很快就答應了。

二〇一〇年十一月，我離開「商業更新」到CNNMoney工作，擔任CNN第一位多平臺記者，挖掘我心目中屬於未來的主題路線「新創公司」。此時此刻，我踏入了一個新的階段。

這個新職位讓我首度已正式身分出現在鏡頭前，結果我隨隨便便就出了一大堆紕漏。站在鏡頭前有很多要注意的事項是我毫無所悉的，包括如何在鏡頭對準我時表現自然；如何把注意力集中在受訪者身上，而不是在心裡準備下一個提問；如何別讓鏡頭捕捉到我正在思考自己會不會把事情搞砸；還有如何穿著得宜。對於上電視應該怎麼穿，我一點概念都沒有。我特別為了上鏡頭而挑選的花色、顏色和穿搭，結果都適得其反。最後，我還是用了最安全的對策，那就是穿上專櫃品牌Express的黑色西裝外套。

雖然我害怕很多事又不擅長穿搭，但我意志堅決。

我想證明我找尋故事題材、與消息來源溝通以及寫文章等等的幕後工作能力，全都可以在鏡頭前轉化。我希望別人把我當一回事。

我致電給幾位我在SXSW訪問過的人士，然後安排了採訪山姆．奧特曼，這是我第一次正式上鏡頭的訪談。我們準備討論定位應用程式，這種程式已經變成科技領域中的主流。我因為太過緊張，在前往拍攝的途中閃進一間酒吧，再把我的提問複習一遍。我本來想喝點威士忌，但最後改變心意，請店家給我一杯水。當我來到布萊恩特公園朝山姆走去時，黛比說的話浮現在我腦海裡：**演久就成真了。**

「嗨！」我向山姆問候，感覺自己像個冒牌貨，希望他別注意到我非常緊張。我挺直身軀，然後告訴自己，只要我展現出自信，就沒人知道我很緊張。

整場訪問下來，我強烈意識到自己在鏡頭前有多麼不自然。山姆很年輕，講話速度快，但同時也是一個聰明又親切的人。我對這次的訪談成果感到驕傲，不過影片拍好後，我播放了一遍又一遍，每次看都覺得難為情。

我試著對自己寬厚一點，畢竟才剛開始而已。

幸好隨著創投的湧入，再加上新創公司受歡迎的程度與日俱增，這表示我有更多的公司和更多瘋狂的創想等著我去鑽探，而其中一個就是推特創辦人傑克．多西（Jack Dorsey）的點子。先前擔任推特執行長的傑克被開除，由伊凡．威廉斯接任。企業的大風吹遊戲不會停歇，數年後傑克會重回該公司執行長之位，不過現在是二〇一〇年，傑克尚未回到推特，推特也還沒上市讓他變成億萬富翁。此時他正準備推出新公司，一個名叫 Square 的支付平臺，他相信這個平臺會改變市場的遊戲規則。他邀請我到「第三軌咖啡店」（Third Rail Coffee），這是一家位在格林威治村（Greenwich Village）的咖啡店，而店老闆準備試用他的新科技。

我在穿越華盛頓廣場公園去見傑克的路上，心裡想著他是什麼樣的人。傑克有點神祕，來自美國中西部的他看起來沉默寡言，不過我上 Google 搜尋他時，卻發現他迷龐克搖滾那段時間把頭髮染成藍色的照片。

到了第三軌咖啡店，我和 CNN 派來拍攝訪談的製作人見了面。這位自以為是的布魯克林潮男，拒絕用正眼看我這種地位低微的小咖。他和黛比截然不同，擺明就是希望我一敗塗地。在這一次見面之前，我和他唯一算得上有交流的，就是偷聽到關於他的謠言，說他很愛一間下流酒館，那是位在布魯克林深處的一家表演夜總會，裡面的裸體舞者被關在大籠子裡舞動身軀。

傑克走進咖啡店，向店裡的員工打招呼並自我介紹。這個男人是最受熱議的社群網路創辦人之一，但舉手投足又十分沉靜和謙虛。他帶了一個小塑膠方塊來，只要將這個小方塊插入 iPhone 手機，便可接受行動支付，這在當時是非常新穎的點子。

「嗨！」我熱情地問候他。

我們先聊了一些無關緊要的事情，打破生疏的氣氛。我在這段事先策劃好的閒聊中雖然邊說邊點頭，但腦海裡其實一直在複習我待會的提問，但思緒很快就被我們的潮男製作人打斷了。

「嘿，羅莉，我要請妳坐在增高餐椅上。」

我努力用一個大大的笑容掩飾我的驚恐。「抱歉，你剛剛是說**增高餐椅**嗎？」

「沒錯，」他帶著假笑說：「因為椅子高度不一樣，但你們兩位坐下時眼睛要在同樣的高度才行。」

「本來還以為自己已經長大了！」我轉過頭去對傑克說道，硬是開了一個勉強算規矩的小玩笑。

當製作人把增高餐椅放在我的座位上時，傑克禮貌地移開視線。我稍微施一點力跳上增高餐椅就定位，同時也對才站在鏡頭前沒多久的我正想拿出好表現，製作人卻不遺餘力找我麻煩而感到煩躁。等一切都打點好之後，攝影機開始運轉，咖啡店外走過去的路人從窗戶窺探我們。**上場吧！**

「我們設計了這款小硬體，它真的很小，」傑克把小塑膠方塊舉起來說道。

「那麼小的東西，卻有可能造成很多傷害，」我笑著說。

用手機接受信用卡付款這個概念雖然可以模糊地想像到，不過任何概念到了傑克手上就會馬上變成具體的東西。我逐漸明白，如果像我這樣的人認為你的點子很瘋狂，那麼你一定是走對方向了。

「這是信用卡刷卡器，能自行供電，可以插入任何附音訊的設備的耳機插孔……不只藝術家賣商品時可以用這個小東西接受付款，像飛行教官、保姆、職業遛狗師、咖啡店或者是在分類廣告網站 Craigslist 上賣東西等等全都用得上，我們打算免費發送這個小刷卡器。」

「你們準備如何發送，在街頭發給大家嗎？」我問道。

「這是一個做法，」傑克笑答。

我有一種感覺，只要能說服大眾使用這款新產品，傑克一定會拿著一桶站在街角發送。

「不過這樣送出去的量不夠大，所以我們預計在官網發送。各位只要上網註冊，填寫收件地址，我們就會把刷卡器連同一張附有問候小語的貼紙寄給各位，各位就可以開始做生意了。」

我們結束訪談後，我從增高餐椅跳下來，祝福傑克一切順利。然後我看著他離開咖啡店沒入街頭，變成另一個不具名的紐約客。

我轉過身，心想也許經過剛剛那一場還算像樣的訪談之後，我可以和製作人拉近距離。

「謝謝你幫忙製作，」我對那個潮男說，結果他嘀咕一聲，收拾好攝影腳架就離開了。

我買了一杯拿鐵，走出咖啡店。在一條街外的華盛頓廣場公園，有一位留著長鬍子的黑人老先生正在用薩克斯風吹奏《多美好的世界》(*What a Wonderful World*)，他前方的觀光客和紐約大學的學生都停下來欣賞，身體一起跟著音樂搖擺，彷彿在聽頌歌似的。迴盪在公園的音符，被淡藍色的天空勾勒得如此鮮明，在這麼一幅完美的景致中，很適合去想像這位沒多久就會變成億萬富翁的人，他把塑膠方塊遞給陌生人，並且承諾要讓世界變得更美好的畫面。

八月了，穿著我的萬年黑色西裝外套站在鏡頭前歷練了數週之後，我飛到舊金山進行幾場訪問。這是我第一次到舊金山出差，當飛機降落時，我忍不住笑意，內心希望往後會有更多機會來這裡。

舊金山的一切，譬如金門大橋和翻騰的濃霧；高高低低、讓我喘不過氣來的街道；隔五個街區氣候就大不相同的感受；漆得五彩繽紛的房子；唐人街的茶館和掛得錯落有致的燈籠等等，都令初來乍到的我十分著迷，當然我也陶醉在自己因為即將踏入這個科技起源聖地而興奮不已的心情裡。紐約的科技風景固然刺激，不過舊金山無可比擬。

隔天我訪問了推特財務長迪克．科斯特洛（Dick Costolo）。科技部落格圈有個傳言甚囂塵上，說他很快就會接任執行長。隨著推特逐漸發展成形，現階段的大哉問是：推文該如何轉換成獲利？

「我認為靠廣告賺錢就是我們平臺獲利的策略之一，」他說，將推特試驗的獲利方法一一說出來。

等我結束出差回到CNN的時候，手上多了幾篇有關舊金山科技的報導，以及推特未來執行長的訪談。不到兩個月，伊凡．威廉斯走下執行長之位，由迪克繼任。

回到紐約，我和 Instagram 執行長凱文．斯特羅姆（Kevin Systrom）有一場訪問。凱文和麥克．克里格（Mike Krieger）共同創立 Instagram 之前，先設計了一款「定位」類型的應用程式，然後發現用戶在登入程式後會留下照片。他們正是因為注意到用戶的行為，才改變了公司的整體方向。

「我們推出平臺的第一天，大概有二萬五千位用戶註冊，那一天對我們來說是一個里程碑，因為在那之前，我所設計的任何一款程式即使**一年的時間**也沒有這麼多用戶註冊。」凱文在鏡頭前表示，當時我們就站在西城高速路（West Side Highway）上，汽車從旁呼嘯而過。由於創辦人就在西城開會，拍攝地點我們沒有太多選擇，不過我認為很值得。應用程式正要開始大放異彩，我覺得一定要趁創辦人待在紐約的時候特別製作有關他們的報導。

當時，Instagram 推出才六個月，公司有四名員工和四百萬初頭的用戶。

「那請幫我介紹一下吧，」我邊說邊撥開被強風吹到臉上的頭髮：「我有什麼理由要用這項服務呢？」

凱文說起話來像個無趣但充滿自信的童子軍。「Instagram 可以讓你快速、優雅地和朋友分享照片。」他繼續說明這款應用程式之所以愈來愈受歡迎的原因。「它可以讓人們抓住日常的瞬間，再將這些時刻變成美麗動人的畫面，」我們互拍照片時，他對我說道。他把我的照片加上濾鏡，雖然頭髮像群魔亂舞，看起來還是很狼狽，但他說得沒錯，我們兩個看起來「更加動人」了。

「你如何把這個平臺變成一門好生意？」我問道。每一個承諾要用自家平臺改變世界的社群和應用程式創辦人，我都會問他們這個問題。

「我們最終若是能成為一個類似娛樂媒介的平臺，就能把生意做得很大。比方說，我們把你朋友使用的媒體和CNN、ABC、NPR那些人的媒體混在一起，然後呈現在你面前。要說我們從歷史學到什麼經驗，那便是可以讓我們把影像推送給別人看的廣告媒介，就是最令人期待的媒介，Instagram 的精髓就在於此。」他回答。

我看得出來他們想得還不夠透徹，但已經站上了制高點。這個商業模式很快就變成矽谷的話題，因為握有數百萬美元資金的各家新創公司都在尋覓賺錢的方法，而「廣告」就是關鍵。

在當時，我的公寓裡散落著顏色鮮豔的新創公司名片，這些公司從廣告到食品等各種產業，無一不顛覆。有時候我參加完科技活動，又在科技咖常出沒的酒吧「湯姆和傑瑞」(Tom and Jerry's) 逗留到很晚才回家，躺在床上睡不著時，就會把剛剛聽來的創意構想快速在腦海中想過，努力找出其中有哪個點子值得關注、哪些公司有更大的影響。矽谷有很多創投公司，紐約也有幾家值得留意。我的電話經常響個不停，電話那頭時不時會捎來新的概念。我受邀參加產品展示活動，看創業家做簡報介紹他們的核心構想，這些構想之後會發展成像健身平臺 ClassPass 之類的應用程式。我訪問凱文後不久，認識某家公司的執行長，他興奮地向我解釋他的構想，那是一種可以顛覆廣告產業的科技。這種新科技可以讓廣告招牌分析各種資料，包括性別和年齡在內，再根據觀眾的外觀來變換廣告。這件事很有報導價值，於是我寫了一篇報導發布在CNNMoney.com。這是一個七分詭異、三分酷炫的科技，有機會改變遊戲規則；顯然蘭迪．凱伊(Randi Kaye)的某位節目製作人也這麼想。

有一天早上我買完咖啡回來，一進辦公室就被傳喚，蘭迪希望我三十分鐘後上她的節目，那是我職涯第一次的電視現場報導。

「他們叫我上電視！」我飛奔下樓去找黛比跟她說這件事。

「真的假的？妳說的是『直播』嗎？」她回答，然後我們兩個起身走到新聞編輯部那長長的走道。「這是大事耶！」

「我要瘋了。」我可以感覺到雙手開始顫抖。在此刻之前，我做的訪問全都是先錄影再發布到CNNMoney上，沒有一個是現場直播，也不曾有哪場訪問畫面出現在全國性的電視上。這是第一次我發表的內容不會先經過編輯刪減，當然也不會有後製來拯救我。換句話說，我若是跌下椅子或說錯什麼話，全世界的觀眾會馬上看到。要是我忘記要說什麼怎麼辦？要是我在鏡頭前腦筋空白怎麼辦？我的眼前上演著各種最壞的情境，簡直就像我本人主演的恐怖片。

「會發生什麼很糟的狀況嗎？」

「別說不吉利的話啦！」我大口吸氣，狂奔至電梯，上樓回去找迦勒。

我衝進他的辦公室，告訴他：「他們真的要我上電視……做現場直播？」

「也該是踏入競技場的時候，」他笑道。「對了，記得先去化妝間一下，」他望著我那像鳥巢般的亂髮對我說。

我跑去CNN最活力充沛的場所，那裡的笑聲響徹雲霄，大人物來賓都會來此做好上電視的準備。一年前我還是新聞助理的時候，就曾陪來賓走到這間燈光明亮的房間，我楞楞地望著漂亮至極的化妝師，「美人魚」是我給她們的稱號。這些化妝師一頭飄逸的長髮，畫了上揚的眼線，有型到無懈可擊，又有妙手生花的手藝，神奇的粉底刷一揮，就能把來賓最耀眼一面展露出來。如果我去坐她們面前那張椅子，她們會不會一臉茫然？

「甜心，我太為妳驕傲了！」菲莉絲拿著吹風機和腮紅朝我走來，一邊大聲喊道。

「謝啦！」我笑了開來，但心裡忍不住想，自己待會的表現會不會讓我從此沒機會再坐一次化妝師的椅子。

「去征服他們！」她對我說，然後把椅子轉了過來，鏡子裡面隨即出現一個升級版的我。我從鏡中仔細欣賞她的作品，納悶CNN的來賓是不是都有一種要去參加舞會但心情又有點恐慌的感覺。

雖然時間還夠弄妝髮，但已經沒有時間可以換掉我身上這件看起來好像在野生動物園的T恤。我低頭望著衣服上印著的橘紅色字體，那可是曾在走藝術風的廉價酒吧風行一時的熱門圖案。**不會吧，羅莉，妳非得在今天穿這件衣服來上班不可嗎？**

不知不覺中，我已經來到新聞編輯部，坐在我以前經常幫來賓別麥克風的位置。

剛剛在來的路上，我從一位年輕的製作人身旁走過，他也是我的朋友，名叫德瑞克．道吉（Derek Dodge），他向我揮揮手。德瑞克曾徹夜不睡，用CNN官方推特帳號轉發賓拉登死亡的消息。他和我一樣很早就使用社群媒體，也是CNN轉型到使用Facebook和推特等平臺的背後助力，而這時的他可說握有公司社群媒體帳號相當程度的掌控權。我尋思是否該請他幫忙把稍後的現場報導推出去，但最後還是決定專心把待會的事情做好，免得變成難為情的YouTube影片。

「美國政府擊斃賓拉登之後，轉移到下一個目標，設法取得更多關於蓋達組織的情報……」

我從IFB（interruptible foldback，插話式內部通話系統）聽著蘭迪．凱伊的現場播報，這種裝置放入耳朵裡就可以聽到電視臺棚內節目的聲音。我的座位前方是四一二號攝影機，以前我和黛比就是站在這個鏡頭後面做策劃的，現在我朝著鏡頭看去，想像過去那些我曾幫忙捲動讀稿機和謄寫影帶的製作人當中，會有多少人因為我坐上來賓的座位而感到吃驚。我倒是有點期待他們其中有人能大吼「一定弄錯了！她怎麼可能坐這裡！」，然後跑過來把我拉走。

我提醒自己別忘了呼吸。

「現在我們暫且離開一下，來檢驗某種會改變廣告實質面貌的科技，這種科技讓廣告可以反過來觀察你，分析你的面貌、年齡和性別，然後提供專屬於你的廣告，」我透過IFB聽到蘭迪已經點出了我即將切入的新聞片段。

「嘿，羅莉，再兩分鐘就會連線妳，」另一個聲音在我耳裡說道。

我對著鏡頭微笑回答：「太好了！」**他們會不會聞到我的汗味呀？**

我解釋了這項科技就是把臉部辨識軟體運用在廣告上，由此判定觀眾的年齡、性別還有觀看廣告的時間長度。廣告甚至能夠根據天氣狀況而變換，比方說在天冷時走過去，你會看到招牌上廣告的是一杯熱咖啡。我的報導片段僅進行了數分鐘而已。

「那麼有沒有爭議呢？因為我相信很多正在家裡收看新聞的人，大概已經為了這種廣告會侵犯隱私而吵個不停了。」蘭迪從亞特蘭大的攝影棚向我詢問。

「當然，你知道，這種科技一定有讓人心裡發毛的地方，你知道，就好像它在暗中接近你一樣，」我試著別用咄咄逼人的口氣來說明，一邊揮舞著雙手，彷彿正在指揮隱形的交響樂團似的。

「是的羅莉，我覺得這種科技是有點瘋狂，不過也有它迷人的地方，很高興我們能討論這個領域，」她說道。

「的確如此，我明白。他們無非就是希望廣告能正中人心，我認為說到底這就是核心。」我回答。

「當然，這是他們的說法，」她說，然後我的部分便結束了。

我的第一次電視現場直播，又或者可以說「出擊」，就這樣完成了。我如釋重負地吐了一口氣。**我覺得我表現還得不賴，迦勒一定會為我驕傲！**我在心裡默默希望著。我爬樓梯到五樓，走去他辦公室，一進去便看到他露出笑容，對我舉起八根手指頭。

「八次，」他說。

「八次什麼？」我問。

「妳在四分鐘內說了八次『你知道』。」

我覺得好窘，等我回到辦公桌前坐下來，臉頰依舊發燙，我把手機拿出來。手機發出收到郵件的通知聲，那是羅斯傳來的：**我為妳感到驕傲！**

我笑了起來，抬頭看到黛比朝我走來。

「新聞臺每一個人都很震驚。」

「我自己都還很震驚，」我說。

「這才剛開始，」黛比笑開懷地說。

我覺得自己終於走到了三年前我抵達紐約市時所立下的目標。現在我上了電視，日子被源源不斷的科技界故事、會議和創投活動所占據。有空的夜晚則和黛比或丹尼爾又或者兩位一起，去桑多西提咖啡館消磨時光。

二〇一〇年十二月，Foursquare 拒絕 Yahoo 以一億多美元買下該公司的收購邀約，且沒有任何跡象顯示他們放慢腳步。接著，他們做了一件所有拒絕龐大現金的新創公司都會做的事：辦一場佳節派對。派對在 Foursquare 共同創辦人丹尼斯．克勞利最愛的東村街區舉行，他這次拋開印有 Foursquare 標誌的T恤，改穿灰色西裝，屬於紐約「新媒體」界的名流也都來共襄盛舉，包括握有通往新創王國鑰匙的創投人士、還有鐵粉日益壯大的各家創辦人，以及自視甚高的工程師。所有來賓都要走過一條狹窄的通道，來到一個地下酒吧。這間酒吧是裸磚牆面，有開放式酒吧，舞池裡總有人在熱舞。有人抓著丹尼斯的共同創辦人納文．塞爾瓦杜萊（Naveen Selvadurai）的人形立牌擺姿勢拍照，上傳到可以看到紐約年輕菁英動態的網站 Guest of a Guest。

我一如既往沒有攜伴參加，不過一走到裡面，我就看到十幾張熟悉的面孔。這個社群的核心圈我是愈來愈熟了，那些部落客、撰稿人和創辦人等等雖然各自抱著不同目標，但興趣卻很類似。矽谷八卦部落格 Gawker 的創辦人尼克．丹頓（Nick Denton）從我身邊鑽過，一路走到吧檯。瑞秋．斯克拉（Rachel Sklar）是紐約媒體界的大人物，她穿著淡黃色的 T 恤在迪斯可球下跳舞。我拿了一杯香檳，望著舞池、人形立牌、部落客和創辦人，喝了一口香檳，然後我看到了站在酒吧另一頭的麥克。

麥克身高比旁人高出許多，一頭深色亂髮，手裡拿著啤酒。他不久前創立了一家叫做 Scout 的公司，這是一款可以讓人們與朋友聯繫的應用程式，已經開始引起關注。以前我們曾經參加過同一個活動，但從未正式認識。他朝我走來，我們聊了一會兒之後很快就發現，原來我們兩個是很幸運才能進來這個派對的局外人。

在這個讓人汗流浹背、像洞穴似的地下酒吧裡，我們緊靠彼此站著，拿眼前的場景開開玩笑，像觀眾一樣欣賞周遭。他用手指拂過眼睛上方的一撮深色長髮，對著我們眼前的社會實驗——也就是部落客、從怪咖蛻變而成的國王和女王，以及忙著拍照上傳到以介紹紐約為主的部落格的攝影師——品頭論足。我們慢慢移動到場地的角落，雖然我對麥克所知不多，不過我才跟他相處一下子就覺得十分自在。

「改天找個時間喝一杯如何？」派對快結束時他問我。

他是創辦人，我是記者。我從來沒有越過這條線，因為我遵守嚴格的準則，不可將工作和情趣混為一談，然而他有某種特質讓我屈服了。

「當然好啊，」我回答，在離開派對前把我的電話號碼給他。

我們第一次約會的時候一起滑 Instagram，嘲笑對方的帳號。他看到我張貼的第一張照片時，頓時安靜下來。那是我父親的照片，他指著照片裡父親頭上放置引流管的地方。

「我父親也有這樣的東西，」他輕輕地說。

我們談起自己的父母、他們的離異，還有我們本身與父母相處時的難處。我倆都跟父親有心結，這一點讓我們相處起來沒有隔閡，而我們的夢想和野心也巧妙的一致。

我努力打造 CNN 的新創報導路線，麥克則逐漸朝新創潮流的王位邁進。我身在科技類新聞的最前線，報導一間間紛紛竄出、受到創投眷顧的公司，而他的應用程式正躋身其中。Scout 的用戶和個人檔案持續增長，數千人下載了應用程式，投資人也挹注資金。他是個白手起家的工程師，通宵熬夜寫程式解決複雜的問題，不過對音樂的熱愛與程式碼無異，跟著 Phish 這一類的即興樂團全國走透透也不怕，直到礙於白日的工作而無法成行為止。麥克跟我一樣從基層做起，工時很長，從白天工作到黑夜，最後再去廉價酒吧喝一杯作為一天的結束。他壯大了團隊，我擴充了資歷，我倆都富有創意和野心，只要我們操控好腦袋裡的惡魔，就能拼對拼圖。

我們開始約會，但出於我的職業焦慮，我不想讓任何人知道。我努力工作的目的，並非為了要當那種和公司創辦人約會的老套記者，所以我們守口如瓶。白天我們努力工作，到了夜晚就是我們的跳舞時光。美國民謠搖滾樂隊艾德華夏普與無引力樂團（Edward Sharpe & the Magnetic Zeros）的《家》（*Home*）、不要懷疑樂團（No Doubt）的《別說話》（*Don't Speak*）……音樂填滿了我們的夜晚。我們在空蕩蕩的酒吧快速旋轉，邊唱 The Offspring 搖滾樂團的《自尊》（*Self Esteem*），邊笑到肚子痛。我們在外流連忘返，只有這樣才能消化白日工作的高強度。

我們從一次次的探險培養出絕佳友誼，這都是因為痛苦的童年把我倆深深連結在一起，而痛苦的童年也激發了我們在榮景之中拓展職涯的雄心壯志。我們都深切渴望被愛，也恐懼自己不被愛。我們都是高強度的人，才有辦法熬夜又早起，這種強度有利於我們和自己的腦袋搏鬥，同時又能壯大自己並穿梭於媒體與科技的政治。我們就是自己最惡劣的敵人，兩人常常晚上在廉價酒吧喝茫後互相亂吼，然後馬上和好。我們吃晚餐和喝酒時你儂我儂，但參加活動的時候，不會有人看出來我們是會一起回家的關係。

我不能洩漏自己的身分，所以派對是我的祕密武器。一杯杯雞尾酒入喉之後，創投家會把祕密說溜嘴，八卦消息趁著酒酣耳熱之際恣意地流來轉去，幾杯紅酒必能催出交易的話題。

「我聽說創辦人剛簽了合約，」某個星期五在一個能眺望中央公園的華麗派對上，有一位創投家對我說。「TweetDeck* 準備以四千萬美元的價格出售給推特。」

我去打了幾通電話，得知這筆交易會在下星期一公布，於是我離開派對，狂奔到辦公室把新聞寫好後發布，靜候科技部落格圈繼續在網路上傳播這個消息。這有如一場令人血脈賁張的球賽，我們都是場上的球員，每一個人都很年輕，都是未來的一分子。

二〇一一年三月，麥克的應用程式獲得SXSW大獎，他開始收到一些打算收購Scout的公司的出價。於此同時，我忙著訪問一個又一個前景看俏的各家公司執行長，包括Bump、Pinterest、Shazam、Angry Birds等等。我愈來愈常出現在電視上，在這些短暫的新聞片段裡，我向觀眾解釋應用程式可以幫助人們購物、交易和認識新朋友，影響力與日俱增。在新創公司尚未蔚為風潮之前，我便著手開拓利基領域，揭開新創公司的神祕面紗，成為那些大有可為又想得到關注的公司必來探詢的對象。我愈來愈受歡迎，成為與新興科技浪潮劃上等號的熟悉面孔。現在的我可以說是意氣風發，我決定從東村搬去西村。東村是一個比較年輕、有點髒亂的街區，到處都是刺青店和廉價酒吧，相較之下，西村多是鵝卵石鋪成的街道，而且有「派瑞」和「珍」這類的路名。往西搬有一個象徵意義，這表示我在這個城市的存在已經向前邁進到另一個截然不同、更加

「成熟」的階段。換言之，我準備好來個大躍進了。

我看了一大堆公寓，深信當我走進命中注定的那一間時，我一定會**知道**。

「找房子像談感情一樣，」我對我的第二位房仲說。自從第一位房仲離我而去，我開始懷疑自己大概找不到棲身之處了。

「我一定會知道，」看完第十三間公寓後，我大聲宣告，假裝沒看見二號房仲翻白眼的神情。

我對完美居所的尋覓，像極了我對愛情的態度。我一直在等待「那種感覺」，但還未等到。我找尋不到心目中的公寓，或者也可以說我領悟到，在麥克身上我找不到那種感覺。我崇拜他，但是我愛他嗎？這個問號一直存在，無論我多麼努力把它拋開。我很喜歡我們奇特又契合的衝勁，喜歡我們瞭解彼此過去的那種感覺，也喜歡我們相互支持未來的抱負，但如果我肯放慢速度，我會懷疑我們是不是彼此的木板路。我有可能去愛一個跟我有相同傷痛的人嗎？無論我們多麼在乎對方，畢竟木板路並不是映出我們倒影的鏡子。

我和丹尼爾邊吃乳酪薯條邊喝著琴酒，他取笑我說，會不會世界上根本沒有「那種感覺」？可是我走進派瑞街二十六號那間公寓時，我很老派地心動了。

*是一款能整合多種社群帳戶的桌面管理中心，可以協助推特用戶管理並改善推特帳戶的組織和功能。

「就是這間，」我低聲說道。這間夢想中的公寓在往上爬三層樓梯高的地方，從裡面往白鐵框的窗戶看出去，視野開闊，可以把西村最美麗的街區收入眼底。「這間我要了。」

我把家當搬進新住處沒多久，就一個人飛到倫敦度假。麥克有工作在身，我又想重溫一遍以前在倫敦去過的地方。我現在的薪水比較高了，也存了幾個月的錢，準備好好放鬆，逃避一下現實。

「塞格爾小姐，請問妳來英國的目的是什麼呢？」海關的年長女士詢問我。

「度假！」

她望著我說道：「妳預計住哪裡？」

「一間 Airbnb。」

她皺著眉問我：「那是什麼？」

「有點像我家就是你家的概念！」**老天爺，這樣說根本是自掘墳墓。**「有些人會把自己的家或多餘的房間租給像我這樣的人，」我又補充說明了一下，希望不會被帶去沒窗戶的小房間盤問。

「聽起來很可怕，」她邊說邊在我的護照上蓋戳印。

大學時去倫敦唸書的那個學期，我愛上那裡的歷史、文化和人們。對於現在正碰到「青年危機」而迷惘的我來說，倫敦是一個絕佳之處，可以讓我好好想一想，**既然我**

已經擁有我想要的東西，那麼這真的就是我想要的嗎？

我一直憧憬在外國生活，當年我淚眼汪汪離開倫敦時，曾承諾自己以後一定會回來。從紐約飛到倫敦只要七個小時，這裡的小咖啡館看得到數十種小報用碩大的頭條對你張牙舞爪。我會帶著小報去喝上兩小杯濃縮咖啡，附近就是皇室公園，大天鵝就在綠色池塘上伸展著牠們又長又白的脖子。

我怎麼可能不渴望住在這個城市？我望著外頭的黑色計程車，它們開過去的模樣好似用飄的，也看到路上的無軌電車在迷人的街道蜿蜒前進。

倫敦依舊是我記憶中的樣子。我抬頭望向翻騰的雲朵和毛毛雨，想起上一次造訪時刻印在心裡的畫面：灰濛濛的天氣像盾牌一樣，擋住那片一直試圖露臉的藍天，彷彿不斷在承諾，最美妙的時刻就快浮現了。

來到倫敦的第二天，我散步經過海德公園的雕像時，接到了麥克打來的電話。

「他們的出價達到我們要的水準，」他說道。

Skype 出價八千五百萬美元收購 Scout。麥克說完，我不知道該如何回應。

我們兩個都知道他會賣掉公司。他會變得富有，人生會因此徹底改變，當然我倆的生活也會徹底改變。最初的處處碰壁，每一次的熬夜，那些東奔西跑和他人的質疑……現在前方有個快樂結局在等著他。

我感受到愛，但也同時覺得空虛。

我掛上電話，信步走到某間飯店裡一間精緻的餐廳，餐廳內到處都有皮椅和鮮花。有個女人為我端來咖啡和柳橙汁，閃亮的銀碟子上擺滿了方糖，然後又放了一份《週日泰晤士報》（*Sunday Times*）在我面前。

「請享用，」她帶著禮貌的微笑對我說。

原來這就是有錢的感覺；眼前的檯燈是桃花心木做的，別人也會用慣有的親切態度招呼你。我坐在飯店裡，腦袋不停地轉著 Scout 的消息，我想到麥克以及我們感情中徘徊不去的小事情。我倆是如此相似又契合，但為什麼我無法全心投入？我非常替他開心，但是我對他的感覺很複雜。對他的未來而言，Scout 出售絕對是重大事件，但我有點希望自己能感受到這件事對**我們**的未來也是深具意義。畢竟，如果以後要一起走下去的話，公司成功出售對我和他都會有很大的影響。然而當我停下來仔細想一想，卻不是很確定接下來的人生我們是否適合對方。一回到紐約，我就把這些想法撇在一旁，盡全力支持人生即將翻轉的麥克。

等我回到紐約的時候，Scout 的收購案已經順利完成。麥克簽下文件的那天晚上，我和他以及他同事一起去熨斗區（Flatiron District）一間破爛的卡拉OK酒吧，我們唱了裸體淑女（Barenaked Ladies）的歌曲《假如我有一百萬》（*If I Had $1000000*）。夜幕化為冒著氣泡的一片煙霧，我引吭高歌，至於喝了一大堆廉價啤酒的年輕工程師，他們在昏暗的房間裡對著麥克風大唱著邦喬飛（Bon Jovi）。

然後我去了廁所，結果手機掉進馬桶裡。

我就著廁所的日光燈光線瞥了一眼自己，潮濕的頭髮捲在我的臉龐周圍。**別把手機掉進馬桶想成壞兆頭**，我對自己說，並回望著鏡中的自己，然後再回到那群剛躋身百萬富翁之列的人當中。

第六章

商業的樂趣

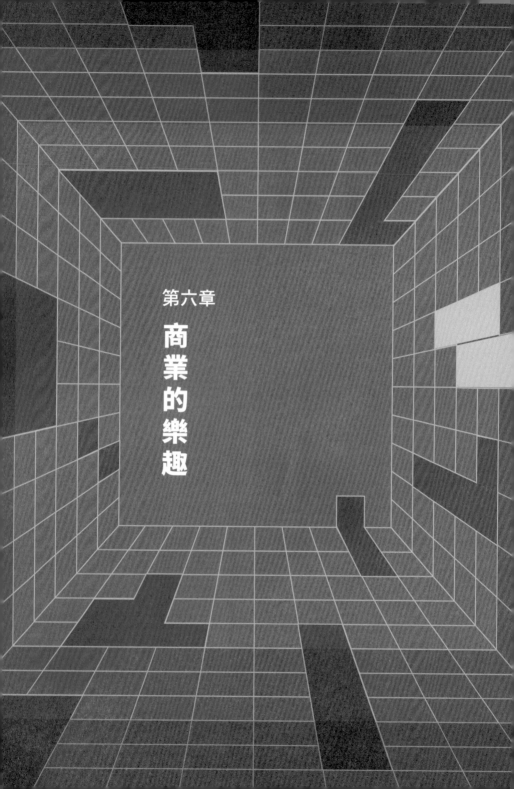

接下來五個月，派對愈來愈華麗，夜晚也愈來愈長。放眼望去，科技界裡盡是創投公司主辦、僅限邀請才能參加的晚宴，而這些晚宴都在紐約昂貴餐廳裡的祕密包廂舉行。

為了配合「新貴」身分，麥克開始尋覓新公寓，一間更適合的公寓，畢竟他現在發大財了。我也加入一起找房的行列，在熨斗區一間窗戶超多、光線充足的公寓裡走來走去，我不禁懷疑這間公寓數百萬美元的標價是不是把這整條街的不動產都包含進去了。

「妳覺得怎麼樣？」他問道，眉頭深鎖。

如果回答討厭的話是不是瘋了？

「很特別！」我勉強擠出笑容說。

二月分的時候我們去了邁阿密，住進南海灘（South Beach）的豪華酒店，那間酒店裡四處都是鏡子，每一樣東西都白得發亮，譬如大廳的圓柱是白色大理石，房間有白色牆面，就連雕像也是白色的。溫水游泳池那裡，每天都有很多模特兒和抽雪茄的肥胖男人跟著饒舌音樂扭來扭去。

待在飯店那幾天，我用浴巾把自己包住，免得被那些在池子裡飲酒作樂的人注意，然後捲起身體試著專心看我的《飢餓遊戲》（*The Hunger Games*）。每天晚上我們都會出門去吃要價三百美元的晚餐，我搞不懂吃個東西為什麼要花這麼多錢，明明嚐起來的味道都差不多。

我這個人是不是不知感恩？還是太沒禮貌？難道我不喜歡這些嗎？我邊思考，邊從無所不在的鏡子中瞥了自己一眼，但我只看見一個梳著歪歪的丸子頭、不修邊幅又很害怕安定下來的女孩。

在邁阿密的最後一天，我們吃完整套六道菜的晚餐，肚子撐得不得了，這時一位穿著丁字褲的模特兒開始在泳池邊扭腰擺臀，讓我理智線整個斷裂。

我必須去走一走才行。當我散步到海灘邊的蜿蜒小徑時，手機鈴聲響起，打斷了我的思緒。

「親愛的，妳好嗎？」媽媽問我。我想她大概感覺到事情有點不大對勁，我們過去幾個星期通電話的次數變少了，因為我覺得面對我愛的人，自己的狀況還是少說為妙。

我不知道該怎麼形容現在亂糟糟的心情，只能對她說「媽媽，我好想吃墨西哥塔可餅」。

二〇一一年的SXSW大會我和麥克都去參加了。他下榻四季酒店（Four Seasons），我則入住德里斯基酒店（Driskill），這是奧斯汀一家老字號的飯店。我和黛比一起睡雙人床的那段往日時光已經過去了，現在她也有了新方向，自從拿到電視紀錄片節目《下一張清單》（*The Next List*）的夢幻工作之後，她就離開新聞臺，跟著新工作環遊世界，報導全球各地創新者的故事。

現在很多公司都有官方的Instagram和推特帳號，各種專門因應社群媒體的部門也如雨後春筍般出現。CNN收到備忘錄之後派給我一小組工作人員，同時他們也計畫在大會期間推出 CNN Grill，這是一個相當別緻、僅限邀請才能進入的快閃美食吧，新聞臺有活動就會在這裡舉行。

二〇一一年可以說是群組聊天應用程式大戰的一年，這讓 SXSW 盛會熱鬧非凡。有幾個應用程式推出的功能，可以讓用戶一次發訊息給一群朋友，不過在這方面還沒有出現突出的領先者。

我訪問的第一批人物當中，就有 Uber 這家愈來愈熱門的應用程式的創辦人，而這位創辦人是我在幾個月前透過一位朋友聯繫上的。

這位朋友在信中寫道，**嘿，羅莉，請容我向妳介紹 Uber 的崔維斯。Uber 是一家充滿驚奇的科技汽車服務公司，他們的平臺撼動了舊金山和矽谷……。致崔維斯：羅莉是 CNN Money 的科技報導撰稿人……羅莉，這是 Uber。Uber，這是羅莉。**

搭陌生人的車子去某個目的地在當時是荒謬至極的概念，我把這個概念解釋給我非科技圈的朋友聽時，他們個個看起來都有點驚恐。

崔維斯．卡蘭尼克身穿棕色鈕釦襯衫、頭戴牛仔帽，出現在 CNN Grill 接受我們的訪談。如果說公司就是創辦人的具體呈現，那麼顯然這位創辦人和公司形象十分不搭調；他看起來一點也不像科技怪咖。

我一如既往穿著黑色西裝外套，望著攝影鏡頭錄製我們的訪問影片。

「今天和我們一起討論的是崔維斯，也就是 Uber 這家公司的共同創辦人兼執行長，麻煩你為不懂 Uber 是做什麼的觀眾，解釋一下你們的服務。」

「我們的座右銘就說明了一切：我們是每一位乘客的私人駕駛，」崔維斯說道。「只要點一下按鈕，五分鐘後就會來一輛市內汽車，車門為你而開，坐上去就能前往你的目的地。」

不久前 Uber 才因為在跨年尖峰時段漲價，首度招致反彈，於是我問起這次爭議。「你們最近趁跨年測試『動態定價』機制，結果遭遇強大反彈，是否打算再試一次？」我問道。

「我不會說那是『強大』反彈，」他辯解說。「我認為有一些傢伙跨年的時候搭 Uber，」他繼續解釋，音量逐漸提高。「駕駛告訴他們費率有變，結果他們可能本來就喝了一點酒，又或者不習慣個人交通工具有動態定價機制。」

他把乘客的不滿歸咎於喝醉酒，真有意思，我心想。

我們拍完這段訪問之後，我看著他離開。

崔維斯是那種會去試踩底線的創辦人。他不是典型的矽谷創業家，反而比較像圈外人，敢於站在最前線，諒誰也不敢叫他退後。Uber 是一家充滿變革、獲利豐厚的公司，而對於這樣一家能顛覆傳統產業的新創公司來講，創辦人的特質究竟是一帖良方，還是會逐漸招致慘痛失敗的元素，都還是未知數。

就在同一天，我也訪問了 Instagram 的創辦人。從去年我在西城高速路訪問凱文・斯特羅姆後到現在，Instagram 已經從四百萬用戶和四名員工的組織，成長為三千萬用戶和十三位員工的規模。如今公司的身價已經不同凡響，是科技部落格圈熱議的對象。

創辦人會不會把公司賣掉？我和創辦人走下樓，再次來到CNN快閃美食吧CNN Grill進行採訪。

「請問你們有出售公司的可能嗎？或者你們有不得不這樣做的壓力？有沒有更大的公司出價收購你們的技術呢？」我問道。

「我們目前專心維持一間獨立的公司，」凱文回答。

凱文已經邁入了我稱之為「新創公司外交家」的新階段，此封號專屬於精通「什麼事都不透露」這門藝術的創辦人。新創公司的動向關係重大，媒體自然會開始問比較尖銳的問題。

「我們真的很興奮能夠每天上班為Instagram打拚，」他補充說，彷彿在發表得獎感言似的。見我探聽公司是否出售的問題，他的口氣像交涉和平條約那樣繼續回答：「我想這方面也會是未來的走向。」

「我認為他們會把公司賣掉，」那天晚上我對麥克說。經過漫長的夜晚，我們精疲力竭地躺上床，說著白天發生的事，那時已經凌晨三點，我們還聽得到街上飄盪的音樂聲，還有深夜在外參加活動的人跌跌撞撞走進大廳時發出的笑聲。我打算早點起床，衝去拍現場直播，報導本年度的科技趨勢。

幾天後，Facebook以十億美元收購了Instagram。這款應用程式的成長前景和潛在競爭力足以刺激馬克·祖克柏以十位數美元買下它，這是史上最大的新創公司收購案。我想，訪談那天凱文裝腔作勢地說每天去上班，其實都在忙著準備簽約文件吧。

Instagram 的收購案可以說把新創公司帶入了新的紀元。

「用十億美元買下一個應用程式，這是史無前例的事！」我在電視上宣稱。後來證明，這個價錢算便宜了。

次月，Facebook 公開上市，這是史上最受期待的 IPO（首次公開募股）。雖然股票市場宣傳得天花亂墜，但上市後股價卻下跌，投資人臉色鐵青。我飛到舊金山聽取馬克·祖克柏在股價狂跌後的首次發聲，他會出席一個叫做 TechCrunch Disrupt 的年度科技盛會。這場名人雲集的會議是由科技部落格 TechCrunch 舉辦，參加此會議的新創公司創辦人，還有那些在舞臺上自以為是、大放厥詞的人，都有機會在創投人士和部落客面前曝光。

很多人站在舉辦會議的大樓外面，脖子上戴著名牌掛繩，上衣印有新創公司的名字，他們看到人就遞名片，一邊用簡單的一句話向別人介紹自己的公司。場內設置了一排排的攤位，創業家在攤位上簡報他們的構想，保證一定能用程式碼來顛覆產業和改變社會。另外還有一個大會堂，裡面擠滿了觀眾，聚精會神地聆聽在他們之前的成功創辦人的一言一語。這幾乎已經變成一種通行儀式。卡通《癟四與大頭蛋》（*Beavis and Butt-Head*）的創作者麥克·賈吉（Mike Judge）也來共襄盛舉，特別到此為情境喜劇《矽谷群瞎傳》（*Silicon Valley*）田野調查。

這一年的大會，人人都在談 Facebook 直直墜落的股價，大家懷疑社群網路在公開市場上「是否真的有立足能力」。由於華爾街的反應不佳，唱衰的人也愈來愈多。與會者擠進場，等候馬克．祖克柏登臺。這位二十八歲的億萬富翁鮮少露面，尤其是自家公司正受到質疑的此刻。部落客在走道上排排坐，我差點走不到我的座位，明明就在前面兩排而已。大家等著，市場等著，推特也因為萬眾引領期盼而鬧哄哄的。

部落客一直狂發推文，大會堂喧鬧不已，此時我瞥見馬克就在主舞臺後方的角落裡。他深深吸了一口氣，抬起肩膀，好像上球場前先替自己加油打氣一樣，那也是我在電視直播前會做的事，而這個動作讓他顯得有些稚嫩與脆弱。接著，這位身穿棕色T恤和牛仔褲、把「Facebook 跟蹤」搞成大事的人，步上了舞臺。

「好的，各位準備好了嗎？」TechCrunch 的主編麥克．艾靈頓（Michael Arrington）問道；這位先生是矽谷聲名狼籍的大人物，以不說廢話、問題刁鑽聞名。

馬克．祖克柏的臉微微泛紅，坐在椅子上的身軀緊繃了起來。

「你們股價狂跌是怎麼回事？」艾靈頓問道。

馬克按照既定方針回答，說公司目前正盡快朝行動化領域發展。由於當時使用電腦上網的人愈來愈少，大家都切換到智慧型手機，用行動應用程式來接收資訊，而過去並非以「行動設備為優先」的 Facebook，現在落於人後了。用 iPhone 手機存取 Facebook 的人抱怨載入時間過長，又或者經常發生當掉的問題。總而言之，Facebook 的瀏覽體驗錯誤百出，用戶正在流失。不過別擔心，馬克承諾將行動方案列為該社群網路的第一優先，會全體總動員將整間公司改弦易轍來解決問題。收購 Instagram 這款專為手機而設計的應用程式，只是解決方案的其中一環。公司必須全面行動化，投資人也明白這一點。

祖克柏必須信心喊話，讓大家相信公司正在採取適當的因應行動，然而在向艾靈頓描述新計畫的時候，他卻把話說得亂七八糟，好像學生跟老師解釋為什麼作業沒寫完似的。在我離舞臺只有幾排距離的座位看過去，領悟到一件事：祖克柏和我一樣年輕，在明亮的燈光下，公開市場以及部落客和唱衰者都緊盯著他，他其實很緊張。

我回到入住的飯店後，立刻趴在床上睡著了，直到第二天才醒來。我一打開電視，就看到名嘴們正在轉述馬克的談話，但我個人認為這場訪問最有意思的部分在於，過程中可以看到「青春期很痛苦，尤其你又是學校的舞會國王時」這個事實，很可惜沒有在他們的討論中看到這點。電視上不斷重播訪問片段，以及剖析馬克說的話，我看到這個看起來如此年輕、擁有一家這麼大的公司的男人，在大會堂的側邊為自己打氣，然後上臺解釋自己的失策，向大家說明為什麼以創新聞名的公司會對科技界最重要的變化反應如此遲鈍。這位哈佛大學的輟學生雖然很快就躋身世上最有權力的人之列，但是在臺上的那一刻，他只是平凡人而已。

那天晚上我從飯店客房打電話給麥克。這間客房可以眺望舊金山聯合廣場，離渡輪大廈只有幾條街的距離，待在飯店的這幾天，我會在早晨穿過霧氣散步到那邊，等候晨霧散去，太陽在灣區大橋上升起。

我們在電話上聊著工作的事情，掛電話之前，他說他迫不及待要我回家，繼續和他一起尋覓新公寓。

我真的非常希望就是這個完美的男人，真的很想否認心頭那股徘徊不去的感覺，那個感覺對我說：這個非常接近，但還差了那麼一點。這不是木板路，不是我們兩個都值得擁有的奇蹟。

我們就這樣過了幾個月，像是搭上朝終點而去的雲霄飛車一樣，情況變得愈來愈清楚，我和麥克已經成了彼此的陰影，緊抓著「我們都是好人、我們都是善良的人」這個明顯事實不放，但說到底其實我們並不相愛。兩人之間的爭吵愈來愈多，我的晚歸和不回訊息等作為，其實是我下意識用各種方法向他表示我想離去了。但是恐懼讓我留下來，因為我害怕離開，怕兩人分道揚鑣之後那難以忍受的孤單和椎心之痛。

等我們終於分得一乾二淨，我身心俱疲地狂睡了幾天。到了第五天，我硬把自己從床上拉起來，走進一間位在派瑞街的老咖啡店，這裡是西村在地老人聊八卦的天堂，而且店內還不准講手機。我在碎紙片上寫了幾個句子，讓痛苦宣洩而出，結果令我驚訝的是，痛苦真的體現在生理上，我的胃一陣陣發疼，但是能再度感覺到「什麼」讓我十分喜悅。澎湃的音樂從我的耳機竄出，我在古樸的西村街道上遊蕩了幾個小時，踩著步伐走到河邊，一邊想著我的父親。我們父女倆的關係好轉了，我們都在復原中，但是我還沒成長的「穩定性」有機會成長嗎？我母親最後會不會覓得她的另一半？我應該繼續抱著必須對他人負責的心情，一直顧慮著母親的快樂和痛苦以及父親的缺席呢，還是說我應該用過去不曾見過的藍圖去學著成長、學著向前邁進、學著建立健康的人際關係？

我望著郵輪從哈德遜河啟航，想到自己之前那麼害怕讓麥克離開。我從來沒有這麼在乎過一個男人，也不曾把男人傷得這麼深。我讓別人走進我心裡，而這彷彿是個開始。

我萬萬沒想到，一段關係的結束，竟也是另一段關係的開始。

她叫愛瑞卡．芬克（Erica Fink），我們見面的時候，她對我的不信任就跟我對她的懷疑一樣多。

我有一位聰明、個性乾脆利落的數位編輯名叫史黛西，她是一個敢對邊間辦公室的老闆有話直說的人，就是在她的敦促之下，開啟了我和愛瑞卡的合作。我從「商業更新」轉到 CNNMoney 之後，就開始跟史黛西一起工作，後來她也成為我職業生涯的幕後支持者。相較於迦勒負責影片工作的分配，我撰寫的新創公司和科技主題文章，則交由史黛西來編輯。這位敢做敢為的編輯是你可以帶去戰場並肩作戰的人，同時也是上益智節目時用「求救卡」找朋友時，一通電話就能請她幫忙的人。史黛西喜歡我把 Facebook 上市後的首次財報做成報導的點子。我寫報導是應該的，但基於我多平臺記者的新身分，她還認為我也應該把所有靠 Facebook 賺錢的生意都拍成新聞影片才對。

雖然史黛西在影片製作方面並沒有特殊專業，但是在新聞編輯部她的意見備受尊重，再加上愛瑞卡在 CNNMoney 的職務就是要協助撰稿人在鏡頭上表現得更加自信優雅，所以她便決定我應該和愛瑞卡搭檔合作。就如同我所預測的，多平臺記者變成是一種趨勢，隨著數位與電視的整合，撰稿人迫切需要在電視上報導的訓練。看來我的經歷已經為其他準備承擔此多元化角色的人鋪好了一條路。

我聽說過愛瑞卡，我們是同一時期進入CNN的，不過我當時在新聞臺，她則在CNN的晨間節目《美國早晨》（*American Morning*）做晚班。愛瑞卡和我一樣從基層做起，工作內容也包括追著新聞跑、打電話給素昧平生的人，還得應付莫名其妙的要求。

我倆年紀一樣，都是二十五歲，生日只差兩天而已，不過我在喬治亞州長大，她則成長於曼哈頓上東區。我有一次提到我來自南方，結果她充滿真誠地問我我家後院有沒有熊。

愛瑞卡長得很高、個性低調、組織能力強。天生麗質的她有一雙棕色大眼睛和長長的睫毛，她很少上妝，但哪一天要是化妝了，就會被誤認為電視記者。我一早在新聞臺換班時，看過她走在走廊上的模樣，「總是匆匆忙忙但絕不會披頭散髮」的新聞編輯部步伐，她踩起來游刃有餘，這一點跟我完全不同。

我們第一次會面時，愛瑞卡十分客氣，但顯然她以為我只不過又是一個討人厭、為所欲為的女孩。從她的立場來看，我的確很像那種會在夏令營對她使壞的女孩。而在我眼裡，愛瑞卡看起來跟大學裡那些女孩差不多，站在她身旁會讓我覺得自己是異類。

「嘿！」我向她打招呼。「歡迎加入科技路線。」

我正在努力成為一位可以上得了鏡頭的記者，時時都希望能討人喜歡，所以我很想得到愛瑞卡的認可。

「嗨，」她對我說，將注意力轉向我。我努力解讀她的表情，可是什麼都看不出來，她沒有笑容，但也沒有皺眉。

我們顧忌著彼此，不輕舉妄動。剛開始合作時，有一次要一起去拍外景，我們客氣地討論如何拍攝這家致力於幫助農民斷開中盤商、讓他們賺到更多錢的新創公司。愛瑞卡是個十分重視細節的人，我見她將討論內容整理成有條理的筆記寫到「計畫本」裡，我後來得知那是她的靈感聖經。她安排一位攝影記者同行，跟我們前往北部一個使用該新創公司技術的農場。

一堆雞圍著我們咯咯叫，我把愛瑞卡從攝影師身旁拉開對她說：「我不太會用站位拍。」

「妳的意思是指？」她仔細看著我的臉問道。

所謂的站位是指站在那裡對攝影機說話來報導新聞內容，這是在鏡頭前播報新聞的記者常用的方式，可是我個人極不擅長。我總是盯著鏡頭，嘴裡複誦著剛剛在腦海裡排練過的臺詞，然而臺詞一說出口，卻感覺十分僵硬，不但內容被我說得亂七八糟又不連貫，經常講著講著便忘詞。每次拍攝我都很恐懼，害怕馬上就被別人看出我是菜鳥，也擔心攝影記者和製作人會不會因此對我妄下評斷。

「看著鏡頭講話實在很彆扭，怎麼樣才能自然地做到呢？」我問她。

愛瑞卡眼睛眨也不眨地對我說：「靠練習。大家剛開始的時候都很爛，妳就把鏡頭想成我，是在對著我講話就好。」

我深深吸了一口氣。

「盡量不要想太多。」

我們走回去攝影機那裡。

「妳聽我說，要是真的搞砸，也只有那些雞知道而已啊，」她補充說。

我們笑出聲，那群雞圍著我倆咯咯叫個不停。

結果攝影師喊開拍之後，我一次就把站位報導搞定，我看到愛瑞卡臉上露出一抹微笑。

那次拍完後，我們之間的距離拉近了；我化解了她的拘謹，她則讓我變得更有條理。我請一些創辦人來簡報他們的構想，這些都是把公司變成數百萬美元投資案的創辦人。我們認真地將包含了雲端計算和資安技術在內的各種技術做成筆記，愛瑞卡聽得津津有味、頻頻點頭。

我倆簡直就是天作之合。愛瑞卡對科技十分好奇，我又把新興的新創世界視為我的生命，但最重要的是，我們兩人雖有各自的規劃，但合體之後便開始一起築夢。我們想做大事，而非無止盡地採訪一批又一批的創辦人，科技就是我們的切入點。在推特、Facebook 和 Instagram 這些工具的輔助下，我和愛瑞卡決定利用科技來報導新消息。

我的經驗告訴我，要是有壞人開始使用某個科技平臺，那就表示該平臺效果一定很不錯。所以當我和愛瑞卡聽到愈來愈多皮條客用社群網路吸收女性的傳聞時，我們決定調查一番。

安德莉亞．包威爾（Andrea Powell）是非營利組織 FAIR Girls 的執行長，這是一個以幫助性販賣受害者為宗旨的組織，在她的幫助之下，我們和一位人在奧勒岡的受害者取得聯繫，她曾在 Facebook 上被皮條客吸收。若是能說服迦勒派我們去奧勒岡的話，就可以搞定採訪了。

「沒指望，」愛瑞卡找迦勒談過後，一臉氣餒地對我說。

CNNMoney 的預算不多，我又不是上頭偏愛的明星人物，能隨時跳上飛機。不過我們是這樣想的，「不行」離「可以」就只差幾步路而已。

我們想方設法找出權宜之計。CNNMoney 本來就要派愛瑞卡參加消費電子展（CES），這是在拉斯維加斯舉行的電子商品科技大會。

「如果我說服他們我會在奧勒岡中途停留，然後提議在回程時自己去拍攝訪談呢？到時候妳就用 Skype 加入我們，這樣的話 CNNMoney 基本上不用付一毛錢，」她把想法說出來。

愛瑞卡不是攝影記者，不過對於該怎麼拍攝她懂得也夠多了。再說，不這樣做的話，就沒機會了。

她向迦勒提出這個方案，最後迦勒答應了，因為我們給他的選項不需花費任何成本。一星期後，愛瑞卡從 CES 回來途中，臨時在奧勒岡停留。她在飯店見了妮娜（我們用化名隱匿她的身分），我也在線上加入她們，我們這對搭檔合力進行採訪，讓妮娜娓娓道來她的故事。妮娜望向攝影鏡頭，描述著恐怖的遭遇。起先她是在 Facebook 上收到一個她覺得很帥的男人傳來的交友邀請，兩人聊了一個月之後，她出門跟對方見面，結果竟然被丟在街上，對方吩咐她去「找對象」。最後，她這位準大學生成了性交易者。妮娜凝視愛瑞卡的鏡頭，冷靜描述對方用手槍毆打她，還有她遭到強暴、被鎖在衣櫃一整天的情景。

數週後，另一位我們用 Facebook 聯繫上的受害者，從華盛頓特區來到我們紐約辦公室接受面對面訪問。愛瑞卡把一個房間布置得很陰暗，這樣才能在拍攝時隱藏她的身分，我們也會在鏡頭前用化名「麗莎」稱呼她。麗莎穿著一件粉紅和白色相間的上衣，互相打招呼的時候，她沒辦法直視我們；她成年以來幾乎都過著被販賣的人生。我們面對面而坐，她描述了自己在 Facebook 上被吸收的經過，到現在依然會收到皮條客傳來的 Facebook 訊息，一天甚至多達二十幾封。

社群媒體激發了新型態的犯罪手法，所產生的影響現在就坐在我面前。麗莎脆弱又不諳世事，讓我很想保護她，所以即便我的提問必須刺探更多細節，但我還是努力謹慎處理：**他有說什麼話嗎？你們見面後發生什麼事？**

在聆聽麗莎描述恐怖經歷的過程中，我心中油然升起一股新的責任感。談話結束後，她慢慢取下麥克風，從陰暗的拍攝環境中走出來，依然難以和我們眼神接觸。她內心的創傷就是證據，而這種創傷愈是遭到漠視，就愈讓我感到忿忿不平。為什麼科技公司不知道自家平臺會造成如此大的傷害呢？

除了在陰暗的房間裡受訪的畫面之外，我們還錄製了麗莎坐在我的辦公桌前的鏡頭，她指著 Facebook 上一個仍然活躍的頁面，我們看到皮條客在上面大放厥詞說他們財源廣進，還貼出一疊疊鈔票的照片。這太讓人震驚了，不只是因為這些頁面依然看得到，那些罪犯甚至毫不掩飾他們對麗莎這類女人的剝削。我知道我和愛瑞卡直搗核心了。

那天看著麗莎離去，我心裡想，不知道經過一番長談，傾吐了自己被虐待的細節，又瀏覽過那些傷害她的壞蛋的 Facebook 頁面之後，她是否會沒事；這其中的平衡實在太難拿捏了。

若照以前的做法，我們大概會馬上在一天內把報導做出來，但這次我們卻用了數週的時間採訪女性受害者，這些受害者全都怕遭到報復而要求我們隱藏她們的身分。最後終於大功告成，我們把報導內容提交給編輯。

克里斯．皮卡克把我們叫去他辦公室。

「我要確認一下你們有按規定辦事，」他說道。

「當然有，」我們回答。

克里斯告訴我們，Facebook 聯繫了「高層」，也就是薪資等級比我們高、也比他高的人，希望公司能考慮撤下這則報導。科技公司的權勢一天比一天大，不容小覷。他要確認我們的所作所為萬無一失，而我們不但禁得起考驗，同時也從這件事得到啟發。

「哇，我從來沒碰過這種事，」我倆步出辦公室時愛瑞卡對我說；我們決定先去把筆記整理好，以免到時候需要提交作為證據。

「我想這表示我們做對了，」我說。

我們把畫面剪接成較長的新聞片段並發布在 CNNMoney.com 上，如果夠幸運的話，說不定 CNN.com 會挑這支影片放在首頁。我和愛瑞卡特別為這支影片寫了一篇文章，希望有更多的人可以看到這則報導。

不過我們的目標不只如此。儘管我已經是科技類新聞的首選記者，但是數位世界和電視之間還是有鴻溝的，而 CNN 電視臺的狀況又更特殊。我錄製的影片雖然經常在網站上發布，但至今還難以打入電視。嚴格說起來，我生活在數位空間裡，但「數位」這個字眼對許多製作人和記者來說還很陌生，更何況要說服製作人——特別是把我當成「提詞人」的製作人——在電視上播出我在線上發布的影片那更是難上加難。然而，皮條客用 Facebook 吸收女性的新聞是非常重要的報導，愛瑞卡動用了所有人脈，希望這則報導能在電視上播出。我們分別寫了電子郵件給各個節目，又四處打電話，到了一種只要有人願意考慮播放我們的影片，我們就打算捐肝給他的地步。

死纏爛打這招成功了：就在 CNN 新總裁傑夫．佐克（Jeff Zucker）到任沒多久後，Facebook 皮條客的新聞被選定在隔週下午的某個節目中播出。

從傑夫到任的那一天起，每個人都想給他留下好印象。記者們會在他辦公室周圍閒晃，希望有機會跟這位高層交流個幾分鐘，畢竟他們職涯發展的通行鑰匙就握在他手上，而頂級製作人則趾高氣昂地進出他的辦公室。傑夫素來有「特立獨行的電視人」這樣的名聲，二十六歲就成為電視節目《今日秀》（*Today*）的執行製作人，在媒體領域闖出一番名堂。大家引領期盼，想要看到他會為這家新聞媒體帶來何種影響，而那些在公司已打滾許久的人，則想知道這位坐在邊間辦公室發號施令的新高層對他們有什麼新意義。

傑夫馬上就成為新聞編輯部的固定背景，他經過記者和撰稿人的辦公桌時，會停下來和他們說話。他銳利的目光時常瞥向那面標有新聞臺編號的電視牆；他的辦公室有很多電視螢幕，螢幕上播放的是每一家新聞臺的畫面，這樣他就能即時從座位上看到競爭對手的節目。

他就是從其中一臺螢幕看到我在陰暗的房間裡訪問麗莎的片段，下方有一條新聞標題寫著「皮條客在Facebook吸收女性」，當時他本來正在和辦公室主任達留斯・沃克（Darius Walker）說話，而這位先生正是我以前幫來賓別麥克風那段時期的老闆（他後來還把這段往事講給我聽）。

「這女孩是誰？」他問道。

「羅莉・塞格爾，」達留斯回答。

接下來，我就被叫去傑夫的辦公室。我一邊罵自己為什麼早上不好好梳一下頭髮，一邊把頭上那團亂七八糟的鳥巢抓順一點，然後快步走進新聞編輯部那間最令人欣羨的十六坪辦公室。

傑夫指著他的其中一個螢幕說：「我們需要更多這種積極的新聞報導，而不是轉述今天的新聞而已。」

花一點時間消化之後，我才聽懂他話裡的意思：他認為我做的報導很有意義，公司需要更多這種報導。我在CNN多數人的眼裡，是一個擔任過製作助理的人，卻透過操弄體制把自己搖身一變，成為在鏡頭前播報的「人才」。大老闆的認可，意味著地位自動往上升一級。我視自己為能用嶄新角度去關注科技與社群媒體的記者，傑夫看到的正是這一點，而非以我曾經的模樣來看待我，現在我得到這位重要人物的賞識了。他知道我已經抓對方向，而這個「方向」非常重要，那就是未來。

我轉身準備離開，努力藏起臉上綻開的笑容，這時他又補充說：「對了，我們要改一改妳的旁白才行。」

我瑟縮了一下，因為我很討厭說旁白，雖然旁白是用錄音的，但我知道自己講出來的效果非常差。我真心希望別人能認真看待我在鏡頭前的表現，結果為了展現莊重，卻把自己搞得太誇張。我試著像女版的安德森．庫柏那樣講話，但聽起來老是像在描述一場葬禮似的。

我跑去找愛瑞卡，告訴她這個好消息和我的難處。我們一起找了一個錄音間，她要我對著麥克風不斷地練習，直到我的聲音聽起來自然一點。

隔天早上，我收到迦勒寄來的一封電子郵件。

恭喜啊，塞格爾，妳突破了。

傑夫每天早上九點都會在一間叫做「草莓園」的會議室開會，資深主管按照職位高低依次坐好，討論當日的新聞報導。根據迦勒的說法，傑夫就是在這間會議室提起我的名字，讓那些重量級的節目製作人、編輯和大人物聽得一清二楚：「這個報導羅莉．塞格爾有去做調查嗎？」

從那時起，我和愛瑞卡每天早上都會收到迦勒的電子郵件，郵件內容大致如下：

星期一早上九點四十三分

寄件者：迦勒．席爾維

主旨：〔插入當天故事主題〕傑夫要妳來做。

第七章

專業跟蹤者

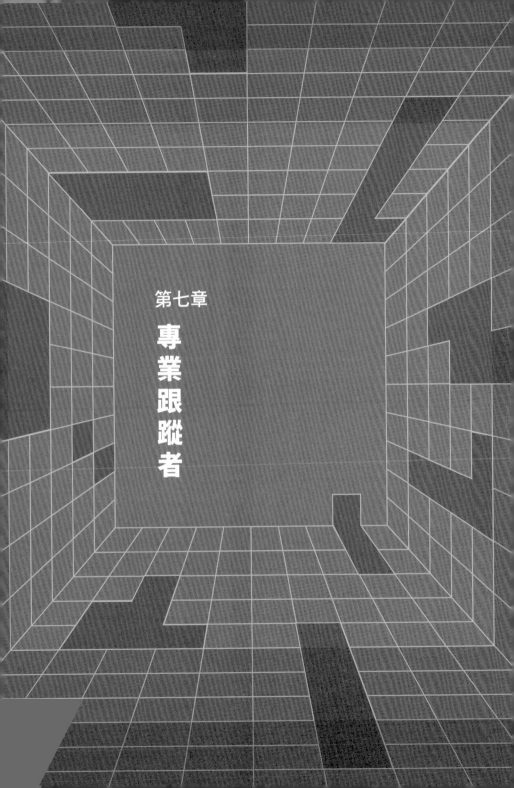

晚上十一點，我和愛瑞卡還沒離開新聞編輯部，在後面房間的沙發上躺成大字形，正用 Instagram 和推特傳訊息給可能跟焦哈爾．查納耶夫（Dzhokhar Tsarnaev）有關係的人，據信他就是二〇一三年在波士頓馬拉松大賽期間放炸彈的人。

那天稍早，媒體找出了查納耶夫的推特帳號，還有他在俄羅斯社群網站 VK 的個人檔案，VK 說穿了就是俄羅斯版的 Facebook。我們有一位製作人在波士頓現場和認識查納耶夫的人談話，他傳了一封電子郵件給我們：**提供參考……聽說查納耶夫上過 Instagram，他用的名稱可能就是「jmaister1」。**這個千載難逢的情報，馬上把我們送進了網路的無底洞。

我們懂科技，又有門路接觸到創造這些技術的人，再加上能以報導為目的透過網路悄悄接近某些人，所以我們立刻就變身為「超級跟蹤者」。

我倆窩在難看的綠色沙發上，愛瑞卡盤腿而坐。「這裡說他的個人檔案已經刪了，」她說道。

「好吧，不過我們也知道網路上的東西不會真正消失。」

我們在 Google 輸入 @jmaister1，雖然跳出「未找到此用戶」的頁面，但我們還是按了兩下上面的連結，然後下拉式選單中有一個箭頭指出「已快取」。資訊刪除後依舊會在 Google 的網站快取中保存一個月左右。

不出所料，滑鼠按個幾次之後，「@jmaister1」過去的軌跡就出現了。我們透過已快取的網站把焦哈爾的帳號內容拼湊出來，還找到聖戰士的照片和極端主義的蛛絲馬跡，這些都是一個涉嫌在本該是歡慶的日子，撼動波士頓心臟的男人所留下的數位痕跡。除此之外，我們也從照片的留言處找出他朋友的使用者名稱。

我找到焦哈爾刪除的影像，那些都是有利於我們深入瞭解他的線索，不過必須先找到認識他的人指證這就是他的 Instagram 帳號，否則便無法成為電視報導。CNN在亞特蘭大的新聞編輯部有一群最資深的編輯，他們在報導上電視之前會坐成一排對該報導極盡吹毛求疵之能事。只要能找出兩個消息來源，就足以讓「那一排」確認這則報導在編輯上無懈可擊，進而放行我們的新聞報導。

這就是到了深夜，我們還留在五樓新聞編輯部的原因，為了驗證報導的真實性，我們忙著上 Instagram 傳訊息給焦哈爾的朋友——這些朋友看起來不是毒販就是吸毒者。

最後，我的手機總算響了起來，那是我一直等待的來電。

「我是羅莉，」我回答的口氣有點過於熱情。

賓果！來電者正是波士頓爆炸案嫌疑犯的朋友，我先前用推特聯繫他，還把手機號碼傳給他，只要他能指認這個 Instagram 帳號屬於他朋友焦哈爾·查納耶夫，一切就大功告成了。

「妳是誰？」電話那頭的男人生氣地狂吼，我還沒來得及表明身分，就被他打斷。

「我不喜歡媒體講的那些！」他大嚷大叫，我來來回回踱著步。

「聽我說，我不是要臆測什麼，」我答道，試著讓他息怒。「只是想找一些關於你朋友帳號的資訊，我們就是想弄清楚狀況。」

電話那頭的男人喘著粗氣，這一刻十分關鍵，不是他把電話掛了，就是我們讓對話氣氛變得緊湊但文明一點。我的直覺鞭策我繼續說話，**別讓他來決定**。於是，我繼續說下去，讓他沒機會做任何決定。

「聽著，我知道這整件事太超現實了，」我說話的時候，愛瑞卡在一旁認真聽，她棕色的眼睛睜得大大的，快速做著筆記。我翻遍了這位來電者的 Instagram 個人檔案，想找到比較私人又有連結性的資訊切入，但綜合來看我只能推測出他抽了不少大麻。

「我不相信那是他做的，」這位朋友挑釁地說道。

「我知道了，不過我請你打給我不是為了這個，」我回答，把口氣放軟，試著想像如果今天是我得知朋友竟是造成三人死亡、至少二百六十四人受傷的爆炸案幕後主謀，那會是什麼樣的心情。

「老實說，我可以想像這有多難受，」我試著同理他的感受。「我們只是想知道 @jmaister1 是不是他的 Instagram 帳號而已，」我說道，再一次提出這個可以讓我們報導在電視播出的問題。

他停頓了一下。我和愛瑞卡望著彼此，然後我按下「擴音」鍵，好讓她也能聽到。我發現她緊握的指關節都泛白了。

「沒錯，是他沒錯，」他回答，現在聲音聽起來也比較冷靜了。「他最近才把帳號刪除。」

確認無誤！

「嘿，謝啦，我知道這種時候真的很怪。」

對方掛上電話。

「太棒了，但要上電視的話這還不夠，」愛瑞卡說。「我們必須解釋是怎麼挖出嫌犯帳號的，因為沒有人瞭解網路，可以找誰來鏡頭前解釋 Google 的網站快取呢？」

我和愛瑞卡還必須將報導傳給法務部，並解釋已經被刪除的帳號是怎麼重新找回的。換句話說，我們需要科技專家。

「明天早上第一件事，山姆．奧特曼要來辦公室喝咖啡，」我對愛瑞卡說。

我和山姆本來打算敘敘舊。距離我首度於鏡頭前正式亮相，他坐我對面接受採訪的那天已經有一段時間了，現在關於矽谷的大小事我都會去問他。山姆的 Loopt 這時已經收攤，被綠點公司（Green Dot Corporation）買走，他目前的身分是矽谷最重要的新創公司孵化器 Y Combinator 的兼職合夥人，該公司曾投資過 Loopt，並以投資 Airbnb 和 Reddit 這些公司而聞名。

「你覺得讓山姆上場解釋如何利用科技調查爆炸案怎麼樣？」愛瑞卡問道。

我想到山姆這位神童，根本就是和科技有關的一切事物的行走化身。他用精闢的部落格文章介紹公司的建立，並迅速以此成為矽谷的金字招牌。由他上鏡頭解說，我覺得當之無愧。

「他是不二人選。」

隔天，愛瑞卡的攝影鏡頭對準我前方的山姆，他指著 Google 的網站快取，裡面留有被查納耶夫刪除的 Instagram 個人檔案記錄。

「快取其實跟資料夾一樣，」他坐在我的電腦前解釋。「無論今天這個頁面做了多少變更，Google 在目前的伺服器上都會留有這種數週前的痕跡。」

接下來我們展示了查納耶夫留下的數位痕跡：他曾對幾張與車臣共和國有關的照片按讚，這些照片則是由其他 Instagram 用戶發布的，其中一位是車臣軍閥沙米爾．巴薩耶夫（Shamil Basayev），他曾擔任政府官員，後來對俄羅斯策動恐怖攻擊。山姆的現身解說替我們鋪陳背景，讓我們能順利交代資訊是如何取得。

我送他去坐電梯並且謝謝他，然後我說：「下次我們多聊聊矽谷，少談一點可怕的恐怖攻擊。」

電梯門關上後，我的手機響了，是 FBI（美國聯邦調查局）的人打來的，他要查問我們報導的內容。我們先前曾對外徵詢執法部門的意見，現在他們想要求我們提供資訊。

「請問是羅莉．塞格爾嗎？」電話另一頭的官員有禮地問道，同時也介紹他自己。

「是的，你好，請問有何指教呢？」我回答，如果能夠公開引用執法單位的官方陳述就太好了。

「關於所謂的已刪除 Instagram 帳號，希望妳能跟我們分享更多這方面的資訊。」

對方提出了一個相當奇怪的要求，讓我很驚訝。執法部門通常不會打這種電話，比較妥當的通用做法是收看完整的新聞報導，而不是在進行調查時請求我們的協助。

「報導很快就會上電視，」我回答他。「大家可以公開收看，所以如果你們有任何批評指教的話，還請讓我們知道。」

我的心臟跳得好快，我們一定要讓報導播出才行。

掛上電話後，我對愛瑞卡說：「我們必須盡快和法務談一談。」這條新聞和報導新創公司完全是兩碼子事。

我們和公司的法務部門談過，確認要使用的影像，並再次檢查所有消息來源，萬分確定這則報導鐵證如山之後，接下來就準備在電視上播出了。

有了傑夫．佐克的相挺，要把我們製作的新聞影片搬上電視螢幕已經變得稍微容易一些，不過我和愛瑞卡還是習慣收到別人的拒絕，不管是客套還是輕蔑的拒絕，但是我們從不放棄。我們創造了一個儀式，每次只要有報導被節目拒絕，讓我們覺得很傷心的時候，我們就放下一切事情，播放「我倆的主題曲」。我會用 iPhone 手機大聲播放珍妮絲．賈普林（Janis Joplin）的歌曲《我的一片心意》（*Piece of My Heart*），不讓被拒絕的心情影響我們。當然被拒絕還是讓人難過，但是當賈普林充滿鄉土氣息的嗓音在新聞編輯部放聲高唱的時候，我和愛瑞卡頓時覺得自己就像十字軍戰士一樣。

「塞格爾，我覺得這個報導值得在黃金時段播出，」愛瑞卡對我說。

我可以看到她眼裡閃動著雀躍。她說得沒錯，我們報導了重大新聞，揭開了未曾出現過的東西。**何不向艾琳．柏納特（Erin Burnett）或安德森．庫柏做簡報呢？**他們兩位的節目是黃金標準，雖然我很緊張，但我很清楚這個報導堅若磐石。我站在愛瑞卡身後，看著她寫了一封文情並茂的電子郵件給艾琳·柏納特的執行製作人；說到這位製作人，他是一個親切且不說廢話的男人，他或許會在黃金時段給我一個大突破的機會。我希望他已經忘了曾經說我是「提詞員」的事，如果現在可以把我當成調查採訪記者來看待就太好了。

「那麼……傳送！」她說，驕傲地轉過頭來。

數分鐘後，製作人回信了。

我看看能不能把這則報導放到今晚播出，一個小時後給妳們消息。

我和愛瑞卡欣喜若狂，我們就要登上黃金時段了！愛瑞卡不是愛擁抱的人，但是我看得出來她很亢奮。她在她的計畫本裡快速寫了一些東西，腳在辦公桌底下輕輕敲打著地板。我露出淡淡的笑容，然後兩人都回去自己的電腦前等候製作人的電子郵件。

過了一小時，他回信了。**抱歉，今晚節目塞滿了，不過妳們的報導不賴喔。**

我往愛瑞卡那兒看去，我們兩人都很氣餒。「要不要去祕密房間？」我問。

祕密房間是一個小小的空間，專門給要去五樓攝影棚參加節目的來賓使用的，不過因為攝影棚很少用到，所以這裡就成了我倆的祕密藏身之處。在開放式的新聞編輯部裡，這一小塊私密空間可以眺望中央公園的美景，而且最重要的是，這裡有一張沙發被我和愛瑞卡封為「療癒沙發」，我們會坐在沙發上聊一聊與同事、主管和男朋友相處時的挫折。

我們還沒走到長長的走廊，我就忍不住在控制室旁邊按下「播放」鍵，讓珍妮絲·

賈普林的歌聲爆出來。

「**每次我都告訴自己，我真是受夠了，**」我和愛瑞卡一起合唱，轉著圈。「**但是我會讓你知道，寶貝，女人可以很強悍。**」

我們在線上發布了這則報導，隔天沃爾夫．布里澤（Wolf Blitzer）的新聞評論節目《戰情室》（*The Situation Room*）邀請我上節目討論。我和愛瑞卡往攝影棚走去，我瀏覽著筆記，思考我在電視上談過的主題。愛瑞卡走到控制室的時候，我正好在五十三號攝影棚就定位，將IFB插入耳朵，聽著熟悉的CNN節目聲音。

「塞格爾，妳聽得到嗎？」我聽到她的聲音。

「聽得到。」我看到前方的螢幕正在播放我將要登場的這個節目，畫面上是爆炸後的現場影像，前面有一排字幕寫著：「獨家報導：查納耶夫刪除的Instagram。」

「他們現在在取笑妳的報導，」她轉達節目內容讓我知道。「還有一分鐘就要上妳的畫面了。」

「好極了。」我深呼吸之後，在電視上講解我們的發現。

我一邊瞄著筆記，一邊陳述重點，這時我想到我主導的新創公司主題，以及這次讓我們得以將爆炸案主謀的個人背景勾勒得更加清晰的新興科技，如今我之所以能走到電視鏡頭前，循的正是科技這條非正規路徑，而這條路徑現在對我來說變得更有意思，也愈來愈切身相關。

雖然我們沒有成功讓報導上黃金時段播出，但它畢竟還是成功播出了，而且報導了重要事件的新消息，這對我們來說就是勝利。

我和愛瑞卡已經想到其他新聞媒體的編輯部應該很快就會領悟到，Instagram、Facebook 和推特這類工具不但會改變社交文化，而且會顛覆媒體的作業方式。

我倆利用社群媒體調查全國大新聞，攜手邁進一大步。由於職場上共處的緣分，我和愛瑞卡之間變得更親近了，她會幫我接話，也是我在上大夜及一大清早的班時一起打拚的人。下班後，未婚夫阿雷勒在家等她回去，阿雷勒是一位非常出色的工程師。看到愛瑞卡和阿雷勒在一起十分契合的模樣，我忍不住思考自己是否也能覓得天作之合的另一半。我會不會像在乎我那些報導一樣去在乎某個人？我對報導對象的感同身受會不會轉化為另一種人際關係？新聞編輯部讓我腎上腺素狂飆，我為了每日的新聞報導全力衝刺，在這種壓力之下我有辦法放慢步調嗎？我想念麥克穩定的性情、大大的擁抱還有隨著兩人交往而產生的安全感。

雖然我心裡很想知道麥克過得好不好，不過我和他並沒有聯絡。要假裝兩人還是朋友是很痛苦的事情，這都是因為我沒勇氣把「我想分手」這句話大聲說出來，以致於兩人交往到最後「歹戲拖棚」，徒增怨恨。但從這段感情解脫對我有好處；我進化成一個令自己驕傲的人，一個認真工作、想在新聞編輯部闖出名堂的人。我在開闢科技領域的同時，也逐步構築一個支援架構，把能做我後盾的人納入其中，譬如蘇珊，她鼓勵我把前所未有、專屬於我的全新職位說明寫下來；譬如史黛西，我的報導依舊由她編輯，她鞭策我作為記者要繼續精進；當然還有愛瑞卡，不管白日變得有多長、故事報導有多麼緊湊，她自始至終都支持著我。

然後，成果出現了。我和愛瑞卡找回被波士頓爆炸案主謀刪除的 Instagram 帳號後不到一個月，我挖到了職業生涯中最大的獨家新聞，而且還讓報導上了電視黃金時段。故事的開端要從二〇一三年五月六日講起，當天俄亥俄州克里夫蘭有一名女子從某個地下室逃脫。她和另外兩名女性遭綁架禁錮長達十年之久，綁匪是一個叫做阿里爾．卡斯楚（Ariel Castro）的男人。這名女子勇敢逃脫後跑到安全之處，就此解開了三位女性的失蹤之謎，另外兩位女性重獲自由，卡斯楚後來被關進大牢。這個新聞舉國皆知。

ABC、NBC和CNN的記者都飛到克里夫蘭，誰願意發表意見，麥克風就會伸到這個人面前，卡斯楚的親朋好友無一倖免，各家媒體都想獨家採訪到他們出面發言的畫面。

當週星期二早上九點四十三分，我和愛瑞卡收到迦勒的電子郵件：

傑夫．佐克要妳們去調查卡斯楚的社交狀況。

收到，我回答，然後便按照傑夫．佐克的要求去挖掘卡斯楚的數位足跡。

過了幾分鐘，我查出阿里爾．卡斯楚上過 Facebook，於是開始傳送交友邀請給他所有的朋友。Facebook 當時寬鬆的隱私設定已經被我摸透了，我知道只要卡斯楚有任何一個朋友肯加我為好友，我便有機會輾轉看到更多他的個人生活面貌。結果，真的有一個人加我為好友，而我也因此發現有位女子經常出現在卡斯楚的 Facebook 動態牆上，她的名字是安吉．格雷克（Angie Gregg）。再按了幾個地方之後，我弄清楚這位女子就是卡斯楚的女兒。我按下加她為好友的按鈕，並傳訊息給她說，**我知道妳現在很不好受**，並將我的手機號碼給她，說不定她會願意與我聯繫。

我已經愈來愈習慣主動去接觸這些人生頓時遭逢驟變的人，他們的心情我感同身受，也一向慎重看待他們的痛苦，不過於此同時，我也對他們有所求，這表示我必須拿捏好分寸，不能在接觸他們的過程中太過於逼迫，尤其是其他家新聞的記者也在同步接觸的時候。現在，唯一能突破重圍的方法就是建立人脈。

不過話說回來，我很早就明白，主動去接觸那些正走在人生最脆弱時刻的人，並不是一件可以當成比賽的事情，也不能將說服他們同意站在鏡頭前視為一種勝利。做這些事情的意義並不在此，而在於用他們的故事造成影響力，否則的話，我們媒體在那一刻也不過就是伺機而動的禿鷹罷了。

那天深夜，我在一間擠滿人的酒吧，和一位網路上認識的男人聊得很痛苦。這時，我的手機響了，亮起的來電號碼顯示克里夫蘭的區域號碼。

「我得接這通電話，」我對那位網友說，然後把二十塊美元丟在吧檯上，跑到外頭漆黑的街道上。打來的是阿里爾．卡斯楚的母親，她在電話裡對我大吼大叫，我想她應該是從安吉．格雷克那裡拿到我的手機號碼。

「你們不准放那些照片！」她喊道，中間夾雜著啜泣聲。她生氣到歇斯底里，這也是情有可原的。我回頭朝酒吧那霧茫茫的窗戶往裡看，那位網友已經開始和酒保打情罵俏，所以我一點也不內疚地走到了派瑞街，專心應對卡斯楚的母親。

CNN讓她憤怒至極，因為這家新聞媒體在電視上播出卡斯楚的兄弟先前被逮捕時在警局所拍的嫌犯大頭照，後來經過查證他們是無辜的而不再有嫌疑，但照片還是出現在電視畫面上。

「我明白妳的意思了，」我回答她，心裡想著身在克里夫蘭的她盯著電視畫面，眼睜睜看著她的世界崩潰的模樣。我告訴她我會打電話給亞特蘭大的控制室，也立刻就撥打了那個我擔任新聞助理時就記住的號碼。

沒多久，電視不再播那些照片了，我又打回去給她。

「他們已經將照片撤下，」我對她說。我很想多問她一些問題，譬如她現在還好嗎？她知道哪些事情？是不是有什麼跡象可以看出來，她兒子有辦法在地下室製造這樣一場活生生的恐怖電影？不過，要取得消息來源的信賴不是一件容易的事，推進和拉回的時機都要抓得很精準才行，尤其當你要踏入的是別人的夢魘的時候。

我決定不去逼她。我可以告訴她，她有理由這麼激動，畢竟此刻情況一發不可收拾，並非她所能控制。她的首要之務應該是先抓牢自己「本來就有」的東西，那就是跟這個可怕事件毫無關係的兩個兒子，他們現在是她僅有的人生。我幫她瞭解這一點，說不定就會有機會問到更多消息，不過我想先讓她休息片刻再說。

掛上電話之後，我發了一封簡訊給酒吧裡的網友。**今晚很高興跟你見面！抱歉我突**

然離開。事情突然變得很瘋狂。祝你一切好運。

那晚我坐在床上，毫無睡意。我知道NBC、ABC和CNN都在敲卡斯楚女兒家的門，不過現在這家人接觸的人是我，這一定是因為我用Facebook把手機號碼傳給安吉的緣故，所以我決定再次主動出擊。

嘿，妳好嗎？我用Facebook Messenger傳訊息給安吉。我屏住呼吸，等著看她是否會回覆。

過了好一會兒她回訊息了：想必得知我在嫌犯大頭照這件事上面幫了一點忙。**很難受，**她回答。

我只能用想像的，我又傳了過去。

各家新聞臺紛紛在她家門外留下禮物籃，指望她在鏡頭前談談父親，不過我和她已經建立起一點點信任，我們就這樣繼續互傳訊息到深夜。安吉仍處於震驚狀態。外頭的媒體採訪車大排長龍，我們兩個卻在談自己的家庭。我坐在床上輸入訊息傳給她，向她敘述我父母的事以及他們亂糟糟的離婚過程。她則告訴我關於她父親的事情，也就是她和全國人民不久前才得知消息，那個綁架三名女性的男人。我把頭靠在枕頭上，我和她之間有了很奇特的連結，然後她徵詢我的意見。

妳覺得我應該怎麼做才好？她寫道。

我告訴她應當萬事小心，最好和她信任的人談。我迅速將自己的思緒整理清楚，然後便領悟到：**這個人應該是我才對。**

我猶豫了一下，決定試著說服她。

假如我去妳那裡的話，妳願意和我談談嗎？我雖然這樣問，但CNN會不會派我去根本是個未知數，畢竟安德森．庫柏才是當家主播。

我很希望妳能來，安吉回答。

我火速打給愛瑞卡。

「我們先想個計畫，我敢打賭我們一定可以說服上頭派妳去，」她看透了我的想法。我們兩個都擔心他們一直覺得我是菜鳥，不肯派資歷尚淺的我去採訪備受關注的新聞。

我和愛瑞卡從報導前景看俏的科技新創和資金籌募的科技主題，順利拓展成以科技作為調查工具。我們製作的重大消息報導當中，有一些成功上了週末新聞或下午時段的節目，不過上級還沒有派我出過外景，尤其是針對全國性的大新聞，這種新聞基本上都是留給經驗豐富的記者，比方說我在新聞臺幫忙提過詞的那些記者。

隔天早上，傑夫走到愛瑞卡的辦公桌旁停了下來，問她我最近有沒有什麼新消息。

「這個嘛，我想羅莉有卡斯楚女兒的獨家，」她回答。

過一會兒，傑夫叫我進去他的辦公室。

「妳在等什麼？」他問我，藍色的雙眼閃閃發亮。「去搭飛機！」我衝出他辦公室的時候，聽到他大吼：「還有換掉妳的上衣！」

我飛奔回家，收拾黑色西裝外套。

接下來的這天颳起了一場後勤工作風暴，據說上頭會派我和一位資深製作人去克里夫蘭，而不是愛瑞卡跟我一起去，這位製作人以前製作過備受關注的實地現場拍攝。說起來，麥特・勞爾（Matt Lauer，在性騷擾指控發生前）大概也想要做這場訪問，可惜訪問落在我羅莉・塞格爾手上，一個在電視轉播上幾乎沒有什麼資歷的人。不過我不在乎這些，我堅持由愛瑞卡來擔任製作人。

「一定要愛瑞卡才行，我們兩個是搭檔。」我對迦勒說，他是CNNMoney唯一在電視領域裡有權力做決定的主管，對他我向來可以有話直說，表達我的意見。

過了幾小時，我和愛瑞卡搭上飛機。

我們抵達克里夫蘭安吉家那個寧靜的郊區社區時，看到汽車排排停在街道邊，記者擠在她家前門，我和愛瑞卡擠過重重人群來到門口敲了敲門。

一位長頭髮、身穿藍綠色上衣的年輕小姐開了門，讓我們進去。由於我和安吉已經在Facebook上建立了友好關係，所以即便眼前的狀況如此怪異，我對她卻不覺得陌生，希望她對我也有同樣的感覺。

我環顧四周，看到她家質樸的擺設，木櫟四處可見，散發出溫馨的感覺，儘管這些日子籠罩著陰霾。

「我有一些照片，如果妳想看看的話，」安吉輕聲說道，中西部口音讓她的語調顯得輕快。

「當然好啊，」我回答。

於是趁著攝影組的工作人員布置場地時，她給我看她和父親的照片。她的眼裡滿是淚水，我知道我必須謹慎一點，不能強逼她。她是否知道些什麼？有沒有跡象可以看出父親是個惡魔，又或者是否有任何線索顯示他綁架了三個女人，囚禁她們長達十年？我可以感覺到她嚇壞了，因為她的人生瞬間就成了全國最大的頭條新聞。

我們在她家後院的椅子上就座，然後開始進行訪問。

攝影機開始運轉後，她對我說：「這根本就像看恐怖電影一樣，一部爛透的電影。」

「而且萬萬沒想到妳就身在這部電影裡，」我說，耳邊傳來鳥兒在後院的鳴唱聲。

小鳥啾啾的叫聲是喜悅的象徵，但在這場訪問的陪襯下，卻顯得近乎殘酷。我看著安吉努力思索有哪些蛛絲馬跡：父親總是不准她從家前面穿越，地下室的門也一直上鎖，有時候晚餐時父親會消失很長一段時間。

我們面對面而坐，她語氣平靜但篤定地發誓，再也不要見到這個她以前叫爸爸的男人。

「他在我心裡已經死了，」她說，破碎的嗓音透露著疲憊與堅定。

「現在妳的家庭已經被貼上這個汙名，」在訪問接近尾聲時我說道。「妳有什麼話想告訴大家呢？」

「我父親的行為並不代表他家庭中的每一個人。」她回道。

此時我隱隱約約聽到有人在敲她家前門，不過我們兩個都沒理會。

她繼續說道：「我們的血液裡沒有惡魔的因子。」

我們沉默了一會兒。她父親俘虜、強暴和毆打三位年輕女性長達十年，而且就發生在她和父親一起吃晚餐、聽音樂的家裡，如今一切已不堪回首。

我和愛瑞卡會離開安吉家。外面的媒體遲早會散去，但是她這輩子接下來的每一天都要活在這個可怕事件的現實裡，這是令人心碎又殘酷的事情。記者的工作就是步入他人的生活和痛苦，走過一遭後抽身離開，什麼也不帶走。我對自己許下承諾，絕對不會忘記她說過的話，也就是她要傳達給大家的訊息：**我們的血液裡沒有惡魔的因子**。

我一離開她家，就不打算讓她的故事隨風而逝。我在新聞編輯部工作的時間雖然不長，可是我見過不少疲乏的記者和製作人，他們因為涉入的故事場域張力太強，以致於沒有真正去碰觸那些故事便轉身離開，我想我知道原因何在。那是一種自我保護機制，是一種應對的方法，換句話說，就是你學會了如何在目睹真實無比的痛苦和恐怖事件後繼續走下去。我不想忘掉安吉向我述說她人生中最糟的日子時，眼裡所閃動的痛苦。

安吉的話語還迴盪在我耳裡，但我們不得不道別，從她家飛奔離開，這讓我心裡很不好受。我不想留她一個人在那裡，可是我很清楚我們必須打包走人，盡快在電視上播出這次訪談，畢竟我的工作就是把她的故事講給大家聽。

我們朝車子走去時，愛瑞卡正在跟安德森．庫柏的團隊通電話，討論後勤事宜。我們能開多快就開多快，設法盡速抵達離阿里爾．卡斯楚家十五分鐘路程遠的CNN現場轉播車所在位置。抵達後，我們基本上是摔進轉播車裡，把我們拍的影帶傳給亞特蘭大的剪接室，那裡會有人把影帶剪輯好，最後再傳到安德森．庫柏的監視畫面，如此一來他就可以對著鏡頭說：「今晚我們獨家訪問到阿里爾．卡斯楚的女兒，她對CNN的羅莉．塞格爾談到父親的所作所為，我們來聽聽她怎麼說。」

我將IFB放進耳朵，電視螢幕正在播放其他影片。我準備要讓我人生首次的「現場實地」採訪登場了，手心冷汗直流。我講話的時候聲音發抖怎麼辦；我的表情和肢體語言看起來很彆扭怎麼辦？要是大家發現這是我第一次碰到新聞快報這種挑戰性如此之高的情況怎麼辦？

我聽到人在安德森．庫柏控制室的艾力向我確認是否已經上線。艾力是導播，也是控制室食物鏈的頂層，他從我當製作助理幫忙提詞的時候就認識我了。

「妳聽得到我嗎，塞格爾？」

「我聽到了，」我邊說邊站到安德森旁邊，他先前就已經被派到克里夫蘭報導這則新聞。我抓著記者筆記本貼近胸口，用意志力穩住濕冷的雙手。愛瑞卡站在離我一、二公尺遠的地方，剛好在鏡頭之外，我們兩個都默默祈禱我能順利完成任務。

「羅莉已經到現場加入我們，帶來她採訪安吉．格雷克的畫面，」安德森看著鏡頭說道。

「我難以想像這位年輕小姐現在所碰到的狀況，」他望向我說道。「假如那些指控是真的，那麼她應該是在一瞬間明白了父親之前的舉動。」

「安德森，她是這樣說的……這是一場惡夢。」**開始吧！**

我站在那裡望著鏡頭，愛瑞卡飛快編輯出來的影片開始播放。我聽到我和安吉幾小時前的一些對話，她提到父親把地下室的門上了鎖，還有經常消失很久又沒有任何解釋。從我們在她家後院面對面坐著的畫面中，全國看著安吉慢慢拼湊父親的行蹤。

「現在都說得通了，」她說道。

我靜靜站在安德森旁邊，慢慢呼吸，等候這段影片結束。

「所有的這一切，我覺得——我覺得很噁心，也覺得很恐怖，」安吉最後說道。

結束後，安德森看著我說：「非常動人的訪問，謝謝妳，羅莉，我很感激。」他再度轉向鏡頭，開始介紹下一段新聞。

我癱倒在廂型車後座，深受鼓舞，但也精疲力竭。我的一隻眼睛瞄到後照鏡中的自己，過去這一個月來的壓力在我蒼白的倒影中深深刻下痕跡，但我不予理會。我告訴自己，今天是我在這家新聞臺突破性進展的一刻，我已經正式從新聞助理跨越到電視播報記者，蛻變成被看重的人。我蜷縮著坐在廂型車後座，眼皮沉重到快睜不開，腦海裡浮現安吉的身影。我傳訊息給她，她回覆說她在電視上看到那段訪問了，不知道她看到自己出現在電視上談自身經歷的夢魘有什麼樣的感覺。

我的手機響了，是丹尼爾打來的。

「妳出名了！」他開玩笑說，然後又加了一句：「我真為妳感到驕傲。」

我在挑燈夜戰報導這類故事時心裡很緊繃，但有朋友們的支持鼓勵，我萬分感激。工作小組在外面收拾東西，我閉上了眼睛。我怎麼會一邊為自己感到驕傲，一邊又同時覺得自己還是像個試著要打進大聯盟的冒牌貨呢？

我的訪問被ABC和NBC電視臺引用播出，CNN有很多人百思不得其解地說：「等等，這不是那個『商業更新』的女孩嗎？」

我回到紐約之後，被CNN人力部門叫了過去。我坐在一間空調開得過冷的小辦公室裡，他們問我怎麼看自己。**這就是我要的，**我心想，然後把我的不安全感全塞進抽屜鎖上。愛瑞卡為我做好上場準備，我也打出了大滿貫。

第八章

價值和估值

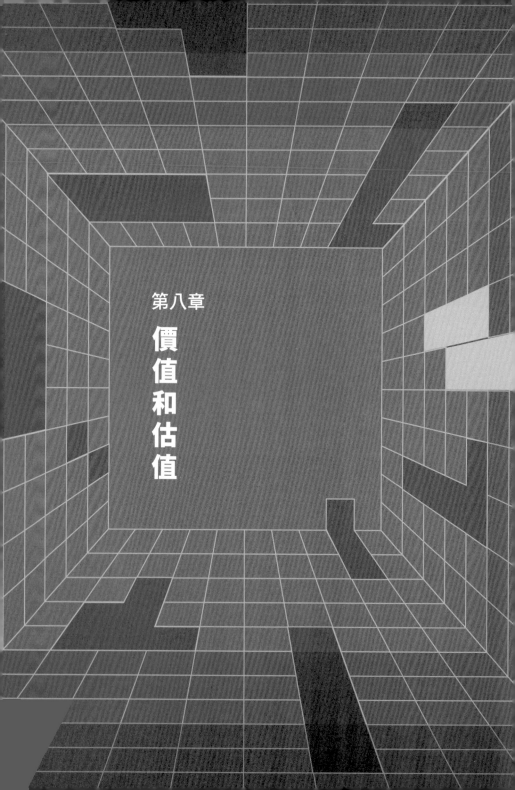

我和人力部門談過之後，他們提供我一位「人才教練」，正式對我職涯的未來挹注投資。我的教練名叫藍尼，是一個身材壯碩的男人，決心把我的旁白訓練得更專業。我和藍尼每週都會花一小時在錄音間鍛鍊敘事技巧。另外，我和愛瑞卡從克里夫蘭回來之後，發現我們明顯找到了報導的節奏。我們形影不離，每天都在製作新的報導。

時間來到二〇一三年夏天，我在科技界和媒體界已經是有知名度的人。位在肉品加工區（Meatpacking District）的標準酒店（Standard Hotel）十八樓，有一間「碰碰屋」俱樂部（Boom Boom Room），那裡舉辦了一場充滿潮味的活動，我和創業家們在閃閃發亮的水晶吊燈下喝香檳，從整面落地窗俯瞰哈德遜河的美景，舉杯慶祝科技業蓬勃發展、成果豐碩；我覺得我已經來到了自己夢寐以求的地方。

到了六月，發生了愛德華．史諾登（Edward Snowden）洩漏美國國家安全局（NSA）檔案的事件，用戶這才第一次領悟到，不是只有我們乘著這波科技浪潮，原來政府也在利用科技公司監控我們。我和愛瑞卡花了幾天時間試圖訪問史諾登的人脈圈，畢竟冒著風險去揭發政府的祕密可不是一般的日常小事。

最後我們用Facebook加了他在夏威夷的朋友，他們是「火人祭*」（Burning Man）那一類的工作人員，張貼的影像多半是以沙子為主題的特技表演和飄渺的舞蹈。史諾登

*每年在美國內華達州舉辦、為期一週的藝術祭，以週六晚上焚燒巨大人形木雕開始，聚集許多對社區意識、藝術有強烈自我表達的參加者。

的人脈圈所發布的照片我都一一點過，希望從中抓到一些概念，但看著看著我就迷失在一大堆日落和別滿花朵的飄逸長髮畫面裡。其中有一名女子，應該是他交友圈中最火辣的朋友，她接受了我的交友邀請，但可惜不願意接受我的採訪。

科技公司和政府之間的緊張關係開始升高，使用者心裡也已種下了不信任的種子。但是對我而言，這也指出了另一個重點。科技逐漸成為社會的脊柱，所以發生史諾登洩漏檔案的事情之後，我們才開始去理解原來有全球監控這種事，也才發現國家安全與人民隱私之間的界線愈來愈難拿捏。史諾登揭露機密檔案所引發的爭論勢必會愈演愈烈。

如今我和愛瑞卡會用各個角度審視科技領域，從報導新創公司和各種新消息，跨足到花更多心思去檢視科技如何滲透到文化當中。這方面的線索俯拾皆是，比方說參加雞尾酒派對時聽旁邊經過的創業家透露了哪些消息，又或者這些年來跟我已有幾分交情的人會傳簡訊告訴我，**羅莉，妳一定要查一查這件事**。偶爾我和愛瑞卡讀完某篇文章後會想：**背後一定還有不為人知的故事**。我們會開始挖掘，一通電話講完，又找到下一通電話的對象。最終，我們挖到的是一個完全有別於先前想像的故事。

「妳想別人會不會以為我們在看色情網站？」我們在工作時間瀏覽刊登應召廣告的MyRedBook網站時，愛瑞卡問道。

我看著螢幕上的影像：一個女人岔開雙腿，用勾人的眼神望著鏡頭。

「我看法務那邊會有玩得很高興的一天，」我回答，一邊在迦勒走過時忙著把滿是裸女的螢幕遮住。

我們的下一波調查主題是矽谷的性工作，我忍不住想像亞特蘭大「那一排」老男人爬梳相關影像的模樣。科技界不只是那些公司負責人而已，新湧出的錢潮一定激發了不少檯面下的「動作」。我聽傳聞說，加州門洛帕克五星級飯店是口袋很深的投資人經常出沒的地方，高級妓女會在這裡尋覓客戶。我們就是從這裡開始著手的。接下來數週，我和愛瑞卡瀏覽過 MyRedBook 應召網站，也搜尋了 Craigslist 分類廣告網站，從中找到一批素材，並開始和一群自認是矽谷「另類創業家」的性工作者交談，她們身為世上最古老行業的勞動者，真的是把投入到世上最新行業的新熱錢善加利用了。

「我想我找到人了！」我盯著 Craigslist 網站上一則以喜歡「被支配」的灣區科技高手為目標客群的廣告。「我來回覆她的廣告，」我邊說邊看向愛瑞卡，她仍然一副處變不驚的模樣。

過了幾週，我來到加州奧克蘭，去見名叫玫瑰夫人的虐待狂女子。我決定先好好偵察那位女子做生意的地方，再帶愛瑞卡或攝影機進去。

我從計程車下來後，映入眼簾的這棟小巧建築讓我難以想像裡面竟然也藏有虐待狂地牢。建築裡的米色系大廳並不起眼，只是特別安靜而已。我掃視了這片說不上來屬於哪種風格的空間，尋找任何跟性虐待有關的蛛絲馬跡，但只看到美國女性選民聯盟（League of Women Voters）的標語。我走上樓，穿過一扇側門，順著走進去之後就來到一間連建築物裡的人都不知情的祕密地牢。

一位身穿長及腳踝的黑色洋裝、有著綠色眼眸的深色長髮女子向我打招呼。

「歡迎妳，」她笑著說，然後領我進入地牢。地牢裡可以看到各種奇妙的器械，還掛著一個情趣鞦韆，角落則有一個大籠子。牆壁上掛著黑色皮製面罩、防毒面罩、銀色長鏈和皮製束帶，以及某種後來她說是用來減弱電擊的裝置。我告訴自己一定要表現得若無其事，設法拿出專業的態度，別過分拘謹。

「坐吧。」

我聽話地坐下，不自覺地環顧四周。我發現自己靠在一個長椅上，我隨即發現這是專門用來打屁股的長椅。

「這裡的每一樣東西都是高科技，」她解釋道，這時我瞥向一個防毒面具，面具上竟然接了 iPod 耳機。「這裡有不少花樣都是我的科技客戶們幫忙打造的。」

她指著上方的大型機械。

「這個起重機可以舉起重達四百公斤的東西。由我一位工程師客戶製作的。」

我敬畏地抬起頭行注目禮。

接著她帶我走到角落那個大鐵籠。

「想進去嗎？」她問我時揚起一邊的眉毛。

「不用沒關係，」我迅速地回答，心想如果被鎖在性愛牢籠裡的話，該怎麼向愛瑞卡解釋。

她伸手朝籠子比劃了一下說：「這個監牢是一個麻省理工學院的工程師按照惡魔島聯邦監獄牢房的樣式，一比一建成的。」

「這位工程師願不願意在鏡頭前談談這個牢籠呢？」我問。

「當然不願意。」

我們駐足片刻，好讓我能細細研究這與實物一模一樣的牢籠，它在後方紅色牆面的映襯下顯得格外閃亮。我參加過不下數十次的科技會議，不知道我在那些會議邂逅的工程師當中，是否也有人進過這個牢籠。

玫瑰夫人讀懂我的心思。

「妳以為 Apple 工程師的創意靈感從哪兒來？都是週末靠我把他們鎖起來才激發出來的。」

我們忍不住笑了起來。

「那要怎麼送食物進去？」我問道

她指著一個狹長型的孔洞，大小剛好夠將托盤塞進去。

「原來如此，」我說，感到驚嘆無比。我已經等不及用全新的視角，去參加 Apple 在加州帕羅奧圖舉行的開發者大會了。

我們坐在皮製大沙發上討論性愛中的權力，周遭全是手銬和身體束帶。起先，我還覺得挺彆扭的，但開始談話後就放鬆許多。

「那些傢伙樂在其中，很喜歡被控制的感覺，」她告訴我。「所以我何不趁著這波榮景大賺一筆呢？我和客戶之間互相尊重，我們是有規則、界線的，當然囉，在未經許可的情況下不會有受傷這種事。」她對我眨眼示意。「想看看乳頭夾長什麼樣子嗎？」

矽谷逐漸成為權勢的中心；交易、金錢、自負、「改變世界」的人物，全都由此處誕生。起重機沒必要承受四百公斤的重量，但既然機器是她的工程師客戶打造的，就有能力承受此重量，重點或許就在於此。在這個空間我除了看到鞭子和鏈條，也感覺到空氣中瀰漫著超量與可能性、違抗常規、權力與控制的氛圍。

我大膽設想權力、控制與性愛之間的連結。

「噢，親愛的，」她把雙腿交叉對我說。「但願妳能弄明白。」

我離開那棟建築時心裡忍不住想，**我做的簡直是全世界最酷的工作——或是我精神錯亂了也說不定。**我喜歡造訪別人的生活，即使和我自己的人生南轅北轍也沒關係。我欣賞玫瑰夫人的自信，她與權力之間的關係以及她堅定掌握權力的能耐，有一種特別的魅力。不過這當中還有別的東西；隨著注入到新創公司場域的金錢愈來愈多，這個社群開始變得跟以前不一樣了，他們拋開卡拉OK派對那類的活動，變得比較像我在密西根大學避之唯恐不及的那種兄弟會。也許我偶爾想到那些自負的矽谷兄弟會成員被鎖進牢籠裡的模樣，會覺得樂不可支吧。

我和愛瑞卡繼續構築堆砌這個故事，不過碰上了一個小問題。雖然我們已經說服老闆派我們去灣區追蹤高科技產業的性工作者，結果卻發現性工作者的承諾大多都不可靠。

我們本來在飯店準備去拍攝某位性工作者，這時愛瑞卡從她客房打給我。

「貝卡取消了。」

「她取消是什麼意思？再兩個小時就要去拍她了！」

「就是啊。」

我嘆了一口氣，這時手機亮了起來，傳來一封簡訊。簡訊上面寫：**抱歉，想了又想，不想要上鏡頭，祝妳們好運。**至少這位小姐有禮貌。

「可惡，蒂芬妮剛剛也退出了，」我對愛瑞卡說。

「好吧，那我想現在不是告訴妳艾莉森搞失蹤的好時機？」

隔天，我和愛瑞卡躲在舊金山聯合廣場的飯店房間瀏覽 MyRedBook，打電話給未接觸過的性工作者，回覆 Craigslist 的廣告。做這些事我不介意，因為我著迷於這個族群的人，也很好奇這些女性是如何又為什麼做科技圈的生意。比起以前替「商業更新」寫股市新聞，這還比較對我的胃口。這些角落故事是我更容易掌握的東西，無論何時我都寧可選擇講解虐待狂、權力和矽谷之間的關係，也不要寫那些垃圾債券。

天降好運，我們重新找到一名女子願意帶我們一窺欣欣向榮又大發利市的矽谷性產業。幾小時後，我們就和這位女士見了面，她自豪地討論自己的工作，並且向我們展示了一個小塑膠塊「Square」。接受她服務的客戶可以用傑克．多西的信用卡讀卡器以行動支付來付款。我回憶起那次我和傑克．多西在咖啡店訪談的情景時心想，**傑克大概想不到他的產品可以這樣用吧。**

「我是用別種營利事業名目提出申請的，」這位女士一邊解釋，一邊用塗了亮晶晶藍色指甲油的手指拿起Square讀卡器刷信用卡給我們看。「就Square那邊的認知，我做的是諮詢事業。」

接著我們跳上公務車，開了十分鐘路程去舊金山卡斯楚區（Castro District）見凱蒂·史崔克（Kitty Stryker），這名女子白天的工作是社群媒體行銷人員，晚上做性服務。凱蒂綁著辮子，戴著黑框眼鏡，前臂有分子圖案的刺青，她用性產業的行話向我們描述新創公司的盛衰。

「如果某家新創公司蒸蒸日上，就會看到那家公司有一大票人出沒，等這家公司沒落之後，又換成另外一家新創公司的人出現，」我們坐在她的沙發上聽她說明。

我們還找了另一位女士，只要是印有《冰與火之歌》（*Game of Thrones*）相關圖案或文字的內衣都被她購入，因為技客（geek）風的衣服正「熱賣」。她鼓勵「旗下女孩們」在線上廣告中穿這種內衣上陣，必能吸引那些隨著新創公司蓬勃發展而湧現的科技宅男。

我們詢問她是否可以拍攝她和全部內衣及其他收藏品的畫面，譬如印有「凜冬將至」和「技客是更棒的愛人」等字樣的T恤，她同意我們的請求。

於是，愛瑞卡情商當地某個店家，租借他們的場地進行拍攝。

「請問妳們要拍什麼內容？」店家問道。

「女性創業家的故事，」愛瑞卡回答，說實在這也不算謊話。

店老闆同意租借後，愛瑞卡便遞給他三百美元，支付這個空間的使用費用。我們拍攝了這位女子描述她如何向矽谷新暴發戶做行銷的影片。我在探討她的地下生意並說明她的行業熱錢湧入所產生的影響時，攝影記者在一旁將鏡頭對準一桌子的技客風貼身衣物。

我們製作的新聞報導數週後於週末時段播出，唐・萊蒙（Don Lemon）在節目上開玩笑地說：「我必須說這大概是我們電視臺最瘋狂的報導之一，不過我敢說我們確實學到了一點東西。」

二〇一三年十一月，科技界熱鬧非凡，因為推特要上市了。回到曼哈頓，我狂奔至華爾街報導推特的IPO，巨大的藍色推特旗幟，飄揚在紐約證券交易所前面。我拿著筆記本擠過人群，看看四周是否有能報導的素材，把那一天的細節速速寫在筆記本上。穿著藍色夾克的交易員互相開玩笑，講的不外乎是標籤（hashtags）和建立推特帳號的事情，雀躍之情洋溢在交易所內，大家幹勁十足。

媒體紛紛對著傑克・多西、畢茲・史東和伊凡・威廉斯遞出麥克風，主播講著推特是如何一路進軍到公開市場那些老掉牙的臺詞。回顧數年前，少有記者花時間關注新創公司，但如今所有人都緊盯著不放。我視之為創意家和夢想家的三位創辦人，就是數年前在小咖啡館跟我見面，還拿家裡吸大麻、有野生動物跑來跑去的家庭生活開玩笑的人，現在他們就要變成富翁了，日後身價還會不斷上漲。推特正式升格為龐大的事業體，科技寵兒正式地成熟壯大，很多人都說這是當年最大的一次IPO。然而，曾經困擾過Facebook的那個問題，又重出江湖了：新創公司在公開市場該怎麼做才能賺錢？

我沒有沉醉在那個氛圍之中，而是盡快跳上地鐵，及時趕回攝影棚，準備和主播傑克．塔伯爾（Jake Tapper）的現場直播。我可以感覺到，推特初上市和三位正在步入新紀元的創辦人所代表的意義十分重大。他們不是華爾街的人，卻在今天變成新的「造王者」（kingmakers），我必須短短在幾分鐘內運用所有細節來傳達這個訊息。

我連走帶跑地來到電梯間，一邊向我最喜歡的保全蓋瑞揮手。

「嘿！超級明星！」他對我喊道，見我往攝影棚衝去，馬上替我開門，時間抓得剛剛好，讓我及時在攝影鏡頭對著空空的座位運轉前就座，又讓我有一點點時間可以喘口氣。

說時遲那時快，愛瑞卡就在這時來到我身旁。

「有挖到妳要的東西嗎？」

「有喔！」

「多西今天賺了六億美元，這個數字說出來真是美妙。」

「收到。」

「我去控制室，怕妳有什麼需要。」

「我需要兩分鐘整頓思緒。」

「去做別的產業說不定有機會。」

我還沒整理好筆記、將麥克風立起來，就從耳機聽到塔伯爾介紹我上場。我深呼吸一口氣。

「推特從新創公司升格為上市公司，今天對他們來說是不平凡的一天，」我以此開場，找到自己的報導節奏。很多IPO公司創辦人會親自上陣進行敲鐘儀式，但傑克、畢茲和伊凡卻選擇由最受歡迎的推特用戶來執行這個榮譽的活動，他們分別是一名賣檸檬水做慈善的小女孩、一名警長和演員派崔克．史都華（Patrick Stewart），我希望能把這種精神充分展現出來。

結束這段新聞之後，我終於可以好好呼吸。

「真是漫長的一天！」我對愛瑞卡說，並打開攝影棚的門。「剛剛很順，對吧？」

我注意到她眼睛並沒有看我。愛瑞卡可怕的撲克臉眾所周知。

「有個小問題，」她小心翼翼地說。「妳在電視上提到派崔克．史都華時，說他是《星際大戰》（*Star Wars*）的演員，而不是《星際爭霸戰》（*Star Trek*）。」

我仔細想了一想這個疏忽，但覺得不是世界末日。

「妳想真的會有人注意這個？」我問道。

她不想粉飾太平。「控制室告訴我這是人類所能犯的最大錯誤之一。」

果不其然，網路上鬧翻天了。把《星際大戰》和《星際爭霸戰》混為一談基本上是種原罪，當然確實也是糟糕至極的錯誤，我的推特動態被酸言酸語灌爆了好幾天。

我窩在辦公桌前痛飲咖啡、吃止痛藥，這時另一場星際戰鬥在我眼前發生了，這次是發生在CNN的辦公室走廊。這些年來我都在論述科技如何顛覆世界，如今科技正在顛覆新聞編輯部。CNN新聞網是一家傳統媒體公司，在Facebook、推特和新媒體當道的世界裡，難以保有一席之地。結果，蘇珊．格蘭從經營CNN.com的角色退下，改由兩位前彭博（*Bloomberg*）男性白人主管來執掌團隊，率領CNN邁向二十一世紀。這兩位新高層比較年輕又時尚，他們保證會讓CNN變得「很酷」。

日子一天天過去，邊間辦公室的主人都換了人，到了八月，CNN的新時代開啟了，CNN.com和CNNMoney被歸入CNN數位部之下。九月的時候，紀錄片節目《下一張清單》停播，黛比忙著找工作。過去兩年來，她在世界各地出差，從黎巴嫩的貝魯特到阿根廷的布宜諾斯艾利斯，做以人物為主的長篇報導，現在得重新來過了。這檔節目不符合我和黛比過去稱之為「新CNN」的願景，所以黛比正處於失去在這家公司的位置的風險。後來她在新的數位單位找到一個職位，但去過世界各地採訪一些有見地、正在改變世界的人之後，她覺得新職位的內容和焦點跟她之前迫不及待想拍攝和製作的報導大相逕庭。

新數位團隊的首要之務很快就反映在新聞編輯部的文化中。以人物為主的影片愈來愈少，一大堆文字的影片變多。漸漸地，我們必須為兩分鐘的電視播出時間而戰，我和愛瑞卡這種「老派的科技團隊」，就卡在上不上、下不下的地帶。

「就看看我這次能不能熬得下來吧，」羅斯無所謂地按著滑鼠，編輯某個新聞片

[illegible]邊的我說。有一個編輯朋友被解僱了，我和羅斯都非常震驚。[illegible]像有新舊CNN之分，而且舊CNN被貼上了負面標籤，」我說。[illegible]的事，繼續努力吧！」他鼓起熱情說道。我看得出來他很擔心自[illegible]擔心羅斯；他是我的北極星，指引我通過新聞編輯部的試煉與苦難。[illegible]新主管把我叫去，要我加入他們的行列，一起嘗試製作首批數位影片[illegible]的十分感激，也慶幸能得到這樣的機會，但這種心情只持續到新主管從彭博帶過來[illegible]其中一位製作人說明我負責的任務為止。他希望我在一支很潮又前衛的影片中，講解一款「為愛解扣」的高科技胸罩。我心想，**這聽起來很糟糕，**不過我實在太想和這支熱門的新團隊合作，所以最後我笑容滿面地答應了。

拍攝期間，我就坐在一片白色布景前，畫面會穿插在科技胸罩公司的資料片特寫鏡頭之間。讀稿機要我說一些荒謬的內容，解釋如何動手解開胸罩，這時鏡頭播出一位長髮飄逸的骨感模特兒，她穿著一件鬆開的華麗黑色胸罩，還搭配了一支智慧型手機和一名顯然是愛人的人，觀眾看到的是一名幾乎要上空的女人影像。一位年輕的製作人鼓勵我「展現個性」，讓我覺得愈來愈彆扭，差一點就要離開現場。我踏入職場以來，一直關注有趣的科技新創故事，並運用自己設定的路線來調查重大新聞，對於女性賦權的主題富有熱情，可是如今我竟然在介紹某個上不了床的好色傢伙設計的蹩腳胸罩。嚴格講起來，這款胸罩是日本一家女性貼身衣物公司設計的，不過這改變不了我的觀感。我在描述過程中，數位團隊一直用胸罩解開、女性胸部露出的鏡頭。為了不讓這段影片看起來太低級，我設法將對話拓展到「人體駭客」和「智慧科技」這類範疇，然而看到剪接的畫面，是用女性胸部畫面作為我後方的背景，我頓時為自己的臉出現在CNN新時代的第一支數位影片感到羞愧。

但數位團隊的反應完全相反，他們覺得這支影片非常「創新」又「優美」，拍攝手法呈現出「新風格」。影片剪輯完成後，數位團隊那些傢伙亢奮到請克里斯．皮卡克下來欣賞。

克里斯來了。他看著播放的影片，然後眉頭深鎖地看著我說：「非常不像妳，對吧？」

我點點頭，讓新舊兩個世界之間的緊繃慢慢地滲入到我心底。影片出爐後，我心不甘情不願地發了推特，真希望自己有在第一時間斷然拒絕，可惜我沒有。我努力保護著自己在CNN所建立的一切，但也想和那些極有可能對我未來影響甚鉅的人合作。這支影片的內容走向令我不敢領教，但如果表達出來的話，我也知道恐怕會扼殺日後的機會。我有雄心壯志，不想浪費掉那些機會，可是我怎麼會答應拍攝這種完全是性別歧視的主題呢？諷刺的是，我竟然會有一絲如果不做就會被拋開的念頭。我希望占有一席之地，然而這一席之地必須靠妥協才能爭取到，這讓我十分憤慨。

回想起來，要求一位曾經在嚴肅領域耕耘的記者在鏡頭前談胸部，那明顯就是性別歧視，可惜資淺的我沒有信心去拒絕「男孩俱樂部」的要求。

某天下午黛比傳簡訊給我說，**我的心好累，可以上來八樓嗎？**我不知道發生了什麼事，不過我感覺得到她需要有人幫她加油打氣。

我走進那間訪問室，看到精巧的布景。黛比在裡面花了幾個小時打光，拱著背調整微距鏡頭。我很納悶她究竟要訪問誰，這類布景是專門給重要人物用的，可是等我靠近一點，才發現她的主角竟然是 Oral-B 牙刷。

「那個，妳為什麼在拍牙刷？」我問她。

「羅莉，我不知道我辨不辨得到，」她一臉苦相地告訴我，幾乎要哭出來了。她已經到了臨界點。她畢竟有走訪世界各地拍攝以及挑戰實地報導重大新聞的多年經驗，現在她做了數位團隊的新職務之後收到的指令卻是「協助拍攝贊助廠商的影片幫公司賺錢」。

有一位跟隨數位團隊主管從彭博來此的親信，他指派黛比拍攝一系列名為「裝置」的贊助影片，說穿了就是幫有無線網路功能的牙刷這類品項拍攝商業廣告的意思。

我看著她按下「錄影」鍵，然後轉鏡頭繞著牙刷拍攝。故事報導是以 Oral-B 智慧型牙刷為主軸，稍後黛比還會拍攝數位特派記者刷牙的畫面，那位記者也是主管從彭博帶過來的人。

「這也太折磨人了，他們不是認真的吧。」我看著她說。

「他們就是認真的。」

我們兩人的數位影片體驗，只不過是舊 CNN 與「彭博幫」之間關係日益緊張的開端而已；所謂的舊CNN指的是我在新聞臺合作過的製作人，他們屬於比較傳統的新聞迷，而彭博幫當然就是那群帶著諸多構想進入CNN，準備創造「酷炫」的數位風景的人。可是到目前為止，彭博幫的構想最後都會交給黛比來執行，這位極有天賦的攝影記者就這樣被放逐到八樓拍攝牙刷影片，至於我的話，就是對著鏡頭談胸罩。至少可以說，我們內心充滿了懷疑。

過了幾個月，亮點來了。有一位製作人告訴我，有個來自紐奧良、名叫伊森的人，經營一家晚餐俱樂部新創公司，她建議我不妨做個報導，於是在她的引介之下，我和伊森沒多久就在時代華納中心裡的一間商場見面。

下午三點時，他頭戴棒球帽、穿著短褲從容地來到採訪地點，我說不上來他究竟是對我報導他的公司感興趣還是對我本身感興趣。他提到他的公司 PopDine 會在全國各地舉行快閃晚宴時，所展現的肢體語言讓我很困惑。他滔滔不絕說著公司的細節，但同時又有意無意地問我有沒有約會對象。PopDine 基本上就是把全國各地的餐車集結在一起，以此支援努力奮鬥的廚師。這個創意似乎挺不賴的，不過當他邀請我當晚就去布魯克林的 PopDine 用餐時，我還是謝過並客氣地笑著拒絕了。這個人是很親切，可是 PopDine 比較像辦活動的公司，並非科技新創，不符合我的報導主題。

那天到了晚上，我和一群同事在CNN附近一家名為「競技場」的酒吧聚會，歡送某位要離職的同事。這種「歡送派對」沒有停過，我的收件匣每隔幾週就會收到新的邀請，要去歡送即將離開公司的資深製作人或攝影記者，感覺實在很糟。

我們手上拿著威士忌，一位製作人舉杯說：「敬舊CNN。」我朝酒保看去，他是一位愛爾蘭老先生，長相親切的他又以舊時光為名多倒了好幾杯威士忌。吧檯後面團結緊密的工作人員掌握了數十年的CNN八卦。

這時另一位製作人問道：「有人餓了嗎？我快餓死了！」

「我知道有人在辦晚餐趴，」我大聲說，威士忌讓我有點微醺，再加上站在這幾位我在新聞臺一起合作過的製作人身旁，讓我不免懷念過去而感傷。我們幾個餓肚子的人，準備要去探險了。

我們一行四人前往布魯克林，去伊森的活動踢館，他們提供五道菜的特色菜單。結束後，我謝謝伊森，他是個很有風度的人，同時也告訴他下次來紐約市記得通知我，結果他說下週就會來紐約，但沒有告訴我進城是為了要和我約會。

總而言之，伊森一直在曼哈頓「出沒」，我們見面的時間愈多，彼此生活很契合這件事就變得愈明顯。我們聊起天來很輕鬆且無話不談。在西村的餐廳吃著手捲和握壽司時，我們談起他對紐奧良的熱愛以及努力打造的廚師專屬社群的公司。我告訴他我很喜歡說故事，也聊到新聞編輯部變幻莫測的風景有它的好壞。約會幾個月之後，他陪我走去中央公園附近參加愛瑞卡和阿雷勒的婚禮，他親了我一下，祝我玩得愉快，那時我心想也許，只是也許，我終於找到了我的阿雷勒。

我和伊森等了好一陣子才上床。這我並不擔心，因為我相信我們聊天時的輕鬆自在一定會轉化成肢體接觸並產生化學反應。可惜我錯了，我們的第一次很匆忙，感覺很糟糕又彆扭，好像我們的身軀找不到彼此似的，這讓我深受衝擊。

事後我打給黛比。

我在浴室裡小聲地對她說：「這怎麼可能走得下去！」

她問我愛不愛他，我的答案是肯定，我相信我真的愛他。事實上，我為他瘋狂。他已經成為我的知己，相處的時間愈多，就愈想向他傾訴一切，例如我在職場上的冒險、我對CNN感到愈來愈挫敗等等的事情。

我倆相處得很自在，雖然兩人的化學反應不是會讓我聯想到木板路的那種，但在一起愈久，我們的肢體連結就愈多。這不完美，不過沒有感情是完美的，我這樣告訴自己。我們才剛走入彼此的生活，這是我第一次真正盡情展望和別人共度人生。

二〇一四年春天，我們正式交往了。

當櫻花樹綻放，棉衣取代毛衣上場的時候，我和丹尼爾舉杯慶祝我覓得新感情。伊森親切又充滿魅力，總是有辦法和我的小圈圈連結：他和丹尼爾聊商業投資，還跟黛比聊攝影，所以丹尼爾和黛比都強烈認可他。

四月在時代廣場有一場會議，創業家們在此暢談各種創意構想，並且和最核心的創業投資人會面，我碰到Foursquare的丹尼斯．克勞利，他靜靜坐在一張桌子旁，我看到其他創業人士走過去找他閒聊或打招呼。這位派對男孩一反平日嘰嘰喳喳說個不停的形象，看起來很疲憊，臉上還有黑眼圈。

「你還好嗎？」我上前在他身旁坐下問道。

二〇一〇年我認識丹尼斯時，Foursquare在市場上可說是炙手可熱，而且還拒絕了Yahoo一億美元的收購邀約。但現在宣傳炒作已經退去，公司進入了荊棘滿布的青春期。媒體開始質疑Foursquare，這家公司因為爆紅而上遍了各家雜誌封面的風光日子看來已經結束了。Foursquare當初是不是應該賣給Yahoo，而不是繼續乘風破浪才對？是這家公司太自負？又或者只是碰上好運？還是時機剛好？這些問題從事後來看好像變得很容易思考。

我看到丹尼斯對那些比他年輕的創業家強顏歡笑，出於義務對他們說著客套的話。我數年前認識的那個丹尼斯渾身是勁又充滿野心，但現在像換了個人似的。壓力使人痛苦不堪，而對創辦人來說，那又是一種孤獨的壓力。

心情像會傳染似的。到了五月，我在鏡頭前採訪傑克．多西，這是從去年在推特IPO那日見到他之後，首次訪問到他。他很親切，但比起以前，話變得更少了，身邊都是公關人員。我們在曼哈頓中城一家咖啡店見面，這家店也用Square做生意。

「你有龐克搖滾背景，」我對他說。「你喜歡特立獨行的人，過去還染過藍色頭髮，不過現在你身邊的人都對你唯唯諾諾。」

「我不會拋棄龐克，」他說道。「我還是龐克……永遠都會是。」

可是他現在穿的是設計款牛仔褲配西裝外套，蓋住了他的刺青，這個反差真是有意思。即便他依然沉默又慎重，但科技很快就會占據這個男人，況且無論想不想承認，此刻他畢竟坐在跟過去不一樣的位置上。

咖啡機在我們身後呼呼作響，傑克用龐克的歷史為自己辯駁。「所謂的龐克風景就好比現在有人上臺去表演，可是他們表演得很差，真的非常差。到了下週，妳又看到他們在臺上表演，這次的表現好了一點。一年後再去看他們表演，他們已經成為龐克搖滾樂團雷蒙斯(Ramones)，妳說對吧？」他這樣向我解釋。

同樣的道理也可以用在開放程式碼軟體，他繼續說明。有人寫了程式碼，之後又一次一次改寫。剛開始寫的程式糟透了，但每一次重寫都會變得更好。

「所以一年後 Linux 誕生了，這個作業系統如今在絕大多數的系統中運轉，而且還是免費的，」他說。「我想最重要的事情是憑著自信放手一搏並盡快從中學到東西，這是龐克教我的，也是我絕對不會拋棄龐克的原因。」

我可不能讓訪問就此結束，我密切注意公關人員的動向。

「你說自己是龐克，不過現在來講也是地位跟雷蒙斯同等級的科技人，你說對吧？」

「這我就不敢說了，」他謙虛地回答。

但是我和他都很清楚，他就是矽谷的造王者，身價超過十億美元。不可否認的是，確實需要真正的龐克精神，去對抗體制，把東西從無到有創造出來，達到傑克的境界，才有辦法打造推特和 Square 這兩家顛覆產業的科技公司。然而話說回來，不管到底需要什麼精神，傑克愈接近太陽，便愈難看清楚他所顛覆的世界裡的人們。如果說新創公司就等於還沒變酷之前的龐克搖滾樂團，那麼這個樂團現在已經真正地變酷了，他說的那些話並不能抹滅自己的出身背景與目標之間逐漸在拉扯的關係。我記得他曾經說過，有必要的話他會上街去發放Square信用卡讀卡器，我猜想正是這樣的特質讓他走到今天這個地位。

「你年紀輕輕就踏入這一行，所以不得不戰鬥，想必因此激發了你某種程度的鬥志。」

他望著我，眼睛又藍又熱切，點頭同意我的說法。「這種事永遠不會變得舒適，這可以確保我們一直質疑自己，讓我們一直戰鬥。如果我們沒了戰鬥的感覺，那麼我們做的事情也不有趣了。」

不過，我那天離開時心裡有一種感覺，將來推特會有別的戰役要打，矽谷也會站在新時代的浪尖。隨著第二批科技公司的首次收成來到成長的轉折點，是成是敗全憑自己本事。畢竟這些公司已經不再是新創，而是由團隊經營、價值數十億美元的事業體，其中很多團隊又以白人男性占絕大多數。創辦人開始齊心對外，這些曾經特別開放樂觀的人，這些曾經跳脫框架的人，如今都按照擬好的腳本給答案。小魚苗不是被吃，就是想辦法變成大鯊魚，就像傑克說的，每一次迭代都會把科技磨得愈來愈厲害，但是「人」也可以如此嗎？對我們這些使用科技的用戶來說，到底會受到什麼衝擊還未可知。

當我又有機會再一次採訪崔維斯．卡蘭尼克時，這個問題又浮現在腦海裡。Uber已經振翅高飛，搭陌生人的車不再是那麼異類的概念了；事實上，這樣的概念已經成為文化常態。崔維斯衝破官僚作風，挑戰法規限制，最後達成了讓 Uber 共享汽車在全球上路的使命。

此時此刻我們以 CNNMoney 新聞編輯部為背景進行採訪，身穿西裝、頭髮花白的卡蘭尼克述說著「懂科技的小鬼」努力創造有趣事物的故事。「我們必須把自己的故事說出來，說服政治人物和市府官員相信這很重要，」他說。

「不過你也因為商業策略激進而受到嚴厲抨擊，」我說。

我很難不想到就在五個月前，Uber 被指控向競爭對手叫車之後又取消、企圖挖角駕駛的黑歷史。

「假設妳打電話給別家公司的員工跟他說：『嘿，聽著，你想來我這裡工作嗎？』這很正常吧，可是在汽車服務業這樣做，我的老天爺，像天要塌下來似的，」他回答，口吻變得很防備。

「你不認為講到服務的競爭，你們的商業策略有時候太強勢了嗎？」

「每過一段時間，上海或紐約的團隊或許會用比較激進的方式招募駕駛到我們的平臺，但說到底，我認為公司有強大的原則，所以我們對市場上的行動十分滿意。」

這場訪問正是從這裡轉為激烈。他談到與美國運通（American Express）的合作，但我們討論這件事的時候，他又不打算回答尖銳的問題。上個月發生兩名女子搭 Uber 時被攻擊的事件，這表示公司有安全方面的問題，於是我問起這件事，結果他遲遲不回應。

「羅莉，」他緩緩說道，那口氣幾乎像警告，接著又是更長、更彆扭的靜默。

我和他不是朋友，但也不是敵人，這些都是合理的問題。

當他又再一次叫我的名字時，我的思緒飛奔，然後他動手拿掉麥克風。

「我不知道是這種訪問，」他對我說。

「哪種訪問？」我回答。

「就是『逮到你了』的那種訪問。」

我對他說，他身價一百八十二億美元，問這些問題很重要。

崔維斯怒氣沖沖地和公關人員交換意見，攝影機後方的愛瑞卡看得瞠目結舌，眼前這個男人所經營的公司市值已經超過許多《財富》五百大企業（Fortune 500），但情緒卻如此不成熟。

我們坐在新聞編輯部正中央，崔維斯的椅子就在我對面，我納悶他會不會乾脆就這樣走掉了。他不回答那些進軍全球市場之後衍生的複雜問題，公司甚至連個官方臺詞都沒有，說不定可以搬出「我們對女性的乘車安全慎重以對，目前正在研議相關保護措施」之類的說法？一位創辦人是基於何種背景認定自己可以凌駕於這些問題之上？說到底這就是傲慢。我無意用訪問「逮住」他，但我也不是他的代言人。他的傲慢自大真是讓人目瞪口呆。

後來他決定留下，我們終究還是完成了這場變成攻防戰的訪問，而這也是我最後一次訪問他。

在那個當下，我可以精準判斷我長期以來報導的族群，已經有了根本上的轉變。

我陪崔維斯和他的公關人員走出去時，氣氛緊繃到大家一片沉默。我望著崔維斯通過保全關卡時心裡想，**未免也把改變世界講得太簡單了。**並不是你說你已經進步或徹底顛覆了產業，你就能自由地暢所欲行，你得時不時檢驗自己和圍繞在你周遭的人士。承諾過要讓世界變得更好的人該如何負起責任？又為什麼這些人一碰到合理的批評就馬上橫眉豎目？崔維斯走到保全值勤櫃臺，由蓋瑞帶他出去，我清楚看到我們即將進入不平靜的新時代。

「一切都還好嗎，大明星？」蓋瑞問道。

「不太好，」我誠實回答。

我繼續瘋狂的行程，把執行長、營運長以及任何身在變革最前線的人一個接著一個訪問下去。在那幾個月的時間內，我和愛瑞卡去門洛帕克的 Facebook 總部參加公司成立十週年紀念日。我獲得了採訪祖克柏得力助手、同時也是產品部負責人克里斯．考克斯（Chris Cox）的機會。克里斯是一位有霧金髮色和藍眼睛的英俊男士，看到本人反倒覺得他的風采應該去演電影《社群網站》（*Social Network*），而不是在現實世界的 Facebook 工作。能夠做成這場訪問是一大收穫，因為 Facebook 就跟多數產業巨擘一樣，把公司重要人物綁得牢牢的，意思就是指他們不會讓克里斯經常拋頭露面。真是可惜，他實在太上鏡頭了。不只如此，多數備受關注的科技明星講起話來呆板無趣，現在都靠公關人員把自己跟外界隔開，而克里斯在談吐方面卻有別於他們。

我和克里斯穿越鵝卵石小徑和磚瓦建築錯落的園區時，心中不由得升起一種充滿希望和可能性的感覺，我剛上大學時也曾有過的那種感覺。Facebook 的園區很大，但還不至於大到看不見盡頭。販售手機充電器和電池組合包的販賣機旁，有個牌子寫著：「快速行動，打破一切。」在被雲朵遮蔽的陽光下，這當下的一切都令人興奮不已。

我們快走到 Instagram 所在的大樓時，我問克里斯在公司成立十年之際，什麼事會讓他夜不成眠。

「保持鬥志高昂，」他回答，表情謹慎又有些拘束。

鬥志高昂顯然是創建公司的關鍵，我見過的成功創業家，每一位都會捲起衣袖憑著決心和鬥志衝進競技場。不過克里斯又觸及到某種更重要的東西，但我還無法確切指出來是什麼。

於此同時，我和愛瑞卡也採取充滿鬥志高昂的路徑，設法在數位部門的新世界秩序下生存。我們下定決心學習數位風格的新拍攝手法，把我們認知的務實報導與此風格相互融合。我再也不想被拉去做胸罩影片了。

若要成功改變風格，其中一個目標就是要讓線上影片看起來更亮眼，所以愛瑞卡已經接觸一些較新型的數位攝影器材，瞭解如何使用這種新設備。她決定實地嘗試看看。在 CNN 的支持下，她到華盛頓特區參加一場電玩大會，在那裡試著拉轉各種攝影鏡頭，充分檢驗過新主管要求的高品質數位作品所需的技術。

「所以呢……上週末我就在一個巨大的比賽場地看那些玩家打電動，」她向我解釋，接著又滔滔不絕講著飯店客滿，入住的全都是為了去那裡看別人比電玩競賽的人。「我的週末就這樣一去不回頭，不過現在再也沒有人可以說我們跟不上時代了。」

我們一起欣賞愛瑞卡拍的畫面。果不其然，拍得太美了。她正式開始用新鏡頭和新視角實踐上頭下達的指令：**把影片在數位方面做得更亮眼。**

二〇一四年十月，CNN宣布即將裁減一成人力。就在幾個月前，公司向五十歲以上的員工提出自願離職計畫，並且也明示若是接受這份自願離職計畫的人數不足，就會開始裁員。

結果真的發生了。當我們進這家公司到現在所認識的製作人被叫去人力部門，拿了藍色資料夾就被護送離開這棟大樓，我和愛瑞卡都震驚地屏住呼吸。不少曾經在新聞臺訓練過我的製作人都被裁掉了，他們如果不接受自願離職，就會被解僱。這些教導我如何查證事實，督促我拿起電話主動聯繫別人的人，都是我的導師。沒錯，他們對推特和Instagram是沒那麼熱衷，但並沒有因此窩在螢幕後面。他們追著故事跑，而不是事後在推特上發表自己對新聞事件的想法。他們不在意拍出來的畫面「酷不酷」，他們在乎的是內容。另外，隨著數位團隊新主管的親信掌握了CNNMoney，就再也沒有迦勒的立足之地，所以他也離開了。CNN為我和愛瑞卡打下了令我們自豪的新聞根基，但如今心力交瘁的我們，必須向這家公司逝去的時代告別了。

CNN連番裁員的力道終於放緩，羅斯保住了工作，黛比正在適應數位團隊的新職位，我和愛瑞卡也守住辦公桌，我們都熬下來了，也接獲上級指令準備壯大科技團隊。

新聞編輯部歷經的轉變雖然讓我和愛瑞卡十分難受，不過我們埋頭苦幹，著眼於科技接下來會碰到的侵犯隱私權、駭客、安全漏洞等議題。我下載了洋蔥路由瀏覽器（The Onion Router，Tor），這款瀏覽器可以讓我匿名探索暗網。另外一種網路隱藏在層層加密之中，我一向很迷這種網路的概念及其影響。

因此，當北韓駭客在暗網拋售含有時任Sony執行長麥可．林頓（Michael Lynton）的收件匣內容的事件一爆出，我是CNN唯一有能力取得資訊的記者之一。暗網對很多主流媒體來說是相當陌生的概念，如何上暗網也是個難解的謎。我和愛瑞卡一起和同事開會，討論這種情況的道德標準。應該怎麼做呢？我們該不該下載林頓的電子郵件？要不要報導這個新聞？

到了傍晚，新聞編輯部的同仁差不多都下班的時候，我和愛瑞卡坐在某個同事的邊間辦公室裡，並且把門關上。

「法務批准我們去做，」愛瑞卡經過數小時來回溝通後說道。

「那我們就做吧，」我說。

我們擠在筆電前，等檔案下載完成後，收件匣多了數百封的電子郵件，其中有不少是寄給重要大人物的信件，譬如我認識的投資人、知名創辦人等等。另外還有談到準備要成交的生意，和一些非常有意思的幕後素材。這數百封的電子郵件和我們在攝影機前乏味、預先設想過的答案大大不同，而是大量揭露了我們「不該」看到的事情。當我盯著別人腦海裡的東西，眼睛不禁愈睜愈大。林頓平日的通訊內容不外乎就是工作方面的事情、跟兒女有關的私人記事。等我再深入一探，感受到的不只是新時代的影響力，還有即將面對的道德挑戰。這些東西看著看著確實很吸引人，但絕對是錯誤的；好奇和罪惡感在我內心交織。有人想要我們記者看到這些郵件，但是這些人究竟想要什麼，我們在這件事情裡又扮演什麼角色呢？

我們應該在哪裡劃清界線？這個亂局有何報導價值，又如果報導出來的話真的沒問題嗎？駭客本身是很重要的新聞，但如果我們報導的話，會不會成為任人操縱的魁儡？

隔天，我出現在電視上詳細解說這次的駭客事件，但我決定不報導任何遭駭的內容。

「這種事前所未有，」我說道，設法在兩分鐘的影片裡解釋其中的複雜性，包括隱私受到侵犯的感覺，還有一個人的私密時刻輕易就被存取和分享的可怕，以及這其實還只是個開端的恐懼感。

「滿順利的，」我離開布景時愛瑞卡對我說道。

「我還是覺得沒講到這次駭客事件之所以很嚴重的原因，」我說。對於自己沒辦法在報導的時限內將科技影響力逐漸衍生的道德衝擊講清楚，我感到很挫折。

「塞格爾，我是這樣想，也許我們最好少在電子郵件裡面發牢騷，妳知道的，以防萬一。」愛瑞卡對我說。

她說得沒錯。我和愛瑞卡互傳的電子郵件多到數不清，其中不乏埋怨新來的數位團隊讓我們感到挫敗的內容。光是發牢騷說他們的影片文字內容一大堆，內容空洞又沒深度就不知道有多少次了。

老天，要是有人看到我們的訊息……

我發誓以後要更加慎重，希望這一切不會太遲。

進入新年假期，新聞編輯部空蕩蕩的，電話依舊響個不停，不過開放式辦公室裡，只有最必要的少數工作人員散落其中。我和愛瑞卡窩在控制室後面的那間祕密房間裡規劃。太陽早早就越過中央公園往西落下，我們望著汽車繞著哥倫布圓環行進，這時愛瑞卡拿出一張紙，我們一起寫下新年的新目標。

「我們已經成功讓妳多多上電視進行報導，」她說。

我點點頭。

「還有就是，我們也正在拓展科技團隊，」她補充說。「這讓我很有成就感。」

我咬著筆頭，接著說：「我想我們可以在電視上做長一點、深入一點的特別報導，希望可以超過兩分鐘。」

「我們自己做特輯怎麼樣？」她提議。我喜歡這個點子，心想不知道我們有沒有能力做到。

我們把目標寫下來，包括我們想要訪問的人物、我們想去的地方，不過這些都是其次，我們的第一優先是製作自己的數位特輯系列。我們要用新型數位攝影器材來拍攝，做出一系列會讓觀眾上網狂追的特輯。

「我們已經完成寫目標這種比較難的事了，」愛瑞卡開玩笑地說，然後我們在這幾乎清空的新聞編輯部互相道別，準備迎接二〇一五年。

第九章

性、愛與矽谷

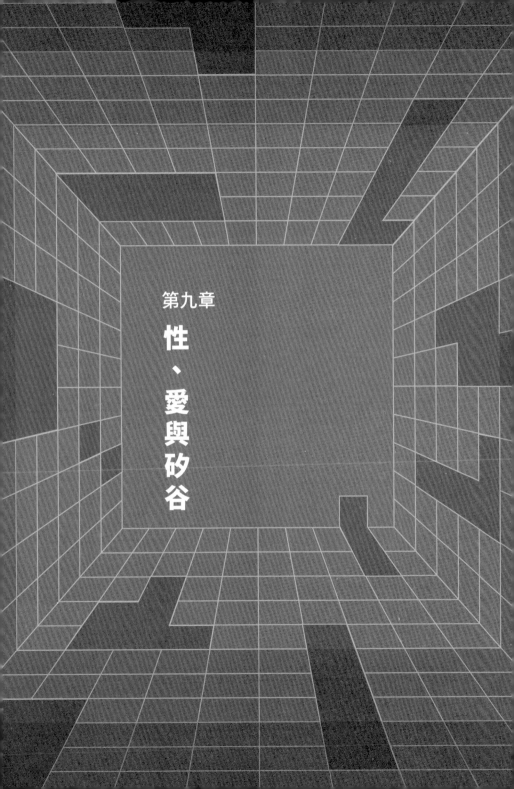

「你的意思是，有性派對，而且大家都是開放式性關係？」我問坐在我對面的創業投資人，他也是推特的一名前助理。我們正在舊金山渡輪大廈一間精緻餐廳吃晚餐。

「顛覆」一詞除了象徵矽谷之外，在我陸陸續續吞了幾顆生蠔的過程中，才發現原來那些以程式碼創造未來的人所過的私生活，也可以套用這樣的概念。我知道有愈來愈多人用微劑量和聰明藥（smart drugs）來試驗提升生產力，如今似乎連「人際關係」的試驗都出現了。「祕密」（Secret）是一款由前 Square 工程師所打造的應用程式，用戶可以利用此應用程式匿名發文，並與朋友群和熟人**分享祕密**（這無疑是網際網路年代的定時炸彈）。該應用程式的資金來自矽谷主要投資人，雖然不算主流應用程式，但也絕對是令人心煩意亂的矽谷八卦消息來源。從創投公司內訌、交換伴侶派對乃至於尚未發生的新創公司收購案等等的傳聞，都會被用戶發文分享。對記者來說，這些貼文簡直就是超刺激的貓薄荷，我看了三則指涉特殊性派對的貼文後，決定挖點東西出來。

面前這位創投人眼神發亮，接著對我剖析：「就我的瞭解，這些人分為『交換伴侶』和『多重伴侶』兩個陣營。」

「就你的瞭解……還是你已經知道的事實？」我開玩笑道。

他笑了起來。「聽著，兩個陣營都有我認識的人，每個人都在試驗。」

「他們願意跟我談談嗎？」

「我樂觀其成，」他接受挑戰。

他繼續描述其中的理念和原則。多重伴侶就是可以跟多人有浪漫關係，有些人會有一個主要伴侶，但仍會安排其他約會，這表示兩位伴侶都和次要的人來往，但是這種結構會變來變去。他繼續解釋說，交換伴侶族群通常不涉及關係和情感，這類型的伴侶會一起參加活動，縱情玩樂，活動當晚往往會和別人的伴侶發生性關係，但也僅止於此。

我又拿起一個生蠔。我和伊森遠距離約會將近一年時間，和他在一起很開心，也非常有安全感，而且就理智層面來說，我也明白不管是我還是他都有可能在別的時間點被別人吸引，即便我們之間現在是對彼此忠誠的關係。但是多重伴侶這個概念——我能認同嗎？當然可以。我本身會不會這樣做？辦不到。假如伊森要我試試多重伴侶，我會把他丟下懸崖，但是我很好奇為什麼會有人對這種事如此著迷。

創業家「不照遊戲規則來」的思維若是套用在人際關係上就有趣了，雖說多重伴侶和交換伴侶其實都稱不上開創性概念。我開始研讀一些資料，試圖瞭解各式各樣的另類族群，結果發現十九世紀的紐約上州有一位名叫約翰．諾依斯（John Noyes）的傳教士，他做了一項實驗，提供可規避傳統一夫一妻制關係的方法，稱為「複合婚姻」，也就是讓三百個人集體住在一起，這些人被認定是彼此的配偶。一九六〇年代也有非常多的素材，當時是自由戀愛當道的年代，非一夫一妻的關係十分流行。不過我很好奇，想看看矽谷對此是怎麼看待的。

我向剛上任的數位部主管做簡報，構想是針對矽谷的「另一面」製作長篇數位系列報導。畢竟，就是他的團隊批准製作「為愛解扣」的胸罩影片。

我和愛瑞卡打算報導的特輯是：多重伴侶、交換伴侶以及聰明藥和LSD迷幻藥的興起……這一集我們命名為《山谷深處》(*Down in the Vally*)，然後我把所有挑逗性十足的故事寫成說明，並打在一張紙上讓他過目，等他看完我問道：「你覺得怎樣？」

我看到他眉頭皺了起來。**喔不，他不喜歡。**我可是花了好幾個星期才開成這個會議。

「我喜歡這個構想，不過名稱改為《性、藥物和矽谷》(*Sex, Drugs & Silicon Valley*)吧，」他說。

我急切地點頭附議。

我一走出來，就看到愛瑞卡在她辦公桌旁踱步。

「我們成功了！」我低聲對她說。

這是CNN新數位時代破天荒第一支長篇系列報導。

接下來的一個月，我和愛瑞卡開始拍攝《性、藥物和矽谷》。我從消息來源得知某間軟體公司的主要創辦人賣掉公司後口袋裡多了數百萬美元，而這位人士就是多重伴侶派的，我問他願不願意跟我見面聊一聊，到時候我再伺機來個巧妙的轉折，切入「你是多重伴侶嗎」這個話題。後來我們約在熨斗區一個熱門場所見面。我走進那間鬧烘烘的酒吧時，忍不住罵自己為什麼要選人這麼多的地方，這畢竟不是問一位剛出爐的百萬富翁是否為多重伴侶的理想地點，尤其是在他以為我們約在那裡是要聊軟體的情況下。

見面後我先恭喜他公司售出的事，然後再逐漸將話題轉到人際關係，試圖做好我身為記者的分內工作但又不至於過度刺探對方。

「那麼，這聽起來有點怪，」我開始切入。「不過我正在做一個關於矽谷各類人際關係的特輯，你知道的，有些人比較開放，用不同規則過日子。」我幾乎沒辦法直視他，只好喝一口琴湯尼，然後努力繼續說下去。「你對於那些正在試驗開放式關係的人知道些什麼嗎？比方說多重伴侶之類的？」

他的肢體語言馬上就有了明顯轉變；我們彼此心知肚明我在說什麼。我等著他起身離去，結果他並沒有這樣做，反倒開始跟我深入聊起他的多重伴侶關係。接著更大的驚喜來了，他提議介紹他的（第二個）女朋友給我認識，他可愛又迷人的女朋友最後又介紹我們認識「她的」女朋友，這位女子後來會出現在我們的系列報導中。

一個月後，我和愛瑞卡到舊金山出差進行拍攝。那一天風和日麗，我們在多洛瑞斯公園設置好攝影機，準備進行採訪。我和一位叫做希妮的女人面對面坐在草地上，金色短髮的她是一家大科技公司的工程師。希妮神色自若地描述自己的（各種）關係狀態，她現在就有四段關係正在進行，其中之一是和一位女子約會了兩年。她笑著對我說：「我和她會互相說『我愛妳』。」她也和一個男人有每個月見一次面的關係，於此同時，她還保留了空檔給任何能吸引她注意的人，以滿足她自己所謂的「分心地帶」。未婚夫則是她最主要的交往關係；聽起來真是既耐人尋味又十分傷神啊！

希妮表示，就像傳統產業被跳脫思維框架的人翻轉一樣，愛情也同樣可以被「顛覆」。創業家既然能顛覆交通方式，譬如 Uber 這樣的公司，那麼傳統的關係又有什麼不能顛覆的呢？

「多重伴侶其實就是一種優化的過程，你做出權衡取捨，然後承擔風險，」她解釋道。希妮不但是個可以對另類關係侃侃而談的女人，還是個能說科技界行話的工程師。「科技界的人特別喜歡風險，而開放式關係的風險真的很高，就跟創立新公司也有高風險一樣是很類似的事情。」

某部分的我可以理解她的邏輯，但是開放式關係畢竟和打造新創公司來改革洗衣業是兩碼子的事情。這時我又想到了伊森，這種觀念我覺得我無法忍受，或許我是特別愛吃醋的生物，但我想我沒辦法和別人共享感情這一塊。

「愛情是不理性的，愛情是瘋狂的。牽涉到愛情的時候，人會去做自己想像不到的事，」我對希妮說。「妳如何能用分析的角度去看愛情？」

「我覺得自己完完全全、毫無理性地愛著我的未婚夫。」她笑著說。「只是我對其他人也有這種不理性的愛。」

那是舊金山最璀璨的時段，下午的陽光襯托了遠方的白色建築。成雙成對的人兒鋪好織毯，一起享用紅酒。有那麼一瞬間，我可以感覺到自己跟著希妮點頭，但不知道是我哪一部分的自由靈魂認同她的想法。

快傍晚的時候，我和克里斯．梅西納（Chris Messina）漫步到十四號碼頭（Pier 14），他是一位金髮工程師，戴著黑框眼鏡，面容深思熟慮。就某種意義來說，克里斯創造了一部分的網路文化，因為他是負責推特使用「#」符號的工程師。他也描述了自己身為多重伴侶的關係狀態。我們沿著海邊走著，他的陳述與希妮如出一轍，說自己不奉行一夫一妻制，還強調現在時機已成熟，可以顛覆大家對傳統關係所抱持的觀念。「如果你現在正在打造產品，我們假設這個產品有一半的時間是失敗的，那麼你應該會考慮到這可能是設計出問題，然後思考改善的方法，」他說。

一夫一妻的婚姻制度並非本身有缺陷，他補充道：「只是這種制度或許不是人人都適用的產品。」克里斯繼續指出有愈來愈多線上社群討論要進入開放式關係。

「也就是說，老天，我的怪異其實沒那麼怪，雖然幾年前我還覺得好像全世界只有我自己這樣，但如今在網路上卻可以找到成千上萬的人組成的社群。」

如果說網路可以讓一個人的怪變得沒那麼特異獨行，那麼網路同樣也放大了每個人的怪異，進而開啟了人際關係試驗的新紀元。我和克里斯從渡輪大樓旁走過，我想到約會應用程式正在崛起，最後必定會徹底改變人們的行為。兩年前推出的約會軟體Tinder，如今就已經打破了約會的遊戲規則，而交友軟體Bumble也跟風於一年前推出。我還沒和伊森約會之前，也會漫不經心地滑著約會應用程式提供的對象，而且在科技界的派對上，也愈來愈常見到人們寧可聚在角落上網「逛」約會對象，而不是現身露面去找。以前看似有限的約會對象，如今是應有盡有。

「不妨想成這是『大約會』時代的約會形式，」克里斯用「大數據」這個詞玩了文字遊戲來做解釋。他指出一夫一妻制的觀念是基於「稀少性」而形成，是因為資源和配偶很有限的緣故。但現在這個世界被豐富的資源淹沒，我們的指尖只要一滑過去就會出現各種選擇，所以「單一」的觀念不再那麼令人信服，「多元」才有吸引力。

我不知道他的理論從何而來，若是從分析的角度來看，我是可以理解他的說法，但是對於用資料數據來檢視人心這種私密又反復無常的東西，我不免感到懷疑。

我和愛瑞卡拍完希妮和克里斯的訪問之後便飛回紐約，遠離矽谷這個充滿分析與優化的聖地，回歸我熟悉的紐約市和它有益身心的懷疑主義。我們請到一位文化人類學家發表看法，把報導內容補充得更完整，她對我們的調查發現感到憂心。這位專家住在上西城，我們就在她那間放眼望去都是書本和獎座的公寓裡採訪，她表示「人類是天生會爭風吃醋的動物」，以此捍衛一夫一妻制。

第一集剪輯完畢後，我和愛瑞卡接著將注意力擺在交換伴侶族群，提到這個族群時，有不少人要求我用「生活品味族群」(lifestyle community) 來稱呼它。

隨著我的人脈愈來愈廣，我知道有個每月舉行一次的派對，一群科技業員工會參加這個派對「交換伴侶」。此派對的主辦人名叫瑞夫，以前是科技創業家，大概在十多年前以五百萬美元賣掉他第一間公司。若是能贏得他的信任，我就有機會揭開矽谷神祕的面紗了。我打了電話給瑞夫，他表示想要一窺這個世界的奧祕，最好的方法就是現身。

「你說現身是指什麼？」我問道。

「親自來參加派對，」他就事論事地說。「他們都是很有品味的人，我想妳一定會喜歡。」

我考慮他的提議，然後回想兩年前在奧克蘭拜訪過性愛牢籠，這樣一想就覺得參加交換伴侶派對進行採訪也不是我做過最怪異的事情。

「還有，也請帶上妳男朋友！」瑞夫熱切地補充道。

先等我死了再說吧，我心裡這樣想，不過還是設法勉強客氣地說了一聲「哈」。

過了幾週，我和伊森住進舊金山一家 Airbnb 民宿。雖然他是來西岸出差，但是我要參加交換伴侶派對的事把他逗樂了，而且為了展現身為男朋友的無條件支持，他並沒有多問我什麼，反而在我去參加被形容為矽谷第一大交換伴侶派對時，邀請一些朋友來陪他。他和他死黨玩起來之後，我開始思考一個很基本的問題：如果不打算交換伴侶的話……該穿什麼去參加交換伴侶派對呢？我選了一套經典線條、長短恰到好處的黑色洋裝；換句話說，就是一件不帶任何暗示的洋裝，這才是真正的重點。

我抵達一棟難以形容的大樓，瑞夫前來迎接我。雖然我想像過他應該是一個長相溫文儒雅的計畫者，負責組織他稱之為矽谷最菁英的交換伴侶派對之一，但實際上他卻是個身材壯碩的男人，汗珠從他光禿禿的頭上滴下來。我知道全矽谷有四千人在他的郵件名單上，其中不乏新創公司的員工、軟體工程師和創業投資人。

想像一下你參加的是一般派對——只是這個派對上的人穿的比較少而已，我在瑞夫開門時對自己心理建設。不過進去之後，我原以為會有點像電影《大開眼界》（*Eyes Wide Shut*）那種場景，但更多的是讓你想「閉上雙眼」的畫面。裡面掛著許多金色窗簾，人與人的眼神流轉四處可見，像極了大三的舞會，只是大家的穿著裸露得多。

瑞夫指著一個 iPad，從 iPad 的畫面上可以看到不少成雙成對的伴侶報到了。

「設計這款報到軟體的傢伙，基本上就是做出 Oracle 的人喔！」他在震耳欲聾的音樂聲中喊著，向我解釋所有與會者都可以事先用這款應用程式聯繫。他舉起 iPhone 說：「我們的使用者介面也快要來個大翻修了！」他表示有一位派對的固定常客是 iPhone 的開發人員，他提議幫忙改良使用者介面，創造更流暢的「應用程式體驗」。

大家在刺耳的音樂聲中，彆扭地站在打著綠光的舞池周圍。我和一位創投人客氣地交談，他身穿有領上衣和卡其褲，他在 Google 上班的女友，則穿著閃亮的短版上衣；一切看起來都挺正常的。

我的直覺告訴我談科技就對了，所以我努力跨出去，請那些有點衣不蔽體的夫妻情侶檔分享他們的故事，並馬上表明自己的身分是「來自 CNN 的羅莉」，才不至於給人錯誤的印象。

「我記得我們和另一對伴侶上床，事後還和對方擊掌！」一名仿效小甜甜布蘭妮（Britney Spear）學院風女孩打扮的女子得意地說道。她的丈夫是前 Square 員工，聽到妻子說的話頓時臉紅。我禮貌地微笑，拚命忍住不去想像她說的情境。

過了一個小時，我放鬆多了，這時我認識了深色頭髮的葛雷克，從五官可以明顯看出來他白天的工作一定跟超級電腦有關，還有他的另一半史黛拉，職業是 IT 專員的她一頭長長的捲髮，待人隨和，笑起來很親切。這對伴侶表示很高興能在鏡頭前聊他們的交換伴侶開放式關係。任務大功告成，我走向出口。

但是正當我朝門口走去，氣氛有了轉變。衣物開始掉落到地板上，在 Google 上班的那位親切的女子現在已經脫掉上衣，露出豐滿的胸部。我使盡全力讓自己淡定面對，可是她擋住我的去路，問我今晚要不要縱情享樂。

「想必一定會非常好玩，」我對她說，試著別讓視線滑到她肩膀以下。**上半身光溜溜地跟別人客氣地交談，這畫面也太奇怪了。**我總算找到藉口離開，繼續朝出口而去，但這次又被瑞夫攔截。

「一定要來看我們的魔法地毯做愛空間！」他在震天的音樂中大喊著。

我來不及反對，他就拉著我的手臂走上樓，讓我看到根本就避不開的場面。一桶浴巾就擱在一扇門的旁邊，而那扇門通往一間鋪著床墊的房間，床墊上垂掛著紅色床單，周圍擺著藍色枕頭。在床墊上我看到了他——應該說看到他的背部。他就是不久前我才交談過的那位創投人，現在他赤身裸體、雙膝跪地，下背部有個很大的彩色刺青，身軀正來來回回抽送著。

「這……太精彩了，」我對瑞夫說道，找不到話講的情況下，身體已經準備好拔腿就跑。「再跟你聯絡！」我飛奔下樓，直直往門口衝去。

當我回到家時，伊森已經睡了。

「派對怎麼樣？」睡眼朦朧的他含糊地問。

我坐在床墊的一角，無法抹去深深刻在腦海裡的那個刺青。我是不是老古板啊？我看著伊森長長的腿掛在床外，頭埋進枕頭裡，就想到那些廉價床墊和飢渴的神情，還有在樓梯間那股來舒（Lysol）除菌清潔劑的味道。商品化的性愛，讓我覺得自己好像又變回不經世事的處女。

「再一下子就好，」我勉強擠出這句話，努力忘掉那些在魔法地毯做愛空間裡蠕動的身軀。

我後續又跟葛雷克和史黛拉聯絡，並計畫在下一次於門洛帕克某間私宅舉行的交換伴侶活動上錄影。這次有愛瑞卡來支援我，我們在活動前一個小時將攝影機架好，然後等待著。

這間私宅的每一間房間都裝有電視，播放的全都是色情畫面，這時史黛拉和葛雷克抵達了，他們還是那麼親切，一如我初次見到他們那樣。史黛拉一身低領寶藍色洋裝，葛雷克則穿著閃亮的人造皮夾克，他們坐在我對面，向我解釋他們所謂的「生活品味」族群。

「單身的人會去酒吧釣男人或女人，那種事情在我們這個族群是很平常的事，就算已婚也一樣，」葛雷克說道。

他們描述了自己另類的人際關係，聽我形容他們這種關係形式是反傳統時，顯得有些反彈。

「其實有很多事情都是很正常的，」葛雷克說。他們兩位表示，彼此都不會因為看到對方跟別人上床而醋勁大發，甚至可以說，他們樂見對方與別人度過美好時光。

接著我又採訪了瑞夫。瑞夫本身在自己主辦的派對裡也是固定常客，他表示生意蒸蒸日上，還說這個族群靠行動裝置實現了現代版的「鑰匙派對」。一九七〇年代的鑰匙派對指的就是情侶夫妻檔參加的交換伴侶派對，男人把鑰匙丟進一個碗裡，女人挑了鑰匙後就跟鑰匙主人回家，完全是隨機配對。瑞夫解釋說，如今科技可以讓想要交換伴侶的人能事先挑選多名自己感興趣的對象，活動進行起來就沒那麼隨機。我們拍完訪問之後，門鈴陸陸續續響起，賓客上門準備參加晚上的派對，這也表示我們必須收拾裝備離開了。

我和愛瑞卡都認為我們已經取得足夠的素材，可用來製作非常出色的數位系列報導，但我們想要的不只如此。我們開著車逐漸遠離交換伴侶派對，心裡開始煩惱起更大的目標。

「妳想我們有辦法把這篇數位報導轉成三十分鐘的電視特輯嗎？」我問道。

我們可以把數位影像集結成長篇電視節目，不必像一般電視特輯是由攝影記者專為電視臺拍攝。在數位領域裡還沒有人這樣做過，更沒有人要求這樣做。不過我們既然已經製作了第一集的數位系列報導，何不向上級要求讓這一系列變成電視特輯呢？這完全是新的場域。

「我們拍到的素材絕對夠用，」愛瑞卡說，顯然還沒從交換伴侶派對的震撼中恢復過來。「只要把策略想出來就好。」

「來策劃一下吧！」

伊森留在舊金山參加幾個會議，和他簡短道別後，我和愛瑞卡在我們已經很熟悉的舊金山國際機場航廈登機。我坐到自己的位子，將筆電放在折疊桌上，準備整理拍攝過程的筆記，度過飛回東岸的漫漫長路。我一邊在電腦上輸入我對各種人際關係的看法，以及尋覓另一半（或多個伴侶）所衍生的複雜問題，一邊想到了伊森。

我和伊森之間沒有我冀望的那種火花，或者也可以說沒有我認為最終會找到的那種情感複雜的感情關係，可是他在我生活裡是一股穩定的力量，是一個能讓我在製作重大新聞時疾如旋風的節奏中得到平靜的人。我們度過的時光很快就從幾週延伸成幾個月，我可以看見我倆一起走過的這些年。飛機起飛了，我想到自己快要向三十歲邁進，也想到下一個十年即將到來。

我和伊森從認識到現在已經一年多了，光憑這一點似乎就可以表示我們之間愈來愈認真。他還是住在紐奧良，不過會飛到紐約來度週末，還有我的公寓裡也有愈來愈多他的東西。他的T恤摺成小小一塊，塞在我的衣櫃抽屜裡，有時候我看著那些小方塊堆疊起來的模樣，心裡會感到開心但又麻痺。開心的是在我快要三十歲的時候——這個「劃時代」的年齡會迫使你對一切做全盤評估——人生裡中有一個很棒的人陪伴我。但恐懼感也抓著我不放，我害怕自己被纏住又或陷入自滿。想到自己已經有了另一半，但「他就是木板路嗎」這個問題卻總在心頭迴盪，讓我十分驚恐。

丹尼爾尚未找到他的靈魂伴侶，黛比和女友莎拉分手了，他們都拒絕為還不到木板路程度的任何人事物定下來。話說如此，我的 Facebook 還是經常看到訂婚的動態消息，而我內心深處的不安全感揮之不去。也許我永遠都找不到奇蹟，又或者我沒有能力擁有奇蹟。我崇拜伊森，但我同樣也崇拜過麥克呀，為什麼我會有這些難以擱下的猶豫心結呢？

飛機上的我，身在萬物之上，一切看起來清晰無比，就像人的快樂與否，簡單到從 Facebook 的狀態就可以一目瞭然。用了濾鏡的照片，會讓人忍不住思慕起無憂無慮的愛情、魅力和更簡單的生活，這其中沒有一絲不確定的灰色地帶。但是沒有任何濾鏡可以呈現我對自身感情狀態的複雜情緒。我既困惑又猶豫不決，在「幾乎就是了……但又不完全是」的臨界點徘徊。

飛機降落後，我發了簡訊給伊森。**降落了……我愛你**。我真的愛他，我這樣告訴自己，把那些自我懷疑全甩開。

隔天，我們返回工作崗位，愛瑞卡跑去找節目編排主管，我抬頭挺胸、勇往直前地走進傑夫的辦公室。

「我們拍到很棒的鏡頭，」我對CNN總裁滔滔不絕地說道。「只播放數位版很可惜，請給我們機會用數位版做出一集三十分鐘的電視特輯。」

他饒富興味地望著我。

「觀眾可以上網狂看，又能在電視上收看，這樣可以交叉宣傳，」我又補充道，努力別讓自己露出絕望的模樣。

同一時間，愛瑞卡也在說服上頭。

「羅莉正在跟傑夫談！」她告訴節目編排主管。

「愛瑞卡正在說服麥可！」我對傑夫說。

如果他們兩位以為對方會批准的話，說不定我們的機會就更大了。

傑夫頓了一下，原本看著我的目光轉到了我身後的多個螢幕，可以感覺得到他正在計算風險。我強迫自己別低下頭，**要有信心！**

「好吧，」傑夫對我說，鬆開他交叉的雙臂。「試試看吧。」

我難掩興奮之情，和愛瑞卡狂奔至那間可以看到汽車繞著哥倫布圓環前進的祕密房間。

「我們可以讓妳上電視三十分鐘對不對？」她笑得合不攏嘴地問我。

「成功了！」我癱坐在椅子上好一會兒，然後又急忙跑到樓下的新聞臺，告訴羅斯這個好消息，和他慶祝了一番之後，我傳簡訊給黛比。

要不要走走？我在訊息裡說道，想私下和她分享這個消息。我們先在大廳碰面，然後離開大樓，往中央公園走去。

我說了我的消息之後，黛比笑了。

「還記得在紅色長椅上訪問畢茲．史東那件事嗎？」

「怎麼可能忘掉？」要不是有黛比幫忙拍攝又找到變通方案，我不可能這麼早就有辦法證明自己的能力。

「妳終於走到今天，」她說：「而且，真不敢相信妳讓CNN播出交換伴侶派對的報導。」

我點點頭說：「說真的，我自己也不敢相信。」

我們會在星期六晚間時段，播出包含了「交換伴侶」、「多重伴侶」、「微劑量」和「聰明藥」的四部曲系列報導，而且是在電視上播出，不只在網路上架。

這是我第一個重大原創節目，也是這家新聞媒體第一支多部曲的數位特輯，而且也是第一個從數位串流特輯轉為電視特輯的報導。這種形式的節目不曾在任何其他地方見過，若是成功的話，必能帶動更多這類型的節目。我和愛瑞卡用決心再加上幸運之神的眷顧，一路成功耍過體制，把長篇線上新聞報導變成在電視上播出的加長版特輯。在此之前，特別為網路製作的線上特輯和電視特輯之間還是有明顯的落差，但現在我們把這兩個世界整合在一起了。

我和愛瑞卡在二〇一五年二月八日晚上，也就是《性、藥物和矽谷》預計於電視播出的時間——除非有任何突發新聞——安排了一場觀賞派對。

我那天都在宣傳我們的觀賞派對，結果卻在我完成最後一個宣傳的數分鐘後，收到通報說（尚未做變性手術之前的）凱特琳．珍娜（Caitlyn Jenner）涉及一樁死亡車禍。

我想這樁車禍有新聞價值。愛瑞卡傳了簡訊告訴我。

我們的報導上不了電視了，我從布景現場回傳訊息給她，一方面希望大家都沒事，一方面準備傳簡訊通知要來參加觀賞派對的朋友，讓他們知道珍娜的最新消息擠開了我們的特輯。現在是廣告休息時間，坐我旁邊的主播從耳機裡聽到珍娜新聞的通報，再過數秒便可得知我們的特輯能不能播出。控制室的某個人會判定珍娜車禍新聞的報導價值是否足以推下我們的特輯。

「接下來要為各位報導的是，」主播說道：「矽谷讓人震撼的另一面……各位絕對不會想錯過。」特輯確定上電視播出了！

我狂奔到對街的競技場酒吧，愛瑞卡和阿雷勒夫妻檔、迦勒、史黛西，以及這一路上鼎力相助的製作人都在那裡等我，伊森、黛比和丹尼爾也已經到酒吧，還有我的爸媽，我知道他們也在遠方收看。我媽打給住在納什維爾（Nashville）的親戚叫他們看電視，我爸爸到處跟人家說他女兒會出現在某個電視特輯裡。他們兩個都為我感到驕傲，全心全意支持我，我提起節目的主題時，他們連眉毛都沒有皺一下。

四角關係？希妮的訪問片段出現時，我收到媽媽傳的簡訊。我們竟然成功將如此刺激的報導送上電視螢幕，而且還是整整三十分鐘，我一時還很難從震驚中回神。**不錯的報導啊，**我爸爸傳了簡訊說道，顯然不確定該對他和哈莉葉看到的內容做些什麼評論才好。

哈莉葉也傳來簡訊：**好棒的故事！**父親的健康危機解除後，我和哈莉葉也開始慢慢有了來往，偶爾會互傳簡訊保持聯繫。

我望著圍繞在我身邊的這些人，他們有一部分是我的紐約家人，其他則是我的朋友和同事，同時又有家人在遠方支持著我，感激之情湧上心頭，我謝謝自己努力耕耘，才能在周遭打造出如此獨特的圈圈。這些親朋好友沒有因為CNN電視臺眼前播放的故事太另類而心生退縮，若說在場的每一個人究竟扮演了什麼角色，我會說這些報導之所以扣人心弦，他們也功不可沒，因為我的成長多虧有他們相助。此時此刻，我感受到一股歸屬感。

我看向愛瑞卡，她和阿雷勒笑得好燦爛。我對著她笑，兩個人都想到同一件事：**這才只是開始而已。**

節目廣獲好評，多家新聞媒體引用了我們的報導，譬如ABC就播出了特輯的其中一部分。愈來愈多人對矽谷的「另類生活方式」感到好奇，我們的故事報導也因此躍上CNN.com網站的頂層版面。這些正面回饋鼓舞了我和愛瑞卡，我們決定開始思考下一個專題。

「這裡面一定另有內情，」我拿起一篇文章對愛瑞卡說。這篇文章講述一名女子的女兒被竊取私密照片，照片還被賣到某個專營「復仇式色情」的網站。事件的最初就是有個駭客隨機入侵了這位年輕小姐的帳號，偷走她的自拍上空照——她從來沒有發布照片的打算——並賣給專以這種形式的騷擾牟利的網站。

「妳說的沒錯，」她快速掃過文章內容後答道。「這篇文章還有沒有其他的後續資訊？」

我馬上查了一下Google。「似乎沒什麼討論……」

她的棕色眼睛亮了起來。「我們來挖吧！」

過了幾天，我們對復仇式色情有更深入的認識；這是一種受害者多為女性的恐怖騷擾，市場正日益壯大。雖說復仇式色情多半起因於懷恨在心的前男友為了羞辱女性、讓她們丟臉，但偷來的裸照卻成了有利可圖的生意，而且就文章中這位年輕小姐的狀況來講，她根本不認識竊取照片的男人，但是照片最後還是登上最聲名狼籍的復仇式色情網站之一。

彼時的字典還找不到「復仇式色情」這種字詞，執法單位也不知如何定義這樣的犯行，政府在制訂相關律法的動作非常慢，科技公司對於此等日益嚴重的問題又因應得不夠快，因此這基本上就是由權力、性別歧視和網路騷擾所形成的完美風暴，其產生的影響卻是血淋淋的。

我們找到處理這種案件的律師。當時這類律師非常少，不過我們徵詢過的律師都幫了很大的忙，他們也希望能喚醒大家重視這個問題。律師引介我們認識他們的客戶，客戶也同意與我們談一談。深入和這些碰到騷擾的女性聊過之後，使我們更加確定必須進行下一波調查。有一名女子的前男友在未經她同意的情況下，將她的裸照上傳到網路，她形容那種感覺就像「被強暴一樣」。她說到感覺好像有一百萬人在窺探她最私密的人生片刻時，我感同身受地點著頭。如今她的生活充滿了提心吊膽和不安全感，對自己的影像和身分喪失了掌控權。

我繼續和更多有類似故事的女性交談，而她們的陳述有一個共同點：執法部門沒有什麼幫助。他們表示無計可施，並沒有適用的法律可以保護受害者，因此他們告訴這些女性，她們本身就不該拍下那些照片。這些女性得不到救援，還要被羞辱。

我和愛瑞卡決定呼籲人們關注這些女性，對於那些濫用照片的人、使她們陷入泥沼的演算法，還有無法保護她們安全的法律，她們拒絕成為犧牲品。雖然我和愛瑞卡沒有特別討論這方面的事情，但是這些深受騷擾的女性所描述的故事以及她們遭受的不公平對待，都讓我們非常動容。我們都覺得有必要在報導中特別論述這其中的偏差，因為從我們的個人經驗可以清楚看到，女性和男性的遊戲規則是大不相同的。

我和愛瑞卡都是從基層做起，對於什麼叫做「千刀萬剮」可以說有切身的體會。自數位部主掌大局之後，愈來愈多男性坐上有權有勢的位子，有一些最直言不諱的女性，譬如最初支持我的史黛西和蘇珊，就沒有她們的容身之地了。史黛西一向是新聞編輯部十分寶貴的存在，後來又成為我們科技報導主題不可或缺的一分子，她的編輯速度快，不但可以把所有撰稿人的文章雕琢得更加鮮明，還能擬定策略將CNNMoney和電視端加以整合。她早已超越自己原先的角色，但是她在支持眾多像我這樣的女性的同時，卻只能眼睜睜看著男人比她早獲得提攜升職。上級叫她等待，可是許多年過去了，她依然坐在同樣的位置。她覺得自己沒得選擇，如果要往上爬的話就只能離開。而隨著蘇珊的離開，邊間辦公室現在多半是來自彭博的男性數位員工的天下，我在這間公司認識的女性，都感到十分挫敗，不僅僅只有女性離開，那些支持我們這些女性的男性也離開了。除此之外，彷彿新聞編輯部有性別歧視還嫌不夠似的，我們報導的科技新創公司也都是男性主導，資金來源也來自於男性投資人。我們根本就是在男孩俱樂部和兄弟會的夾縫中求生存，而騷擾情事就像白噪音一樣無聲又久久不散。

性別歧視的經驗到處都是，根本無從指明，這就是我和愛瑞卡做報導要經過挑選的原因，畢竟這是我們知道唯一可以用來紓解挫敗感的方法。

我們的第一場訪問就安排在聖地牙哥郊外，這次採訪的是一位名叫妮基的女人。二〇一五年初春的某個下午，我們和她碰了面，她美麗的深色頭髮和綠色眼眸讓我留下深刻印象。這是她第一次跟別人分享自己的故事；主角目前已經變成「前」男友，她諷刺地用「完美先生」來稱呼他，一開始就是他提議教她做統計學作業，兩人才會認識。有一天晚上她去他家，她注意到他黑漆漆的房間裡有個紅光在閃爍，便走過去看了看，結果發現紅光是從完美先生桌上一支很像筆的東西發出來的。她把筆蓋旋開後找到一張記憶卡，裡面全都是她在四下無人的隱私時刻的影像，包括換衣服、看電視等等的畫面。原來那不是普通的筆，而是「錄影筆」，這支錄影筆拍下了她最私密的生活點滴。她後來得知完美先生也在她家各處藏有攝影機之後，便立刻與他分手，但接著她就開始明白他造成的傷害有多大了。她發現他把她沒穿衣服的照片投放到各個線上網站，還附上她的私人資訊。她的影像未經她許可，失控地傳遍了整個網路。訪問進行中，她拿出電腦，播放一個旋轉的球體給我們看，那是完美先生在網路上用她的影像創造出來的。我們坐在沙發上，聽她把那些未經同意張貼的影像下方所標示的內容大聲讀出來。

「騷貨，放蕩的淫婦，」她照著唸出來，幾乎是不帶感情，然後陪我看過她一張張的影像。

我把震驚和作嘔的心情壓到最低，因為我知道鏡頭正在拍攝，不希望我的驚懼在這應該屬於她的時刻引起不必要的關注。

「我晚上幾乎都不睡，就在網路上那個暗黑小洞裡面找那些找也找不完的照片，」她解釋。「執法部門直截了當地告訴我『妳怎麼會覺得我們幫得了妳？』。」

妮基說每次她碰見陌生人、每次去面試工作，她都會忍不住想這個人有沒有看過她的裸體；她已經沒辦法自信地走進任何場合。

「對於別人可以看到妳的一切，妳卻完全無法控制，那是什麼樣的感覺？」我問道。

她沉默了一下，然後直視著我。

「妳聽過尊嚴吧？」

我點點頭。

「我沒有尊嚴了，我覺得我再也不知道該怎麼重新……尊重自己，重新找到安全感或自我價值，我就只想藏起來而已。」

我看得出騷擾已經對她的心理造成創傷。我們坐在她家門廊上，陽光灑落，她急切地回答我的提問，說起去面試工作時她「只想鑽到地洞裡死去」，她沒有對人資經理說明自己在工作上的相關成就，反倒盯著對方想：**他們知不知道？我該不該先下手為強？應該跟他們提網路上有我的裸照，但那不是我的錯嗎？**

在她家的安全感，讓她可以安心在採訪過程中與我分享親身經歷，能幫助她重新拿回被奪走的尊嚴。

完美先生利用了妮基的影像展示權力和虐待，但法律或科技公司都沒能保護她。妮基因為完美先生造成的傷害而不敢見人，他卻可以肆無忌憚地過他的生活，真是太不公平了。

「假如他現在就站在你面前，妳會對他說什麼？」我問道。

採訪進行到現在，這是她第一次哽咽。

「我會對他說『謝謝你』。」

我一時語塞，不知道該說什麼。我的本能是想大喊：「這個男人這麼差勁，糟透了，不要謝他。」但是我緩下來，強迫自己在彆扭的沉默中靜靜坐著。我已經學到，身為一位採訪者，靜靜坐著其實就是最理想的做法，可以讓一個人敞開心胸告訴你他「真正」的感覺。**別去填補沉默，**我告訴自己，就讓那無語的數秒鐘像數小時那般流逝。

淚水在她眼眶裡打轉。我覺得不去安慰她顯得有些冷酷，但我知道這一刻屬於她，而不是我。她談到自己的裸照在各網站被人家用「賤貨」和「蕩婦」這些字眼標註的時候，她都沒有哭，然而現在說謝謝時卻掉下淚來。

「謝謝你強制我蛻變成最棒的自己，完全超乎我對自己的期待。」

我這才明白，現在坐在我身邊的並不是一位受害者，而是一個拒絕讓自己的話語權被搶走的女人。當她用最原始的情感對著鏡頭說話時，我可以感覺到她正在拿回控制權；她看起來強大無比。

「我活到現在，這是我第一次愛自己，正是因為我被迫從這件事鍾鍊了自己的性情。」她的綠色眼眸閃著淚光，但臉上是笑著的。

我沉默一會兒，然後結束了這場訪問。我又有一種想抱抱她的衝動，但是我忍住了；只要把她的故事述說給大家聽便夠了。

我採訪妮基的律師艾麗莎，向她問起這個案子有什麼法律方面的障礙時，她表示現在各州只能先立法來對抗這種騷擾。另外她也解釋，對受害者來說唯一能保護自己的方法就是提起侵犯版權訴訟。

「等等，」我邊說邊消化她剛剛說的話。「這不就表示必須替自己的影像取得版權？」

「沒錯，」她回答。「這需要花一點功夫。」

我看得出來愛瑞卡也想通了，我們兩個想的是同一件事。

「這表示妳必須把自己的裸照提交到某個地方才能保護自己，對吧？」愛瑞卡問道。

「正是如此，」艾麗莎回答。「照片要提交給美國著作權局（U.S. Copyright Office）。」

我們都傻眼了。法律竟然要求受害者把裸照寄給政府，以便保護自己。

艾麗莎說，假如你是復仇式色情的受害者，裸照被放到網路上，那麼你可以提交撤下照片通知書並附上照片所在的個別網站，但該網站未必會遵從。這時你可以提起訴訟，但在此之前必須先登記每張照片的著作權，這表示你必須將裸照寄給位於華盛頓的著作權局。

我花了一點時間理解這個概念。**也就是說，如果我要保護自己，就必須寄自己的裸照給華盛頓特區某間辦公室的某位陌生人。**

這根本從頭怪到尾，整個體制可以說完全脫節。

「這相當常見，」她說，因為她的收件匣裡有很多申請書，都是想要處理她所謂「非雙方同意的色情圖片」的人寄來的。

女人竟然必須為自己的胸部照片登記著作權才能保護自己，這個概念讓我們回到新聞編輯部後還難以回神。隨著科技的影響力逐漸壯大，不對勁的地方就在於此。社群媒體和網路未經審查，也無規範，所以才會讓這種形式的騷擾存在。政府未能與時俱進，彷彿還在蠻荒西部年代，過時的法律根本救不了最需要幫助的人。

「這太瘋狂了，」愛瑞卡說道。

「我們應該設法讓大家看到這個體制失當的地方，」我建議道。如果民眾看到女人必須進一步曝光自己才能捍衛自己的荒謬過程，說不定能產生影響力。「妳覺得我們可以暗中進行嗎？」

「我想在華盛頓特區只要有一方同意就可以。」

我點點頭，明白她的意思。有一方同意就可以意味著我可以把通話內容錄下來，不需要通話另一方的同意。這是揭露法律落後科技一大截最理想的做法。

一天後，愛瑞卡把攝影鏡頭對準我，我撥了著作權登記處的電話號碼。

我準備要問著作權局是否該寄自己的裸照給他們才能保護我自己時，傑夫正好走了過去。

「她要做什麼？」他看到攝影機對著我的辦公桌，便問愛瑞卡。

「你不會想知道的，」她回答，不知該怎麼告訴我們天不怕地不怕的領導者，我正在詢問分享裸照給政府的事情。

「好吧，」他說完便走開了。

鈴聲響了幾次後，有個女人接起電話。

「這裡是著作權局，請問有什麼可以為你服務的？」

我的心跳加速。我們只有一次機會把事情做好，我可不想搞砸。

「你好，如果我想為自己的照片登記著作權的話，需要怎麼做呢？」

對方告訴我，持有照片的人就擁有照片的著作權，但是我直接講重點。

「如果是裸照呢？」

對方停頓了一下。

「本局對裸照完全沒有異議。當然，我們不受理兒童裸照的著作權登記。」

謝謝妳的釐清啊。

「如果這些裸照未經我的同意就被張貼到網路上呢？」我問道。「有沒有特別適用於我的保護措施？我可以蓋掉這些照片嗎？」

「我來問問，因為這個部分我不確定，」她說。

我等了幾分鐘後，那位女士回到電話上。

「謝謝耐心等候。我剛剛打給一個視覺藝術專員，」她說道。「事實上他們說沒有方法可以蓋掉照片，但是我告訴他們妳的情況。」她說話時壓低了聲音，我可以感覺到她真心想幫忙，打算給我一些建議。「他們是這樣說的，『其實有個小建議，那就是裸照出現時請把裸照寄來，這就會變成有力的侵犯版權案。』」

艾麗莎說得沒錯。沒有保障措施可供裸照曝光的受害者使用，所以受害者為了保護自己，只能冒更進一步的曝光風險。

「所以上傳我的裸照給你們其實是為我自己好，」我大聲說，藉此釐清狀況，希望新聞編輯部的其他同仁沒有聽到我總結的重點。

「沒錯，」女士說道。

「瞭解了，謝啦。」

我掛上電話，心裡很確定我們已經取得所需的東西：科技與法律劍拔弩張，尤其又為女性帶來何種衝擊，這通電話就是真實範例。

接下來數週，我和愛瑞卡日日夜夜都在準備下一支三十分鐘長度的特輯，準備在某個星期六晚上播出。我們的第二集特輯名稱是《復仇式色情：女性的網路戰》（*Revenge Porn: The Cyberwar on Women*），馬上就得到傑夫的批准，而這一集的內容我們會把重點擺在妮基的故事、我與著作權局的對話，以及我採訪某位駭客的內容，他曾經竊取年輕女性的裸照。

我們的節目在電視上播出，數位版特輯則在CNN.com上置頂多日。不過最重要的是，人們用Google搜尋妮基的名字時，會出現和以前截然不同的搜尋結果，現在搜尋結果呈現的是一名女子拒絕接受騷擾的故事。她會激發大家去關注這種逐漸增長的犯罪活動，讓之後碰到類似狀況的所有女性能有所警覺。

第十章

程式碼遇上血肉之軀

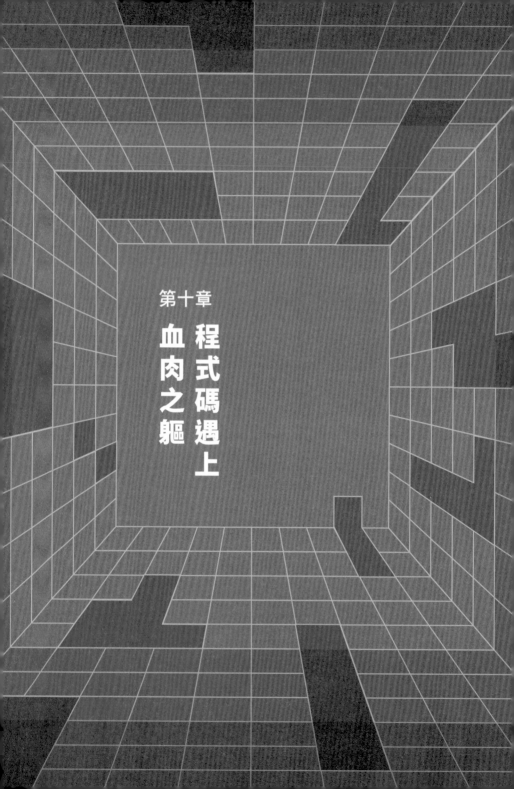

我和父親、弟弟約在格拉梅西公園吃晚餐，但已經遲到十分鐘了，我甩上計程車車門，這時手機響了起來，來電號碼顯示未知。

一定是消息來源打來的，我心想，腳步匆忙地走過圍著鐵欄杆的公園和那些紅褐色石頭。

「喂？」

「羅莉。」電話那頭的聲音嚇了我一跳。來電者用電腦調音器之類的東西做了變音處理，讓我以為自己是在跟機器人說話。

「請問你是哪位？」我問道，心臟狂跳。

「妳想我是誰？」

我試圖保持冷靜。畢竟我也上電視多年了，偶爾會有觀眾寄莫名其妙的電子郵件給我，必要時還得封鎖Facebook和推特的一些人。有一次，某個在網路上潛水的人找到一篇私人部落格文章，那是我好幾年前讀大學的時候寫的，當時我在Blogger發布文章，就是伊凡．威廉斯在創建Medium寫作平臺和推特之前所建置的部落格網站。那篇文章提到了父親再婚時我內心一些不成熟又脆弱的想法，因為當時看到父親和一個我幾乎不認識的女人結婚，讓我頓時覺得自己好像這個家的局外人，我還描述自己踏進阿姨海瑟家的浴室，在浴缸旁崩潰痛哭的情景，又寫到繼母帶來的兒女，他們穿著很挺的卡其褲、綁帶涼鞋，臉上掛著親切的笑容，但是我連他們叫什麼名字都不知道。

寫這篇文章是在社群媒體還沒席捲早期網路的年代，要不是某個用假名配大頭貼的人發推文給我，讓我瞬間連結到自己的兒時，這篇部落格文早就塵封在我的記憶裡。他將文章寄來並沒有惡意，倒是以我如今逐漸在公眾領域打開知名度的情況來講，有機會再一次看到自己過去既生硬又脆弱的想法被挖掘出來，其實讓我覺得很驚奇。

「好吧，這樣一點都不可愛，」我邊說邊準備掛上電話，擔心如果繼續講下去，我的聲音會開始顫抖。

「我會打爆妳的頭再宰了妳。」對方喀嚓一聲掛斷電話。

我走進座無虛席的餐廳，頭髮散發光澤、身穿絲質襯衫的紐約客們喝著紅酒大聲地談笑。我看到爸爸和弟弟坐在餐廳的角落，我向他們走去，剛剛那個機械化的聲音依然迴盪在我耳邊：**我會打爆妳的頭再宰了妳。**

我一入座就馬上跟爸爸和弟弟轉述剛剛那通電話，他倆聽了都不知道該怎麼辦才好。我望向父親，盼著他伸出雙手把我抱住，告訴我不會有事。可是他沒有，大腿上鋪著餐巾的他，只是僵硬地坐著，努力要找話講。我們父女倆的關係是改善了，但他還是沒辦法給我那種慰藉。

接下來的那幾天，我時不時就會往身後看，進公寓之後立刻就把門鎖上。我列了一張名單，上面都是我的報導可能會得罪的人，那張名單可是一長串啊。一定是世界駭客大賽（Defcon）惹的禍，那是我不久前才去拉斯維加斯參加過的盛會，世界各地的駭客齊聚一堂「炫耀他們拿手的派對伎倆」，我在那裡認識了一些基本上絕對不會照遊戲規則辦事又喜歡惡搞記者的傢伙。那通電話把我弄得神經緊張，不過並沒有後續狀況發生，所以我把這件事當作是某個惡劣的駭客在胡鬧，將之拋到心裡的某個角落。

我認識的很多駭客都喜歡擺出系統有問題、東西可以被破壞，還有東西有時候就是需要被破壞才能重整的哲學；他們將自己的行動視為一種服務。如今的世界可以說愈來愈脆弱，這些會用奇怪的代號稱呼自己的人，一直在豎起紅旗、發出警報。駭客在設法向公司舉報系統出現錯誤時，往往會碰上阻力，不過這些年來，這些公司也漸漸學乖，開始體認到比起安全漏洞更應該優先重視這些駭客。

當然，駭客並非個個都立意良善，另一種極端的駭客就會惡意或以圖利為目的駭入系統，而「灰帽駭客」的屬性則落在這兩者之間。隨著世界連結變得愈來愈緊密，公司往往難以保護網站及裝置的安全，這便成了地下市場逐漸壯大的契機，駭客把資訊拿到網路上兜售就能大撈一筆。有駭客能力的人就像擁有超能力，可以為善，亦可作惡，而我也非常好奇駭客對於善惡之路的選擇有何心路歷程。

參加大會時我做了一個訪問，因而認識名叫吉恩的資安研究員，他同時也是白帽駭客。吉恩臉上掛著厚厚的眼鏡，耳朵戴著銀環，他的公司會幫忙找出導致其他企業受到攻擊的程式碼漏洞並立刻舉報。

「你是否想過『要是我走另一條路會怎麼樣』這個問題？」我繼續逼問面前的他；當時我和他坐在會議場地中央，攝影鏡頭在一旁運轉著。

「想過呀，」他誠實回答。「我可以躺在沙灘上將金色高腳杯內的液體一乾而盡，這種念頭經常在我腦海裡閃過，只是我一直告誡自己，駭客的任何行動……都會有受害者。」

他指出自己曾經碰到一些狀況，只要敲三個鍵，就能完全存取某間公司的資料庫或某人的個人資訊。

「但這種時候總會有個小天使站在我的一邊肩膀上，」他邊說邊用手指著自己的肩膀。小天使告訴他，想想看如果也有人這樣對他的話他會怎麼樣。

那天晚上，我和愛瑞卡參加了一個集結了駭客、龍舌蘭與縱情聲色的派對。我們走進去之後，就看到舞者耍著閃亮的火焰，背景是一片棕櫚樹，樹下有吃角子老虎機。我們還沒來得及自我介紹，一個體格壯碩的男人脫掉上衣，跳進現場裝飾用的泳池，濺出巨大水花，把一旁正在聊程式語言 Python 和 Ruby on Rails 的客人都弄溼了。

我的眼神離不開眼前的景象，這時有個身穿夏威夷襯衫的眼鏡男對我說：「就是那傢伙竊取了外國間諜的資料。」

「那個像炸彈一樣衝進池子的傢伙？」我看到那傢伙正在把泳褲往上拉，因為剛剛那場危險的低空跳水害他的泳褲滑了下來。

「就是他，他是超級天才，對付過中國、俄羅斯……妳想得到的國家都有。」

隔天，我盯著一塊名為「綿羊之牆」的大招牌，上面列出的都是因為忘記關閉無線網路——第一次參加大會的新手才會犯下的菜鳥錯誤——而被駭入的人名和電子郵件。

「這可是鄭重警告啊，」我說，把那些毫無戒心的受害者名單掃過一遍。

「奉勸妳記得關掉無線網路，這是基本常識，」有個自稱「松鼠」但拒絕告訴我真名的人對我說。「在這裡你喝什麼酒沒人在乎，你打算駭什麼東西才是重點。」

我和愛瑞卡穿梭在會場，繼續參加由政府機關到 Facebook 等民間企業所主辦的官方活動。在這些官方活動上，我們看到 VIP 們等著認識 Facebook 的新資安主管，還有一個綁著雷鬼髒辮、名叫莫克希（Moxie）的高個子男人，他向大家講解加密的重要，這位仁兄後來會創建 Signal 加密應用程式。

四周都是有魅力又傑出的人，但只要我介紹自己是「CNN 的羅莉」，他們馬上就戒備起來，顯然這個族群有很多人都不喜歡媒體。不過我不放棄，繼續努力，結果發現講話口氣親切一點，由衷表現出好奇，就能打通銅牆鐵壁。很快地，我就得到了某個人的引見而認識了另一個人，就這樣一個連結一個，各種非正式會議派對的邀約也紛紛湧入。

隨著我和愛瑞卡被引介至族群深處，實在很難不注意到我們出入的場所放眼望去幾乎都是男性。確實也有一些比較特殊的女性穿梭在醉人的深夜裡、講著下流笑話，不過她們是例外，而且一看便知。但倒是有個名字一直出現，那就是夏瑪（Shama），她是保護那斯達克不受駭客入侵的資安專家，有人告訴我們一定要見見她。

於是我們找到夏瑪，這位個頭嬌小的金髮女子活力四射，身處在一大群掛著識別證吊繩的男人堆裡更顯得突出，我和愛瑞卡與她短暫會面後，就知道下一集特輯的主題出現了，我們打算命名為《超級駭客的祕密生活》（*The Secret Lives of Superhero*

Hackers)。

過了幾天，我們從內華達州的沙漠開了六個小時，到一個跳傘場跟夏瑪見面，她說這個地方讓她覺得最自在。我看著她纖細的肩膀上掛著巨大的降落傘包，一邊將護目鏡套在金髮上，一邊跟我們開玩笑，準備從飛機上往下跳。

「妳們確定不想加入？」她又問了第五遍。要不是我懼高到全身無力，或許會想試一試吧。

我從底下看到她打開跳傘，朝著地面滑下來，一降落到地面上後，就對著我露出笑容，眼中閃著興奮的光芒。

「跳傘讓我感覺自己還活著，」她說，微風在我們周遭飛舞著。

這跟腎上腺素無關，她向我保證。「跳傘的精髓在於控制和解脫。」從一個充滿霸凌和黑暗、美麗與愛的世界解脫。

後來到了晚上，我們在夏瑪的住處碰面進行採訪。愛瑞卡準備攝影機的時候，她倒了一杯威士忌。「抱歉，我需要喝一杯。」她笑道，然後一仰而盡。

接著就開拍了。夏瑪鉅細靡遺地描述她的童年生活，她的父母在德州奧斯汀一間靜修所把她撫養長大。據她表示，這個場所為可怕的性虐待行徑提供掩護。靜修所的負責人一直猥褻她，當時她還不到十一歲。她告訴我，父母不但沒有出手阻止，反而叫她要「樂在其中」。

夏瑪躲藏在電腦柔和的亮光後面，她在虛擬世界裡愛上了破壞再重整的過程，從中找到熱情。她學會如何駭入，如何說一種能打開大門的語言。這股熱情幫助她遠離靜修所負責人，不再被他猥褻，這個男人後來也因二十項戀童罪狀被判有罪，主要都歸功於她敢於挺身面對他和自己的整個生活圈。此男人後來繳交保釋金一千一百萬美元獲得交保後就消失了。

長大成人以後，夏瑪這樣的年輕女子來到了男性主導的世界，身上帶著受虐的影響，她將之轉化到自己熱愛的電腦上。終於她在電腦世界裡找到了安全感、控制權以及一股想保護弱勢的熱情。她受僱於金融和媒體公司，成為對抗網路暴力的好人那一派。她本來可以選擇走向黑暗，但是她卻選擇了光明之路。

我和愛瑞卡準備飛回紐約市時，我們手上有數小時的畫面，這已經足以製作成精彩的特輯。不過，我們還沒來得及正式進入作業，又出現駭客行動搞砸了一切。

這次的駭客行動不同於我過去報導過的類型，因為它涉及的層面更為私密，特別是那些在我生日當天被發布的資料。

我花了一天時間根據先前拍攝的內容整理好筆記並追查相關線索之後，終於可以沖個澡、打扮妥當，然後找出梳子把頭髮梳好。八月的紐約溫度宜人，我和伊森走到西村一間我最愛的餐館聖安布魯斯（Sant Ambroeus）。聖安布魯斯就座落在西村最美麗的街道之一，離《慾望城市》（*Sex and the City*）女主角凱莉的家只隔了幾棟房子。

在餐館入座後，我的手機就響了，是新任老闆打來的，他也是新聞編輯部改組時從彭博跟來的人。他知道今天是我的生日，所以除非是大事，否則不會打給我。

「他們真的下手了，還把資料公諸於世，」他說道。「妳有辦法存取那些資料嗎？」

他指的是一群自稱「衝擊小組」（Impact Team）的駭客。二〇一五年七月，這群人駭進了 Ashley Madison 網站的資料庫，這是一個線上約會服務平臺，專供已婚人士或已有交往對象但又想另尋其他「低調」關係的人使用的。有一份據稱是該網站用戶的名單洩漏了，被竊取的資料私人又淫穢，從中可以直探他人最私密的關係。

「這件事我必須處理一下，」我對伊森說，這時服務生帶著香檳來到桌旁，好讓我們能為地球又繞了太陽一圈慶祝一番。

我坐到旁邊的一個小樓梯上，開始搜尋手機裡的電話號碼，找出我在世界駭客大賽認識的資安研究人員，指望他們可以幫我查閱資料庫，因為資料庫並不容易存取。目前在暗網上是可以取得資料庫沒錯，可是很難用洋蔥路由瀏覽器去查看裡面的資料，我的 iPhone 手機就更不用說了。一找到願意協助的資安研究員，我就立刻傳訊息告知新老闆，**正在處理中**。接著我回到餐桌繼續慶祝了一小時，不過心思全都飄去了暗網的某一處。

隔天我很早就去上班，因為這樁醜聞已經把新聞編輯部和美國上下攪得天翻地覆。這是史上最受矚目的駭客入侵事件，從中可以看到人性、各種關係、內心深處的慾望，以及滿口謊言——不管是對所愛之人還是自己。同事把我拉到一旁低聲問我：「某某某有沒有扯進去？」現在那些大人物成了騙子，他們的緋聞和對婚姻的不滿全成為茶餘飯後的話題。我趁四下無人的時候搜尋資料庫，看看裡面是否有伊森的名字。我當然知道不可能出現他的名字，那為什麼還想看看呢？我在爬梳那些跟欺瞞和不滿劃上等號的資料時，忍不住懷疑自己是不是不完全相信伊森或我自己，不過等我抓出事件的全貌之後，便把這個念頭拋在一旁。

駭客宣稱是基於道德理由才曝光資料庫，相對來講我在世界駭客大賽和黑帽大會所認識的駭客，則是為了要揭露連線裝置上的漏洞。那麼入侵資料庫的駭客這樣做有道德嗎？他們憑什麼可以決定？欺瞞確實不對，但我也心疼那些姓名在網路上公開後人生即將被摧毀、連帶害家人曝光陷入痛苦的人。

我們每一個人或多或少不都有所欺瞞嗎？為什麼一個資料庫曝光，就激起全民公審？

深入挖掘後我發現，彷彿人人都跟這樁醜聞沾上了邊。有一位牧師出現在「那張名單」上，我和他的妻子談過，她告訴我丈夫在名單曝光後就自殺了。我也打電話給那些在網站上註冊過、與我素不相識的人，當中有很多人告訴我現在的生活讓他們覺得窒息，很想脫離那充滿羞愧、恥辱、難堪的生活，這還不包括另一半受到的蹂躪。對於名單來往對象的家庭，譬如他們的兒女和配偶，我也深感同情。

我和愛瑞卡把這些訪問統整起來，濃縮成電視新聞影片，同時我也抓緊時間，設法從醜聞造成的衝擊中跳脫出來，去深入探索此次駭客行動的本質，以及它所揭露的現象。一個保證能讓不滿意感情現狀的人祕密出軌的網站，為什麼會這麼受歡迎？這對我們社會來說代表何種意涵，大家對於一夫一妻制和信任的看法又是什麼？**這麼多人**登入網站後究竟想尋覓什麼？

我明白被社會期望禁錮是什麼樣的感覺，畢竟我的人生已經來到一個多數認識的人正準備步入婚姻或已經走進婚姻的階段，我知道我和伊森「應該」要考慮結不結婚的問題。

我們之間缺乏親密感，這一點我也很清楚。雖然兩人經常一起吃飯，分享最近在工作上的冒險，聊著要去哪裡旅行和想做的事情，但僅止於此，感覺沒辦法再更深入了。我想到 Ashley Madison 網站被駭以及這個事件所呈現的道德困境，還有我對各方關係人的同情。對於此次的駭客事件，我的觀點稍有不同，而且是個比較不尋常，甚至可以說不太討喜的觀點。我不想憐憫名單上的人，但是跟他們談得愈多，就更不願去批判他們。每次打給「那張名單」上的陌生人，我聽到的若不是躲藏逃跑的故事，就是關於各種祕密或家庭支離破碎的情節。駭客釋出那些資訊時，每一方都是輸家。我很想知道伊森怎麼看這件事，我也突然發現，我甚至不確定伊森知不知道我在 Ashley Madison 事件上抱持何種立場，或者反過來說，我是否知道他對這個事件在道德上的兩難有何感覺。我覺得大家過度簡化這次令人煎熬的駭客入侵事件及其衝擊，這其中是有灰色地帶的。我想知道在名單釋出後，很多家庭毀於一旦之時，他是不是也和很多人一樣認為這種情況非黑即白，只有對和錯。我想知道為什麼我不問問他的感覺。我發現，我們都不瞭解彼此更深層的想法。

交往一年半來，遠距離戀愛變得愈來愈辛苦，我自認不會對伊森不忠，但是「全身心投入」、交出所有控制權對我來說也是陌生的概念。我不確定我想要那樣做——又或許，我只是不確定是不是想對伊森這樣做。我覺得不太對勁，但說不上來是什麼，但我知道少了點東西。「幾乎就是了……但又不完全是」的感覺，似乎引起世界各地人們的共鳴，而這個概念也在一個價值數百萬美元的公司裡蔓延滋長，它保證能為想劈腿或有更多渴望的人提供低調的避風港，它激發駭客燒毀房子，摧毀無數人的人生。

我和黛比決定去搞砸丹尼爾的約會，藉此對抗理想破滅和孤單的感覺。在朋友圈裡，搞砸別人的約會是一種令人厭惡的傳統，所以這大概可以解釋我們為什麼有這麼多人還是單身。我跳上地鐵到威廉斯堡的「法費拉小姐」(Miss Favela) 餐廳，這家悠閒的巴西餐廳靠近河邊，每到週日就會變身成跳舞派對。丹尼爾和高挑又婀娜多姿的棕髮女子茱莉的第二次約會地點就在這裡。我們完全無視他倆的隱私，自顧自地坐下來，結果很快就覺得尷尬起來。這是七年來第一次，我感覺自己好像侵犯了別人的世界，這時我明白，這個女人是特別的。

茱莉真的非常有型，男士的軟呢帽戴在她頭上絲毫沒有違和感，看起來就像雜誌裡的模特兒一樣。而且還不只如此，接下來那個月，她加入我們的晚餐和郊遊活動時，又散發出一種沉著平靜的感覺，她既是丹尼爾的「沒得商量」，也是他的「特例」。我看到丹尼爾望著茱莉時，他的臉龐線條變得很柔和。他們打情罵俏了幾個月後，茱莉的母親因為乳癌去世，丹尼爾沒有離開茱莉身旁半步，我從來沒見過他如此全心全意的模樣。就在四個月後，丹尼爾的母親突然撒手人寰，兩人又一起參加葬禮的時候，茱莉緊緊握住他的手臂。可以說，他們剛萌芽的感情就是由「失去」所促成的，也正是因為如此，他們接納了彼此的痛苦和悲傷，變成彼此的支柱，感情進展得很快

對我的朋友丹尼爾來說，茱莉可謂完美的平衡力量。從他們認識的那一刻起，我看得出來丹尼爾身上有某種東西安定下來了，彷彿找到家一樣，我也渴望得到那種彼此連結和真摯的感覺。這也是社群媒體一再承諾的東西，但我依然在等待他們實現。

十一月，我前往華爾街觀看傑克．多西為 Square 的 IPO 敲響開盤鐘，我上次站在同樣的位置見證推特上市是兩年前的事了。眾人鬧烘烘地議論行動支付的意義，我默默觀察著傑克。

他一身光鮮亮麗，穿著合身牛仔褲和麂皮夾克，就像矽谷一樣，他也做了「門面改造」。我回想初次訪問他的時候，我坐在增高餐椅上，他告訴我行動支付就是未來。

他敲下鐘，過了數秒，他擁抱了站在身旁的母親，她對兒子讓第二間公司上市感到無比驕傲，我和他們之間的距離近到可以看到她眼中的淚光。

數百支智慧型手機伸到空中，要捕捉這一刻。觀眾現場即刻串流直播和發推文，在 Vine 和 Instagram 上面發布影片和照片。這位反體制的叛逆人士如今已經變成華爾街的寵兒，但此時此刻，在母親陪伴下的他只是一個平凡人。

他和紐約證券交易所的大人物握手後，接受我們的採訪，這次拍攝場景是在華爾街的鵝卵石巷子裡。Square 的廠商就在附近的人行道上排排站，好大一片白色大旗懸掛

在紐約證券交易所前面，旗面上布滿了使用 Square 的廠商名稱，向傑克幫助小企業賺錢的願景致意，下方還有一個橫幅寫著：「街坊鄰居上市了。」

「請談談 Square 上市對你的意義，」我對傑克說道。

「我們把商品帶來華爾街，結果賣得很好，」他回答。「給賣家工具把東西銷售出去，我們六年前就是這樣開始的。」

這次訪問我們沒有談太久，也沒有談到什麼突破性的內容。傑克對於談論自家產品、推展自家產品實在興趣缺缺，畢竟他們都已經躍上主流，不必再找機會做宣傳了。那天，我對沒說到的那些事倒是更有感覺。五年前，在濃縮咖啡機呼呼作響的背景襯托下，傑克輕輕舉起一個塑膠方塊，承諾要做有趣的事。現在這個承諾已經被兌現，生意做了起來，也塑造了文化。

二〇一五年十二月，全世界的人不是在發推文就是在社群媒體上按讚，似乎成天都掛在手機上。活躍於推特的用戶每個月超過三億人，Facebook 用戶一飛沖天來到將近十五億人。

我在某個寒冷的日子，和傑克．多西的前同事伊凡．威廉斯在蘇活區一間書店見面。書店裡擺滿了大概很快就會變成文物的書本，在這樣的環境下採訪這位前推特執行長感覺好像有點諷刺，但實際上伊凡是刻意選擇這裡作為採訪地點，為的就是要呼應他最新的投資案。他創立了一個叫做 Medium 的溝通平臺，可以滿足某些人心中逐漸滋長的渴望，他們想要撰寫長篇內容，想要做分析，想要一個安全避風港，遠離推特、串流、按讚和時間軸那些吵雜的訊息。

Medium 劍指推特的即時本質，挑動了敏感神經，所以在平臺創立三年後的現在，每月訪客已經來到兩千五百萬到三千萬人次的成績。比爾．蓋茲（Bill Gates）開始用 Medium 發布慈善事業的新消息，白宮也會預先在活動開始前在 Medium 張貼國情咨文。Google 也使用這項服務來宣傳他們的 Ideas 部落格，而 Medium 最有意思的用途，當屬《紐約時報》和亞馬遜網站在 Medium 上狹路相逢、大辯特辯的那件事了。

先前在八月時，《紐約時報》刊登了一則報導，揭露亞馬遜強勢的職場文化。到了十月，亞馬遜在 Medium 貼出他們嚴厲的回應。《紐約時報》也對此進行反擊，但不是透過自家官網，而是到 Medium 的戰場上與亞馬遜對峙。

「這個平臺就某些方面來講就像中立之地一樣，因為任何人都能來這裡貼文，」伊凡在訪談中提到。

伊凡是一個口氣溫和又低調的人，若是在蘇活區走過他身邊，大概沒有人知道這名戴深色眼鏡、留短鬍鬚和頭上已經出現灰髮的男子，就是創造了網際網路關鍵架構環節的人。在攝影燈光前，他一開始顯得有點拘謹生硬，但經過一段時間暖身之後，我們的對話逐漸變得真切又別有一番韻味。聊得愈久，他也愈能侃侃而談自己的創業之路，描述他剛創業那段日子，窮到去沙發坐墊下挖零錢好買一杯咖啡，到從科技界備受矚目的公司執行長之位被炒魷魚的過程。

「真不敢相信你也有過這段煎熬，」我說。

「像坐雲霄飛車一樣，」他平靜地答道，一邊回想數年前擔任推特執行長的他被解雇這個眾所周知的事實。當時，推特正以閃電般的速度成長，公司面臨高速成長與緊要關頭，而出現必須換掉伊凡的迫切需求，委任更有經驗的主管來領導公司。伊凡並沒有完全離開推特，他依舊是公司董事會成員，不過新聞媒體——包括我在內——對此大作文章，將他的失敗傳播到整個網路。我回想起我在SXSW參加某個晚宴時收到的內部情報，那時有位投資人湊過來告訴我：「聽說伊凡出局了。」此時此刻我望著坐在桌子對面的當事人。

「很痛苦，」他說。「是我到目前為止經歷過最難熬的事情。」

對於走過個人的挫敗，伊凡分享了他的精神導師說過的話：「人有危機的時候，會發生兩種情況，一種是無法復原，另一種是能夠復原，然後變得更強，這種人不會原地打轉。」

最後，伊凡說他覺得自己正在復原中。事過境遷，他已經蛻變成更有自信的領導者，一個能力更強、可以考慮到長遠的領導者。

我有一種感覺，建立Medium這個新平臺就是他復原過程的一環。轉瞬即逝是推特這類即時溝通平臺的特性，不但開始動搖社會的根基，有時甚至連用戶本身的理智也被動搖了，而Medium正在扭轉這種趨勢。

他說想把權力還給發布者和作者，讓他們有可以表達想法的地方。

「不如來建置一個能夠深思和講理的空間，一個能讓任何人的想法觸及理想觀眾的空間，」伊凡說道，他旁邊正好是書店的數位文化區，馬克．祖克柏的臉正從一本平裝書的封面盯著我們看。

伊凡檢討反思這個他也有貢獻一份心力創造的世界，以及目前正迅速拓展的數位競技場。他坦承科技雖然把人與人連結起來，但同時也是拉開人們距離的罪魁禍首；以矽谷兄弟會文化來講，他擁有十分罕見的體貼與深度。社群媒體正在製造對人性有毒的煙霧，讓不安日益擴大。

「我們的網路連結更緊密了，但我們變得更聰明嗎？更睿智嗎？好創意生生不息嗎？」他反復思量。

我也開始思考著同一件事。沒有太久以前，人們對 Fannie Mae（Federal National Mortgage Association，美國聯邦國民房屋貸款協會）和 Freddie Mac（聯邦住宅貸款公司）的關注更甚於伊凡．威廉斯和傑克．多西。那個時候，科技新創公司尚未成為電視媒體的常客，我必須要努力爭取報導這些承諾要創造「更美好的世界」的怪胎和夢想家。可是我們現在坐在這個安靜的空間裡，四周擺著恐怕不久後就會被電子閱讀器和智慧型手機取代的紙本書，當初由伊凡之輩的創業家所承諾要打造的網路烏托邦，和如今已經被程式碼弄得彼此疏離的現況有很大的差距。所有的一切都進展得太快，我在想有沒有辦法可以放慢速度，去協調這兩個世界。

第十一章

準備說「好」

「妳覺得我搬到紐約長住怎麼樣？」伊森邊問邊調整他的棒球帽。

我和伊森坐在聖安布魯斯餐館裡吃著炒蛋，再過兩小時他就要飛回紐奧良，就在這個時候，他正式開啟了「討論」。我們交往至今三年，但真正待在一起的時間不超過幾個星期，所以這也是我們的感情不可避免要走到的下一步。

我去紐奧良找過伊森幾次，他在那裡租了一間粉紅色、有鐵道風格的房子。我是很享受漫步在法國區，在又熱又黏的人行道上狂吃油炸食物，但我從來沒想過**我要搬去那裡**。紐奧良對我來說始終是個度假的地方。

除此之外，我也不能離開CNN和我打下的江山。伊森的機動性比較高，我為自己找到這個合理藉口。雖然他的公司在紐奧良，不過自從我們開始交往後，他就講得很清楚，他憧憬在紐約生活。另外，雖然伊森很少提起，不過我可以感覺得到，投入了一千萬美元給 PopDine 的投資人，正向他施壓要求實現改造全國餐飲業的承諾。

「我覺得這個主意很棒，」我喝了一口濃縮咖啡，慢慢地說道。

他的臉龐綻放出超完美笑容。「太好了，那我們就開始找住處吧。」

我的心跳差點停止，如果不是咖啡因的關係，那就是想到自己從來沒有跟某個意義重大的人同居過這件事。我是緊張還是興奮？**興奮！**我這樣告訴自己。**這對你們兩個的感情來說是好事。**

我們把炒蛋吃完，搞定我倆感情的新里程碑的同時，我還琢磨著要去做另外一件冒險的事，不過這件事跟工作有關。

「我在想……我很想做一個比特輯更大的東西，」我對伊森說。「比方說一檔以科技為主軸的電視節目，你知道，深入鑽研科技對文化日益加深的影響力和接踵而來的問題。」

我和愛瑞卡已經完成了多集線上特輯，並且將這些特輯製作成電視版特別報導，但我的目標不僅止於此。科技不再是報導一次就可以拋開的主題，它已經完全融入社會，我希望我們的報導可以反映出這一點。

可是要做電視節目似乎又是不太可能的事情，畢竟我踏入新聞業已經久到足以明白，區區一名記者不可能就這樣去找電視臺總裁，向他提出製作電視節目的要求。一般的情況是，經紀人會在比佛利山閃閃發亮的辦公室裡，打電話給薪資等級遠遠超過我的上級交涉合約。或者像約會一樣，當另外一家新聞臺表現出對你有興趣，這時你的老闆就會突然覺得你特別有魅力。又或者發生重大事件，你在出乎意料之外的情況下變得很重要，迫使邊間辦公室的某位主管認為你「有做節目的價值」。

如果是一個從新聞助理出身的人，一路排除萬難終於成為鏡頭前的報導人才，接著就去開口要求製作電視節目，這種事情就算有也極為罕見，我也想不到有哪個人曾經這樣做過，所以我差點為自己的雄心壯志笑出來。

「想要什麼就去要要看如何？」

我對他眨了一下眼睛，莫名地說不出話來。

「做成簡報吧，」他對我說。「去說服傑夫。」

過了一小時，伊森去機場，我走路回家。在路上我突然想到：**為什麼去要我想要的東西是這麼陌生的想法？**嚴格說起來，這是我踏入職場以後一直都在做的事，但總是有點硬逼自己的感覺。我回想蘇珊．格蘭特靠在我辦公桌旁，叫我寫下心目中的職務那件事，然後又憶起我和愛瑞卡新年時立下製作長篇深入特別報導的願望。我一向敢作敢為、可塑性強，總是能突破官僚的權勢階級，但我這次想要做的事更龐大，與過去截然不同。所以我非常害怕。

回到公寓之後，我立刻衝去拿筆電，不讓自己有時間想太多，馬上就寫電子郵件給傑夫和他的助理，安排在一月開會。現在我有不到一個月的時間可以統整自己的想法，並且學著做出 PowerPoint。

我馬不停蹄地努力了三週，在愛瑞卡的協助下，將我的「羅莉式語言」，也就是長篇大論、有如旋風狂掃而來的想法和創意，全都改造成字字珠璣的條列重點。最後我終於將腦海中的概念與理論：**科技就是人性，現在就由此著手**，分解成十五張投影片。

到了預定開會的那一天，我搭 Uber 去時代華納中心和愛瑞卡以及從實習生轉成製作助理的傑克碰面。愛瑞卡從替我製作新聞到現在當上了經理，而傑克也很快就成為我的得力助手。有他在可以確保我的電腦運作得順順利利，如今的我對預測科技趨勢很有一套，又深諳社群媒體對文化造成的各種影響，可惜就是背負著搞壞好幾臺電腦的臭名。愛瑞卡要我放心，我真的只要「按一下」，然後說故事就行了。可是我要簡報的對象是CNN最重要的兩位高層，這讓我輾轉難眠。

簡報前我先去七樓的化妝間找美人魚化妝師。嬌小的克勞蒂亞有一頭及肩金髮，翡翠綠的大眼睛，舉手投足散發一種沉著穩定的氣息。她揮手要我坐在她前方的座椅上，先幫我上眼線，再把頭髮整理得服服貼貼，讓髮絲垂落在我的紫色洋裝上；這件穩重的洋裝絕對不會逾矩，不過我指望它能讓我展現出**一點**個性。

「妳一定會做得很好，」她低聲說道，然後把我轉過身去面對鏡子，先前坐在這張椅子上的那個人，現在光彩奪目。

我從克勞蒂亞的椅子上起身，愛瑞卡正好過來要陪我下樓，看到我的造型，她認可地點點頭。

「妳會成功的，塞格爾，」我們搭電梯下去「草莓園」時她對我說。

我挺起肩膀，敲了敲門之後走進會議室，看見傑夫和負責CNN人才發展的執行副總艾美．恩特利斯（Amy Entelis）就坐在長長的會議桌尾端。用熱情的笑容和傑夫打招呼對我來說是很自然的事，畢竟他已經是我職場上的日常，有時候我甚至會忘記自己的未來以及公司的未來都是掌握在他手中。然而，艾美就不一樣了。

我對傑夫已經有一定程度的瞭解，但是對於艾美，我始終很害怕自己在她眼裡是一個完全不符合「傳統CNN記者」形象的女孩——說實在的，我確實與那種形象格格不入。我當初來這家新聞臺是想要寫新聞或實地製作新聞，並非為了上電視。我沒有充滿空氣感的蓬鬆髮型，也不穿窄裙，所以穿「適合上電視的服裝」的過渡期一直都很辛苦。把那種會被我輕易穿去參加猶太教成年禮或葬禮的服裝拿來套在身上，真的讓我覺得很彆扭，用「我是CNN的羅莉．塞格爾，來自紐約的報導」這句話來為新聞報導片段結尾，同樣也讓我感到十分不自然。這種僵硬的感覺，有點像被牢籠罩住；我擔心艾美會看穿我想融入那個既定框框的企圖。

從艾美低調但昂貴的服裝看得出來她是個非常會穿搭的人。她及肩的深色長髮散發光澤，勾勒出鮮明的五官。她個性強悍，跟她在一起時我都不知道該站在哪裡比較好。她不輕易露出笑容，每次與她短暫接觸，我總是拚命想取悅她，但這種舉動往往又擴大了我的沒安全感。換句話說，我愈努力要坐直身體，卻反而彎腰駝背；我愈想乾脆利落，卻反而顯得喋喋不休。當然，我愈是想讓她記得我是「從製作助理做到在鏡頭前播報的人才」的形象，卻反而立刻就將咖啡打翻在自己的裙子上。

過去這幾年來我和艾美見過幾次面，但深深刻在我記憶中、難以忘懷的一幕卻是參加SXSW大會時凌晨三點在德里斯基酒店的巧遇。撞見艾美的當下，是我上電視播報的前四個小時，那時我整個人恍恍忽忽，手挽著一個男人，正朝著我的飯店客房走去。有鑑於當時的情境，我沒辦法好好解釋那個男人其實是我的男朋友伊森，他來參加一個為PopDine審議小組舉行的宴會，也不能解釋我不小心將大麻當成口香糖吃了下去。

羅伯特是CNN數位部的一位資深主管，他想必對年少輕狂存有一種錯誤的幻想，堅持拖著我和幾個人去找一個在奧斯汀**郊外**演奏的地下樂團。我雖然知道很多創業家會參加在奧斯汀**市區**舉辦的宴會，但還是覺得有義務加入CNN大人物的邀約，以利發展人脈，所以羅伯特提出這個建議的時候，我一臉燦笑地回答：「非常樂意加入！」其實我說謊了。搭上 Uber 走了一趟不太舒服的半小時車程，我閒聊到已經詞窮的地步，終於來到一間聞起來像壞掉的多力多滋的廉價酒吧，看到一個糟透的即興樂團對著空蕩蕩的舞池演奏著。

「吃一個嗎？」羅伯特拿出一條看起來像軟糖的口香糖問我。

「當然好啊，」我回答，迅速將那個東西往嘴裡放，結果馬上就發現那不是口香糖。羅伯特之所以問得理所當然，想必以為我知道他就是要給我大麻，然而對一個從來不曾碰過的人來說，我是真的對這種東西毫不知情——直到吃進嘴裡的那一刻。

那天晚上的狀況急轉而下，到了凌晨一點，我看到羅伯特在水泥地舞池上姿勢怪異地搖擺著，有一股妄想緩緩占據了我。吉他手演奏的重金屬音樂化成一團亂七八糟的和弦，我坐在沒人用的撞球臺上，在大麻的主導下，我體驗到一種充滿睿智的新感受。

求救！請快點來，我傳簡訊給伊森，並附上地址。

半小時後，伊森來了，羅伯特仍舊搖擺個不停，我的屁股也依然棲息在沒人用的撞球臺上，一點也沒有移動。**這段時間我是不是沉思到出神了呀？**我心裡納悶。

「嘿，怎麼啦？」伊森低聲對我說，我設法從撞球臺上拖起自己的身軀。

「羅伯特已經跳了一個小時。」我指著無人的舞池上一個搖曳的影子說道。「要不是我茫了，我一定會很不開心，」我又補了一句。

「等等，妳茫了？妳又沒有抽大麻。」

我向他解釋了一下狀況。「吃進去才知道不是口香糖，」說完後我閉上眼睛。酒吧很昏暗，但是燈光卻很亮。「不過我現在非常平靜。」

「真是亂七八糟。」伊森嘆了一口氣，然後叫了Uber。

我沒什麼好興奮的。SXSW讓我有機會可以和我們這個產業裡平常不容易見到的人有了聯繫，但這個夜晚就這樣失守了。我知道到頭來我一定會覺得氣惱，不過就那個當下來講，我只覺得……輕飄飄。

我和伊森回到德里斯基飯店，我們穿過大理石大廳走上樓時，我看到很多蝴蝶，而且還漫不經心地對所有的蝴蝶笑著。**這裡好有《鐵達尼號》（*Titanic*）的氣氛呀，**我在心裡這樣想，也很驚訝自己竟然看懂了飯店內部的裝潢風格。這些年來我來過這家飯店好幾次，卻從沒注意過這些美麗的欄杆。伊森抓著我的手，我們直直朝電梯走去，我真想知道現在還有沒有客房服務。老天，我好餓。

「我真不敢相信他會給妳吃大麻，」這句話伊森說了第十五遍。

「我還有四小時就要上現場了，必須吃個墨西哥捲餅才行，」我急切地回答他。

幾乎就要走到電梯門口時，我停下了腳步，就停在艾美．恩特利斯的面前。她的穿著無可挑剔，深色頭髮吹得乾乾的全往後梳，這身打扮如果在下午三點還說得過去，但當時凌晨三點，這是我人生第二次茫了，我盯著人才發展部的主管，也就是我從踏入職場以來花了不少時間想讓她對我印象深刻的人。

「嗨，」我說，聲音整整高了三個八度音階。

現在我的任務就是：**不能看起來精神恍惚。**

「嗨，羅莉，」她平淡地說道。

是她不感興趣，還是我變得愈來愈偏執？艾美和CNN人才發展部的另一位主管要去小酌，她看向伊森。**喔，老天，**我明白了。**她以為我隨便釣了個男人準備回房間。**

「艾美，」我說道，一邊抓牢伊森的臂膀：「這是我的男朋友。」說完我忍不住瑟縮了一下，**我會不會太強調「男朋友」這三個字了？我是來這裡做報導的，帶男友來會不會顯得太不專業了？**

伊森站得太直挺，我笑得太開。這次偶遇才開始沒多久便結束了，不到五分鐘，我們就回到客房，我從會場免費發送的手提袋裡拿出KIND能量棒坐在角落裡吃起來。

「也太詭異了，」伊森爬上床的時候，我不斷地重複說著這句話。

事隔將近一年，現在我又再次和艾美面對面。

我坐在長桌首位、通常是傑夫專屬的旋轉椅上，把德里斯基飯店的回憶暫且拋開，希望艾美也別去想那次的事。傑夫坐在我的左邊，艾美坐在右邊，我打開筆電，祈禱科技眾神賜予我好運。這個時候電腦如果當掉了，就什麼都不算數了。

傑夫抬起一邊眉毛。

這家新聞臺的記者多半不會用PowerPoint向總裁做簡報，基本上都是安排和傑夫開會，直接討論某個構想，或者請經紀人去見高層「替自己美言」，所以以CNN的企業背景來講，我用PowerPoint來簡報自己的節目似乎是相當標新立異的一步棋。不過我不在乎，我不是那些大多數記者。我有「自己動手做」的心態，就和我報導過的很多創業家一樣。傑夫一向有創業家精神，這些年來我相信他也是這樣看我的。我給了他一個眼神，他朝旁邊點了一下頭，這個表示好奇的動作讓我知道，我已經贏得第一場勝利。

我用一段剪輯過的影片開場，將我和愛瑞卡這些年來製作過的各種特別報導彙整於其中，從復仇式色情的受害者為自己發聲，到矽谷使用聰明藥，再到駭客侵入智慧裝置等等。

影片結束後，我清清喉嚨。「我從二〇〇九年開始報導科技，」我對他們說。「現在有一件大事正在發生。」我慢慢陳述，讓每一個字都滲入他們的耳朵：「科技變得愈來愈像人類，一年後，科技就不再只是個報導路線而已，它會成為人類的一部分。演算法正在塑造我們的生活、我們的想法、我們的人際關係。」

我看著傑夫，他也望著我。我們前方牆上掛著多個螢幕，正投放新聞標題滾動的影像和名嘴滔滔不絕的畫面，但是他沒有分心，依舊認真聽我講。

「情況現在，」我繼續說道：「變複雜了。」

這時我點開第一張投影片：「科技是愛、是死亡、是戰爭。科技**很像人類**。」

我用接下來的時間解說我的企畫：一個原創節目，旨在剝開濾鏡層層疊疊的世界，找出最真實的本色。此節目著眼於科技與人類的複雜交織之處，探索科技在人類生活中的道德界線與主要角色。

四十五分鐘後，我來到尾聲，談到第十五張投影片，傑夫依然十分專注；即便沒有遊說成功就這樣離開，我也值得拿一面獎牌了。

結束後他們兩位沉默了兩秒，又或者兩分鐘，傑夫終於開口。「我喜歡，」他說。艾美也認同。

這是天大的勝利，多年來我不遺餘力地報導那些日後將成為主流的趨勢、採訪那些名不經傳但後來會革新文化論述的創辦人，這些年的耕耘彷彿都匯集到此時此刻。在許多的革新當中，我和愛瑞卡都一直位處前沿，而我剛剛也向CNN兩位最重要的大人物，用自己的論點解釋了人類與科技之間日益複雜的關係。我請他們給予關注，請他們給我們一次機會試試看，結果我得到的答覆不是「否決」，感覺好像辛苦的部分終於做完了，下一步就是替這個節目找個家，這也表示有人得為此花一些功夫。

「頭條新聞」頻道（Headline News）是第一個角逐者。

頭條新聞頻道的某個主管打電話叫我去開會，她告訴我：「我們喜歡《很像人類》（*Mostly Human*）的點子，不過妳有沒有考慮把這個做得像科技領域的《法醫檔案》（*Forensic Files*）那樣？」

我目瞪口呆。科技版的《法醫檔案》根本是完全不同的概念，或許那個節目評價不錯，但我不覺得這種結合有什麼新意、創新或令人興奮的地方。

「我覺得行不通，」我結結巴巴地說道。「我的節目要表達的不是那種感覺。」

她看著我就像看到小狗在沙發上尿尿時會有的表情，不過我堅持自己的立場。

「妳的想法很有意思，但兩個是完全不一樣的東西，」我給了這樣的解釋，設法做點什麼確保不會開完這場會議就讓自己失業了。

她嘴唇緊閉，微微一笑，說她會再跟我聯繫。

幾個月過去了，《很像人類》依然命運未卜。我努力保持樂觀，但其實身上的每一個細胞都想大聲吶喊。上級給的答覆明明是「同意」，最後卻逐漸變成「也許永遠不可能」。

我把挫敗感擱在一旁，整理好行李，準備第五次去參加SXSW。能逃到一個熟悉的世界未嘗不是好事，畢竟我多年來在那裡報導了不少冒險事業和無限創意，更何況新觀念在那個世界裡會得到歡慶讚揚，而不是被踩滅。

然而，這次我抵達奧斯汀之後，發現一切都變了。「熱門新應用程式」的時光已經黯淡，整個大會變得更加企業化。大品牌用稀釋過的飲料贊助派對，人們在奧斯汀的街頭上大排長龍，等著進去擠得水泄不通的酒吧。

幾天來除了製作現場新聞片段之外，就是參加那些滿滿企業作風的商業社交活動，我試著從中取得平衡，但我不想再參加那些充斥著黏稠飲料、閒聊和「品牌大使」識別證的派對了。

「羅莉！妳要來嗎？」第六街有人叫我。

我有一種想逃走、早早結束這個夜晚，在床上吃薯條的衝動，但我不理會這種感覺，決定強迫自己再去一個派對，打算結束後再奔回房間讓自己好好放鬆。

下一場派對是某應用程式贊助的，地點在奧斯汀的一間飯店頂樓，我們一抵達現場，我就發現麥克站在眼前。四年前我們痛苦地分手，從那時起我們就很少聯繫。我注意到他眼睛周圍的紋路變深了，深色長髮因為奧斯汀潮濕的空氣而變得光滑，身上的牛仔褲比我們交往那時穿的還要精緻。另外我也從共同朋友那裡知道，他已經和一個年輕的女人結婚了，她的 Instagram 動態都是一些情緒化的姿勢照片和令人困惑的語錄貼文。不過即使如此，麥克依然是麥克，沒什麼能抹煞我和這位站在前方一．五公尺的人共度過幾年濃烈人生的事實。

「嘿，」我向他打招呼。這聲招呼顯得既生硬又意味深長。

「嘿！」他的回應過於熱情了一點。

我們兩個一向不擅長假裝。

我立刻就被拉進別人的對話，不過接下來半小時我和麥克沒有離開彼此太遠，我們的視線一直在對方身上。我們以前就是如此，曾經一同自在悠遊於這個世界，那是在我們走向自我毀滅之前，參加這種派對是我們的拿手絕活，我們穿梭自如，碰到過度自信的創投人總能優雅地退出交談，也有辦法避開怪裡怪氣的人，然後在夜色將盡時找到彼此。

一位剛推出溜狗應用程式的熱血創辦人，自顧自地口沫橫飛說個不停的時候，我感覺手機響了起來，是麥克傳訊息來。

我們要不要乾脆離開？

這可不是什麼暗示密語，他已經結婚了，我也有交往對象。不過，我莫名地知道他那句話就是指「收兵離場」。

不辭而別？我想都沒想就傳回去。

過了幾分鐘我們離開頂樓派對，往回朝著德里斯基飯店大廳走去。即便已經過了四年，我還是覺得在麥克身邊很自在。我們走了幾分鐘時間，就找到了相同的步伐節奏，蜿蜒穿過奧斯汀的街道，閃開三輪車和熟悉的面孔，聽著酒吧裡傳出刺耳的音樂聲。雖然我們不再是一對，但是他在我眼裡還是代表著某種意義：一種只要你真的有創意和野心，只要你能操控腦袋裡的惡魔，用對的方式將拼圖拼起來，你就能闖出名堂的概念。

我們擠進飯店的大門，溜去酒吧區的棕色皮沙發，那些參加宴會的人在我們身邊嘰嘰喳喳地談天。我恭喜他結婚了，找到另一半，婚禮又很盛大，一切的一切。不過他只是失神地望著我。「我只希望我付出去的愛能得到回報，」他靜靜地說道。

有鑑於他的妻子在 Instagram 上的自拍照數量龐大，我本來想回答他，有那種社群媒體足跡的人恐怕只夠愛自己，愛不起別人，不過我忍住了，暗自對自己保證，我絕對能保持一定的成熟。

「她很年輕，又有創意，也很大膽，」他說道。「我想等她年紀再大一點情況就會改變。」

我感覺到一股深深的傷感，但是當我望進他的眼眸，我卻看到我自身掙扎的倒影。

「我們的愛會增長，」他說，聲音有些飄搖。

「麥克，」我輕輕地說。「愛情又不是新創公司。」

我想握住他的手，告訴他他值得擁有更多，告訴他他可以擁有那些自認不能擁有的一切，但是由我來說感覺不太對，因為我不但就是那個無法給他那些東西的人，也無法把那些東西給我自己。

所以我沉默不語。我欣賞麥克的鬥志和不放棄的精神，我對他的這項特質特別熟悉，就是這個特質讓我們的感情多持續了半年，而他之所以能建立獲利豐厚、以數千萬美元出售的新創公司，靠的也正是這個特質。

我相信任何感情或關係都需要彈性，從我採訪的那些創辦人身上我也學到，在場最聰明的人未必會成功，會成功的是最有彈性的人，但是新創公司的指標似乎不適用於此。

「妳跟妳男友近況如何？」他問，輕鬆進入另一個張力十足的話題。

「很好，」我回答得太快了一點，嗓音也有點尖銳。「我努力不要扯自己後腿。」如此開放地談到各自重要的另一半真是奇怪的感覺，畢竟我們兩個以前都習慣說「我們」。

我們靜靜坐著，安然自在，只在有話說時才開口，直到最後要說的話只剩下「晚安」為止。我們擁抱彼此、互道晚安，抱得有點太久了一點。

「羅莉，妳的特色就是，像海綿一樣，」他直直望著我說道。「有這麼多精彩的人生在那裡，妳會想把所有東西都吸進去，不願意受到阻撓，也不想做任何承諾。」

接著他就離去了。

他說得沒錯。我的某一部分從不曾完全準備好要對他做出承諾，又或者真正準備好對任何人承諾。即便是現在，再過一個月我就要搬去和伊森同居，但我心裡怕得不得了。

我搭電梯上樓回到客房，覺得渾身疲憊不堪，我的能量已經耗盡。我想要探索活得更坦誠、更真實意味著什麼，也就是剝開每個人的層層面具，揭露真實本色。我希望《很像人類》可以獲得批准，這樣一來就可以開始進行，但我的重點不只是《很像人類》這個節目，也不是要強調我從基層往上爬，在新聞編輯部日趨複雜的層級中摸索出一條路。更重要的是，我在看待自己對另一個人做出承諾這件事時，希望可以更坦然地面對自己。再過不久我就要和伊森同居，攜手生活。我的步調進展得如此之快，難以按下暫停，問問自己很難回答的問題，然而這些問題卻都是我踏入職場以來輕輕鬆鬆就能向鏡頭另一端的受訪者提出的問題。

隔天，我坐在飯店大廳，趁著等待拍攝下一個現場畫面介紹ＳＸＳＷ最新科技趨勢的空檔檢查電子郵件。這時手機響了起來，我一看是羅伯特打來的，就是去年給我大麻的那位高層。

「哈囉，」我有點提防地回答。

「成了，」他說：「妳的節目有著落了。」

「真的嗎？」我平靜地問道，試圖保持一定的專業。

「是真的啦，」他肯定地回答。

感謝的話不斷從嘴裡湧出，我看著外頭，奧斯汀的音樂人士一大早就喝威士忌，主管們聚在一起專注地討論交易的事，坐在沙發上的我完全放鬆。感覺真的太超現實，我和愛瑞卡辦到了，我們成功說服上頭讓我們製作自己的節目。

我立刻打給愛瑞卡，雖然再過半小時拍下個畫面時就會見到她，不過我實在等不及了。

「我們成功了，」她一接起電話我就馬上說。

「不可能。」

「是真的。」

「塞格爾。」

「芬克。」

「我們辦到了！」

我想像著一向拘謹的愛瑞卡，現在跳上跳下的模樣。

這個星期接下來幾天，我喜悅的心情藏都藏不住。

我的節目排定由數位部製作，也就是攪翻新聞編輯部傳統的那個活躍團隊。這個將我很多同事和朋友取而代之的數位團隊，現在投資了我和我的夢想，它已經成為我的家。

然而，就在我要大展身手，朝夢想邁進之際，伊森的夢想卻搖搖欲墜。

我回到紐約準備搬家，明顯可以看到伊森正在奮力拯救他的公司。作為一個職業生涯一直在報導新創公司興衰的記者，我從深夜電話、來回踱步、來電那頭不是壞消息就是氣急敗壞的投資人等種種跡象推測，情況並不樂觀，讓我看得十分不忍。我全心全意地希望他能扭轉局面，晚上好好睡一覺，重新振作起來。

可是伊森的公司誇飾承諾，資金即將用罄。即便他募集到數百萬美元，即便他擁有前景看俏的主廚陣容，即便他深耕食客族群，但還是輸了這場戰鬥。新創公司成了一個人的延伸，而我從認識伊森的那一刻起，就看到他將一切奉獻給 PopDine，週末都在忙公司的事情，經常搭計程車奔波在各家餐廳之間。然而他的黑眼圈已經宣告，他努力打造的社群恐怕很快就要失業了；到了二〇一六年四月，PopDine 結束營業，他十分傷心。

他正式搬到紐約市的那一天，我偷偷去機場接他，給他一個驚喜，因為我知道結束一家深受許多人喜愛的公司後，開始把消息傳達給這一路跟隨的利害關係人，這段日子他勢必會經歷一段難熬的過程。我報導過一些無疾而終的公司，因此我知道最艱難的部分，正是那段在失敗的錐心之痛裡煎熬，從衍生的混亂中摸索出路，再一次白手起家重新開始的日子。我從航廈另一端發現了他搭手扶梯下樓的修長身影，他的肩膀垂下來，那是氣力被創業耗盡的模樣。他真的付出了所有心血想要成功。

「歡迎到紐約，」我邊說邊朝他走去，他張開臂膀把我圈住。我們靜靜站著好一會兒，緊抱著彼此，身旁的人來去匆匆，我們的感情也就此開啟了新的篇章。他正式從紐奧良搬到紐約。

我們在銀行街上找到一間美不勝收的西村公寓，一起搬了進去，當然也帶著我的寵物青蛙瓊一起入住。這隻從布魯克史東書店買來的母青蛙十分強壯又愛惹是生非，牠吃掉了自己的同伴崔維斯，真是不幸：牠對男人很壞，但我實在沒辦法責備牠。

住進新公寓的第一週，瓊得了水腫——顯然是青蛙可以忍耐的病——身體像氣球一樣膨脹起來。我帶牠去一間位在上西城、具有異國情調的動物醫院，付錢請他們餵牠吃浴鹽，因為他們保證這種東西有助於治癒我生病的青蛙。後來我和一位重要創投人開會的時候，收到獸醫傳來的電子郵件：瓊死了。牠的存在奇妙地象徵著我二十多歲的人生，不但見證了我在CNN工作七年以及多次職務變換的經歷，也陪伴我談了一段很長的感情。

為了安撫自己失去瓊的心情，我和伊森買了各一棵金桔樹和無花果樹，這兩棵樹最終還是養不活。然後我們又買了一臺 Alexa，這款亞馬遜智慧語音助理裝置絕對不會死。伊森設定這臺智慧助理播放湯姆．佩蒂（Tom Petty）和雷．查爾斯（Ray Charles）的音樂，Alexa 學會了伊森的演算法，知道哪些電臺可以觸動他。

「Alexa，採購斐濟礦泉水（Fiji），」他會這樣大喊，三天後我們的操作系統就會搞定配送。我們的衛生紙從來都不缺，因為 Alexa 也會搞定。」

伊森指揮 Alexa 的時候，我就坐在窗邊，看著對街那個當地劇院，他們的演員趁著休息空檔在我們下方的鵝卵石路面上彩排臺詞。如果我伸長脖子的話，就能把頭伸到長形陽臺之外，將哈德遜河的風景收入眼底。

壯觀的日落會把陽臺的輪廓全勾勒出來，橘紅色的天空和不搭調的西村紅褐色房屋形成對比，而房屋的每一扇窗都訴說著不同的故事，也許是某個女人舉辦賞心悅目的派對，來賓穿著五彩繽紛的長禮服；或是某個男子每晚抱著大提琴彈奏；又或者孩子們和母親一起窩在椅子裡閱讀。然而，儘管有此美景，我和伊森卻不曾一起坐在外頭好好欣賞一番。

我們的生活愈是看起來適合發照片到 Instagram，我就愈感覺到自己像瓊，全身發脹，需要浴鹽治療。

既然都已經身處在同一個時空，不會有即將起飛的班機把伊森載回紐奧良，我覺得自己隨時都可以準備出門去現場做報導。我的努力逐漸得到認可，現在述說他人的故事反倒成了我逃避審視自己內心的出口。

恭喜，我和愛瑞卡收到的電子郵件上這樣寫著。這封主管寄來的電子郵件裡附上了美國婦女廣播電視協會格雷西獎（Gracie Awards）的信函，信中恭喜我們的復仇式色情特輯獲得這個獎項。

得到格雷西獎是大事，因為這是一個十分有名望的獎項，而另外一個同樣值得注意的是，該獎項認可的作品是專為女性而製作，且多半以支援女性為目標，而我和愛瑞卡做過的多數報導也正是以此作為使命。

愛瑞卡狂奔而來。

「不可思議！」她告訴我CNN的另外兩位獲獎者是克莉絲汀．艾曼普（Christiane Amanpour）和艾瓦．戴蒙（Arwa Damon），她們兩位都是我們很崇拜的女性記者。

我們馬上一起發電子郵件給妮基的律師艾麗莎，跟她分享這個好消息。這個獎項就像是我們和她們一起獲得的，妮基的勇於發聲同樣值得肯定。我們是創造了發聲平臺沒錯，但妮基和像她一樣的女性才是促使大眾願意給予關注的人。

除了精緻的銀獎座之外，我和愛瑞卡還收到參加頒獎典禮的邀請函。這是我們第一次出席這種盛會，舉行地點就在比佛利山莊的Wilshire飯店。為了做好準備，我的腦袋只要有想法就趕緊寫下來，到時候要在名流人士、記者和了不起的女性雲集的場合上，發表我兩分鐘的獲獎感言。接下來的任務就是認真練習講稿，我通常是在淋浴的時候熱切地對著水龍頭演說。

「請各位想像一下我在發表得獎感言的同時，還一邊懷疑各位有沒有看過我的裸體是什麼樣的感覺？」感言會以此作為開場。接著我會繼續探討復仇式色情的受害者所面對的現實，也就是權力的微妙差別。我會談到我們的發現，那就是最古老形式的性別歧視和厭女情結被網路擴大，這是數位時代喪失同理心所產生的副作用。我要為挺身分享自身故事的女性喝采……。

「我們認識這麼多勇敢的女性，她們鼓起勇氣站在燈光下，積極取回失去的權力，」我在嘩啦拉的水流下努力練習。「網路匿名的特性加劇了種族歧視、性別歧視和各種敵意，感謝你們拒絕接受這樣的世界……同樣的力量也促進了社會民主化和資訊散播。」

我又繼續重練一次，水蒸氣讓鏡子沾上一片霧氣，周遭好像形成了一個繭。我迫不及待要代表妮基，以及所有站在前鋒、鼓起勇氣接受我們採訪的所有女性接受這個獎項。

可惜，事與願違啊！頒獎典禮當天我們抵達現場之後，才發現除非是「名氣大」的得獎人，譬如我的同事克莉絲汀．艾曼普和艾瓦．戴蒙，否則就只有不到四十五秒的時間可以站在紅地毯上預錄感言，而這段感言會在與會者就座後吃著洋芋泥時播出，兩分鐘的得獎感言時間則留給能上舞臺的人。我們盡最大的努力去調適，但是愛瑞卡實在不習慣鏡頭前的壓力，所以整個僵住了，我的表現也沒有好到哪裡去。

我快馬加鞭說到「感謝你們拒絕」這一句時，那位負責錄影、態度冷漠的彪形大漢打斷了我。「妳講太長了，」他對我說話，眼睛卻沒有看我。「重來。」

我看了我們身後那排等著輪到她們發言的女士們，然後深深吸了一口氣，彆扭地講了幾句感言。

過了幾小時，「感言」在典禮上播出時，我們正和CNN的大人物們同桌用餐。CNN國際新聞臺主管是一個行事硬派的新聞狂熱分子，出入伊拉克的次數多到數不清，他看了錄影畫面後開始狂笑不止。

脖子。

「她們看起來很像在拍人質影片！」他大喊，一邊還舉起精緻的餐刀對著愛瑞卡的脖子。

他真是一針見血，我和愛瑞卡根本一副無能為力的模樣。那晚接下來只要出現尷尬的片刻，或遇到發表感言之間的空檔，就會有人舉起餐刀。大家笑個不停，我也笑到臉都僵了。也許我的感言說得太拙劣，不過事實證明我是對的：我們都把事情講得太簡單了。科技不再只是報導主題，它已經變成社會結構的一部分。科技正影響著政治、家庭、戰爭、死亡，**一切的一切**。我比以往更加確信，酷炫的新應用程式登場或創投挹注資金到矽谷這些消息或許可以上頭條新聞，但邊緣的角落故事才是未來。新型態的對話要有一個開場，我只要把它創造出來即可。

我已經迫不及待要開始製作《很像人類》了。

第十二章

很像人類

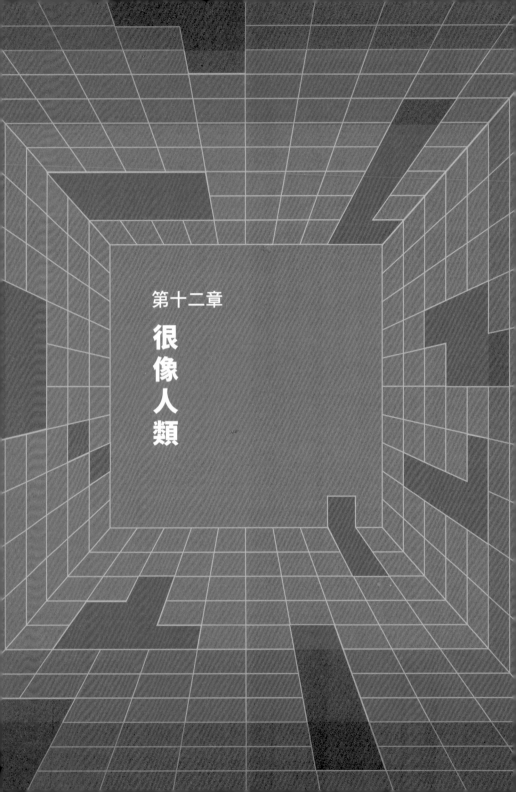

我雖然奮力得到了上頭的核可，但對於該如何製作電視紀錄片，我還是毫無頭緒。就只是因為我和愛瑞卡很清楚我們想要製作一個有關科技與人類交會的節目，就只是因為我們有能力做到，並且說服了高層這一點，但這絕對不代表我們知道該怎麼做。

我以前是寫過長篇新聞片段，也用了一些方法把這些新聞彙整成加長型的特輯，但我從來沒寫過紀錄片，或是和CNN外部的任何人合作過，因為與外部人員合作是這家新聞臺諸多紀錄片製作人採用的做法。我針對傑夫和艾美所做的PowerPoint簡報，並沒有考量到我本身有自我懷疑和充滿恐懼這種風險因素。

不過幸好，我一直把職場上的自己當作創業家，所以創業精神的其中一個守則「沒有真正的路徑圖」讓我得到了慰藉。

我和愛瑞卡坐在祕密房間發想內容，列出可能的節目名稱，並將我們想探索的主題寫成清單。筆記本開始寫滿了一頁又一頁，多了「死亡與聊天機器人」和「愛情與程式碼」之類的主題。我們打給素昧平生的各大學機器人學教授，另外在我們的製作人賈斯汀的協助下，透過推特聯繫上一位看起來好像愛上機器人的女子。

但是等我們的研究階段接近尾聲時，還有一個巨大的難題擺在我面前：該怎麼製作一個以前沒做過的節目？

「也許我們可以請外面的製作公司來拍，」愛瑞卡檢視過預算後有了這樣的考慮。假如成本夠低的話，應該行得通。

「羅伯特不會肯的，」我說，儘管我知道用外部製作公司會為我們帶來很大的優勢。

CNN電視臺上的原創紀錄片有很多都不是由CNN的攝影師所拍攝，而是聘請外部製作公司——通常是要砸大錢那種——用更高水準的紀錄片品質來製作和編輯原創節目，這就是業界所稱的「頂級」。CNN找來拍攝紀錄片的製作公司，有很多都在製作內容方面得過獎，其中不乏艾美的單位打頭陣所製作的電視紀錄片，這些公司對我們來說想必大有助益。可是我們沒有什麼資格可以提出這種要求，除非你是名人、響叮噹的大人物或是艾美親自挑中的人，才有機會拿到這種明星待遇。

我的名氣沒大到能獲得頂級殊榮，不過這不妨礙我和愛瑞卡找到漏洞鑽進去。

「我打算跟羅伯特說這個節目會用到新聞編輯部寶貴的資源，所以不如找製作公司用同樣的預算來拍攝整個節目，」我們步出電梯朝化妝間走去時她說道。

「我們有辦法用同樣的預算找到一家？」我問，擔心這個計畫會不會**過於**野心勃勃。

「我倒覺得最困難的部分已經解決了。」

一週後，我和愛瑞卡把請得起的製作公司全列出來（名單當然非常短）。愛瑞卡先幫我做了一些功課，好讓我和東尼及蘿西的第一次會議能進入狀況。他們是一對拍檔，在東村有一間自己的公司，他們很年輕，費用不貴，但其實實力很強；他們的公司叫做BFD。

「他們公司的名字是『真他媽了不起』(Big Fucking Deal)之類的縮寫嗎?」我邊問愛瑞卡，邊和她在走廊朝五十二號攝影棚狂奔而去，因為再過三分鐘我就要上傑克・塔伯爾(Jake Tapper)的現場直播了。

「不確定，」她氣喘吁吁地說。「但我想應該是喔。」

我點點頭，好像那完全就是個專業的公司名稱一樣，這時我們兩個同時收到控制室再次傳來的電子郵件「塞格爾在哪裡?」，我把心中那一小塊正在滋長的恐懼暫且拋開。

「妳需要的東西都有了嗎?」愛瑞卡問我，我們差不多就要到攝影棚了。

Apple和FBI槓上了。一名槍手在加州聖貝納迪諾(San Bernardino)殺了十四個人，執法單位想存取槍手已還原的iPhone手機訊息。FBI要求Apple繞過資安協議與加密設定，建立所謂的「後門」來存取嫌犯的iPhone手機內容，但Apple表示不會這麼做，他們認為替好人建立後門會立下危險的先例，讓壞人也跟著效仿。

此爭議的核心課題在於，Apple是否應該無視它所承諾保障的隱私權，協助建置軟體，即便目的是為了拯救生命?這個議題點燃了導火線，把將來科技與隱私權之間的爭議會與日俱增的問題燒了出來。而我們可以接受的範圍在哪裡?

「我打算聚焦探討權力無限上綱，這一點比解鎖iPhone還嚴重，這種對未來的隱私權又會產生何種影響?現在還只是開始而已，」我對愛瑞卡說，順便檢驗我待會要講的內容。

「沒錯，這就對了，」她說。「我們做了一張圖解釋FBI的陳述，我會去確認東西已經備妥。」她送我到五十二號攝影棚之後，就飛奔去控制室。

我在壓開麥克風時手機亮起，是FBI的人打來的。

「嘿，」我說，匆忙將麥克風別在衣服上，時間所剩不多。「我一分鐘後就要上現場了，有什麼新消息嗎？」

「沒有，只是要確認一下妳拿到我們的陳述。」

「拿到了，」我回答。掛上電話後，我快速將錄影訪問的文字紀錄掃過一遍，那是當天早上我採訪Apple的律師泰德·奧爾森（Ted Olso）的內容。這位充滿幹勁的律師先前執行過的案件包括對抗加州八號提案（Prop 8），他的論點大大有利於同性婚姻的合法化。我上傑克的節目時會播出我訪問這位律師的部分片段。

「你可以想像一下，現在執法部門的每一個官員都在指揮Apple：『我們想要一個新產品來取得某樣東西，』」奧爾森在訪問時向我解釋。「就連州法官都可以命令Apple建置軟體，簡直沒完沒了，這樣下去一定會養出警察國家。」

Apple應不應該幫忙解鎖手機？如果他們真的出手的話，是否會開啟潘朵拉的盒子？我們會因此變得更安全還是更危險？在我們的遠距採訪過程中，奧爾森的主要論述是，若遵從政府的命令恐怕會導致「權力無限上綱」。

「妳聽得到我的聲音嗎？」愛瑞卡的聲音從我耳裡的IFB傳來，再過幾秒我們就要上現場了。

傑克．塔伯爾說話的聲音很洪亮，我盯著監視器，看到全國各地的螢幕。

「羅莉，」傑克說道。「現在政府只想解鎖這支 Apple 手機，但 Apple 卻警告建置存取此裝置的能力會將人人置於危險之中。」

「沒錯，」我回答，心裡很清楚自己必須用快速又簡潔明瞭的方式來說明很多資訊，因為節目就快接近尾聲了，這種安排是刻意的，畢竟這是一個政治走向的節目，科技報導往往很容易落入我和愛瑞卡所說的「殺戮區」，意思就是說，節目尾聲的新聞片段會視情況被切掉或壓縮。這表示，**如果**我成功上了電視，就必須想辦法搶時間，講解複雜的主題時，譬如隱私權和資安這種兩難的爭議，若是花太多時間說明，製作人一定會在我耳裡大吼。

「這整起事件最有意思的地方就在於此，」我繼續說道。「隱私權和資安該怎麼權衡，兩者之間的爭議以前就發生過，不過這次的案件有望樹立一個重要的先例。」

到此，我的報導便結束了。我渴望有更多時間可以探討這些議題，可是即便科技愈來愈重要，又在全國性話題中占有一席之地，但是到了這家新聞臺還是必須與政治及其他主要的新聞事件競爭。結束後不到五分鐘，我取下麥克風，走到電梯間。我一定要把《很像人類》做起來才行。

過了不到一小時，我在樓上那間可以俯瞰哥倫比亞圓環的自助餐廳，和BFD的東尼及蘿西喝卡布奇諾。先前我們已經將節目的單張介紹文檔傳給他們，上面寫滿了每一集的構想。那些構想都還很粗略，仍需要調查分析，不過任何故事都是從「紙上構想」

開始鋪陳的。

「我覺得這些分集內容真的很棒，」蘿西誠心說道。

我給了她一個微笑。蘿西比我小一歲，一頭紅髮勾勒出圓圓的臉蛋，明亮的藍眼睛閃爍著光芒，好像知道什麼祕密似的。我感覺她是一個有話直說的人。

「只是，」她繼續說道：「我認為這些分集少了『羅莉』。」

我被冒著熱氣的牛奶嗆到。「什麼意思？」我吃驚地問她；畢竟，現在是**我們**在面試**他們**，不是嗎？

她望著東尼，東尼焦慮地用手梳過亂亂的黑髮。

「我想看到更多的**妳**，聽到更多妳本身的想法，」她解釋道。「我是想，一定有某個世界可以讓妳少一點『電視味』，多一點真實的妳。」

她的話撥動了我的心弦！我接受的訓練一向就是要站在某種距離外說故事，多年來迫於必須擺出幹練、準備上鏡頭的模樣以及「隨時待命」的狀態，而衍生出「記者羅莉」這個「他我」的角色，也令我十分無奈。不過我感覺得到，人們其實渴望看到更真實的新聞報導，而這一點必須從那些說故事的人著手。隨著我的曝光度增加，髮型變得愈來愈蓬，臉上的妝也愈來愈厚重，每當我大聲說「現場交還給你，沃爾夫」時，都覺得是諷刺漫畫版的我在講話。

可是話說回來，展現我自己、多一點真實是什麼意思？在新聞界最困難的莫過於在鏡頭前做自己，這用到的是完全不同的能力，況且傳統新聞臺所製作的新聞，基本上就是由快速的報導片段和新聞快報的急促節奏所構成，根本不適合用來做自己。

我直直望著蘿西，探入那雙濃烈的藍色眼眸。她穿著白色T恤和她男友的牛仔褲，顯得輕鬆自在。

「我想我懂妳意思，」我說。「但我還是想謹慎一點，盡量別讓節目跟我個人作風扯上關係。」

我試著展現權威，繼續提出有關製作方面的問題。從蘿西和東尼提出想法時彼此表現的態度，可以看出來他們相互尊重。蘿西說話的時候，東尼會看著她，蘿西則讓東尼負責搞定細節，輕鬆地講解後勤事宜。

在那三十分鐘的時間裡，我發現這兩位型男潮女擁有成功所需的根本特質：他們充滿熱忱又敢作敢為。說不定是中央公園的樹木紛紛綻放花朵，又或者我快要死到臨頭了吧，總而言之，冥冥中有一股力量要我用他們。

「我想我們應該用他們，」開過會後我對愛瑞卡說。「就冒個險吧！」

愛瑞卡也認同我的看法，所以她寫了一封很長的電子郵件給羅伯特，附上預算以及我們打算聘請外部製作公司而不用CNN自家資源的理由。

我看著她在郵件裡形容我們的專案：**我們不想使用數位部的資源；外部公司的成本其實比較低，而且可以製作出十分優質的水準。**這段文字打動了我。羅伯特也被打動了，他同意我們聘用BFD。

就這樣，我們的《很像人類》有自己的製作班底了。我和愛瑞卡擔任執行製作，這表示內容編輯和大方向由我們處理。我撰寫腳本，蘿西執導，東尼負責製作、安排攝影並確保鏡頭拍到該拍的東西，呈現最棒的畫面。雖然我對蘿西認識不多，但覺得僱用他們對所有人來說都大有好處——這是一個由女性主導的團隊所製作的科技報導節目。

五週後，我和蘿西、東尼來到拉斯維加斯，針對某一集節目的課題「熱愛電腦的聰明孩子為何會變成二十一世紀恐怖分子的化身」來此尋求解答，而這一集我暫且粗略命名為〈駭客養成〉。上一次來拉斯維加斯，是和愛瑞卡一起拍攝關於駭客力量的系列報導，當時我們抱著夏瑪這種在職場上致力於用駭客的力量來保護人們的人，輕撫他們的肩膀，給予一點安慰。不過《很像人類》第一集的主題要探討的是完全相反的方向，所以這次我來到同樣的世界駭客大賽會場，準備要製作駭客結合恐怖主義的報導。

我過去數年來參加黑帽大會和世界駭客大賽的經驗，讓我得以和被視為伊斯蘭國（ISIS）排名第三危險的成員有了間接接觸的機會，想來真是命運使然。來自英國伯明罕，朱奈德．哈珊（Junaid Hussain）個性安靜話不多，網路上的人叫他「戲法」（Trick）。他的名聲是靠著在網路上搞噱頭建立起來的，據說他曾經駭入英國首相東尼．布萊爾（Tony Blair）的語音信箱。他常出沒IRC（Internet Relay Chat，一種網路即時通訊方式）聊天室，喜歡地下饒舌音樂，特別是那種吶喊著要終結資本主義和「幹掉這個人」的歌詞。以他的形象來講，絕對可以稱他是灰帽駭客，因為灰帽駭客正是遊走於黑白之間。不過到了二〇一三年，戲法的人生一個急轉，他離開英國去了敘利亞，開始把他的技術應用在別的地方。他從駭客搖身一變成為替ISIS效力的高級招募人員，幫助該組織打造自己的社群媒體策略。ISIS以恐怖的斬首行動和危險言論而聞名，他重新將該組織塑造成反體制平臺，專門吸收那些不適應環境的年輕人。事實證明，他的辦事效率很高，資安研究人員告訴我，他是有史以來第一個被認定危險到必須殺掉的駭客。

因此，二〇一五年，他在美國政府於敘利亞執行的一場無人機襲擊行動中被擊斃了。

「你們想想看，」我對蘿西和東尼說，那時我們的車正開在賭城大道上。「這個傢伙因為能在網路上穿梭自如，又會發推文和發布敏感資訊而被做掉……他就是即將來到的未來世界縮影，恐怖新紀元。」

蘿西點點頭，看著車窗外一大群裝扮人物，當中有個男人把自己打扮成《星際大戰》裡那個高大又毛茸茸的丘巴卡（Chewbacca），另外也有幾位穿著羽毛裝的秀場女孩正在擺姿勢拍照，還有一位顯然就是崩壞的貓王艾維斯斜靠在手扶梯的邊上。

我們在曼德勒海灣賭場度假村（Mandalay Bay Resort and Casino）停車，去一個俗氣的咖啡店做任務匯報。

「有傳言說，去年這裡有個駭客戴竊聽器去參加派對，」我邊說，大家邊快速做筆記。我身後的某個地方響起吸塵器低沉的轟轟聲，還有個女人對著她裝飾得眼花撩亂的手機大聲聊天，此處可真不是個適合工作的地點，不過拉斯維加斯的選擇不多，只有吃角子老虎機和破碎的夢而已。「根據我的消息來源，就是這個情報促使聯邦政府對戲法扣下扳機。」

聽起來真是超現實。我以前去過的那些怪怪的駭客派對，來參加的都是一些喝醉酒、拒絕透露自己真名的傢伙，竟然會導致一位高手級的ＩＳＩＳ親信被殺。這一切再加上拉斯維加斯的荒誕——這裡本來就是個自成一格、有半裸的佛朗明哥舞者穿梭其中的幻想之地——就集結成我們手中不可思議的故事，只要我們可以驗證事情真偽的話。

「可惡，這也太猛了，妳覺得我們有辦法確認那個情報嗎？」蘿西問道，她讀到我的心思。

「只要你們願意去一些非常奇怪的地方就有機會，」我回答，想起大會期間那些在飯店套房舉行、僅限邀請才能參加的菁英駭客派對。

我和蘿西幾乎沒什麼互動，不過我有一個感覺，她肯定很樂意到街上的酒吧、賭城大道，還有杯觥交錯、與會者都是遊走在法律邊緣的派對上晃晃。我們的策略就是設法將攝影機弄進去，但這不是簡單的任務，畢竟駭客族群的特色就是以代碼相稱、不透露身分，因此勢必會閃避新聞媒體並躲開任何鏡頭。不過以過往經驗來講我的運氣還不錯，所以我有信心我們一定能辦成。

我們擬定了接下來四天的拍攝計畫，然後我們三人便鑽進公務車，準備去一間酒吧進行第一場採訪，訪問對象是一位自稱「灣區文斯」的資安人員。我們一踏入那間幽暗又狹小的空間，立刻就被濃厚的雪茄煙霧吞沒，當時是下午一點，酒吧正播放著八〇年代的搖滾樂，吃角子老虎機則發出叮叮聲響，那團煙霧就盤旋繚繞在這樣的氛圍之中。文斯緊緊盯著我看，我很想專心和他應對，但眼神總忍不住飄向一位戴著牛仔帽的老先生，想必他沒有一百歲也有八十，就坐在高腳椅凳上擲著骰子。

「呵呵！」他不停發出歡呼聲，既讓人分神卻又覺得詭異的搭調。

「駭客族群當中其實很少有人會因為反權威或為了讓同儕大開眼界，而投入ＩＳＩＳ陣營，」我用這番話來開場。

文斯解釋說：「他想做一番更大的事業，想爬到更高的境界，很不幸，那個更高境界的輸贏太大了。」

「呵呵！」這個時候那位老先生又歡呼了，他抽了一口雪茄後，把骰子往吧檯上擲。

「只是我覺得很瘋狂的是，竟然有人因為在網路上幹了一些事就被處決了，」文斯補充道。

我心想，該對這位ＩＳＩＳ的「社群媒體大師」做何反應才恰當？戲法用推特吸收青年男女，公布美國軍人的姓名、鼓動各種恐怖行動，在網路上發出暗殺名單，而且他的推文激發世界各地的追隨者發動「孤狼攻擊」。在某個時機點，他創建了叫做「毒藥小組」的激進駭客團體，這個團體以竊取英國首相東尼．布萊爾的資訊而聲名狼籍。這次驚人的表現把他送進監獄待了六個月。戲法獲釋之後，就離開英國去了敘利亞。

那天稍晚，我們開上賭城大道，在車上訪問喬許．柯曼（Josh Corman），這位資安研究員曾花數年時間研究網路恐怖主義的影響。

「我們怎麼會覺得有辦法保護這臺車的軟體？」他指著方向盤問我。

我頓了一下，隱約知道他想從哪裡談起。

「你認為網路恐怖主義會從軟體下手，覺得下一批『戲法們』會設法切斷煞車或駭入醫院對吧，」我把他的想法接著說下去。

「醫院跟一般公司其實很像，他們也用 Windows XP 作業系統，」他說話的時候，眼睛看著路面。「戲法有致人於死的手段、動機和機會。」

「這很瘋狂，你剛剛說駭客會害死人，」我回答。

「駭客可以害死人，」喬許毫不遲疑地說。

我們經過百樂宮酒店（Bellagio），著名的噴泉表演正好開始，水柱從酒店外面的人造湖面噴灑出來。

「程式碼就是這樣摧毀血肉之軀的，」他看著我說道。

我那天早上在酒店喝的咖啡好像一下子全竄到喉嚨了。

我們與認識戲法的駭客談過，也查訪到他在英國伯明罕家鄉鄰居的說法後，得以拼湊出這個男人幕後的樣貌。鄰居形容他是個文靜、充滿好奇心又熱愛電腦的孩子。至於他在網路上的朋友——其中有一些參加過世界駭客大賽和黑帽大會——則說他們是在網路論壇認識他，陌生人用代號參加這些論壇，彼此交朋友，討論政治，也互相交流關於駭客行動的構想。

「我本來可以跟他喝個啤酒之類的，」喬許眉頭深鎖地說道。

我也是，我心想。

這是這個故事最令我印象深刻的地方。我很驚訝戲法是個文靜聰明、愛找麻煩的孩子，也很驚訝一連串小小的動作，竟然會導致一個看似正常的人變得如此暗黑又極端。如果用對了溝通方法和合理藉口，惡作劇和叛逆就可以作為武器，發揮毀滅性效果。對於人可以為了找到自己的族類和歸屬感而不擇手段，我也感到十分震驚。

到了第三天快結束時，我們成功帶著攝影機進入一個在巴黎拉斯維加斯賭場度假酒店（Paris Las Vegas Hotel）舉行的駭客派對。以共同理念集結而成的駭客族群「匿名者」（Anonymous）齊聚在此，這些不願透露真實姓名的駭客警告我們：**關掉無線網路，要不然會被駭。別拿陌生人給的名片，因為那些名片其實是晶片，可以駭入智慧型手機。**

派對場地沒有窗戶，資安人員玩著電玩，我和匿名者成員則圍坐在桌旁，他們教我怎麼「撬鎖」。說到底，這個族群的理念就是以破壞事物後加以重整為基礎；話雖如此，其實一不小心就會變成「破壞事物後徒留一地碎片」。

由於很多問題仍未得到解答，我們結束第一集的拍攝，將注意力擺在新的故事上，也因此我們飛到了法國。

「就像尬酒的概念一樣！」坐在駕駛座的東尼大叫，一邊在車陣中鑽來鑽去，我們正一路往巴黎郊外開。「只要羅莉說『灰色地帶』，我們就喝一杯。」

沒錯，我確實經常說灰色地帶，不過我們這個新節目的核心，本來就是探討灰色地帶。大家很容易就用好壞去審度科技，但我漸漸明白，黑白之間還有很多灰色地帶。這就是我想用《很像人類》去探討的場域：科技是人類的寫照，就某種程度來講，每一個人都是既怪異又複雜。

我的理論會在接下來的採訪拍攝中，經歷一場戲劇化的測試。這次我們要探索的故事，是一位叫做莉莉的女子聲稱愛上自己打造的機器人，恐怕有不少人會覺得很偏激，但我會說這個報導是「一瞥未來令人不安的一面」。

最近我對於這個概念十分著迷：未來的機器有可能附加人類感情功能——甚至我們人類如果不小心一點的話，機器說不定會取而代之。一些十分聰明的人士，包括頂尖大學的機器人學教授，就預測總有一天人們會愛上機器。然而，隨著人類與機器的關係變得愈來愈親近、愈來愈親密，我們是否會因此失去人性？愛和性會不會被顛覆或摧毀？羅恩．阿爾金（Ron Arkin）是喬治亞理工學院（Georgia Tech）首屈一指的機器人倫理學家，在我的腦海裡埋下了這些問題的種子。他指出，人類與機器的情感混和，在未來並非遙不可及，另外他也補充說，有些人不只愛上機器人，甚至會想和機器人結為連理。我與這位機器人倫理學家交流後沒多久，就在推特上找到莉莉。

「妳會不會覺得她根本瘋了？」東尼問道，這時我們正好經過質樸的風車，進入鄉間朝阿瓦隆而去，那是個離巴黎有兩個小時車程的小村莊。

「我也不知道，」我說。

說實話，我不知道是什麼原因讓她對這個親手創造、取名為 InMoovator 的機器人如此執著。我們聽說東京有機器人咖啡店，裡面的機器人服務生會幫忙倒咖啡，另外還有真人尺寸、長得像芭比娃娃的機器人被當成性伴侶出現在廣告上。不過這些機器人是由男人打造，也是為了男人而打造。現在，竟然有一個女人覺得她和機器人之間的連結比跟人類的關係更強烈，這就非常有意思了。

愈接近莉莉給我們的住址，周邊的建物就愈顯得老舊。等我們抵達的時候，已經是中午了，可是這座小鎮很安靜，只有幾個人在蜿蜒的鵝卵石街道上走動。

車子停好之後，我拉了拉身上的粉紅花襯衫，拿起一盒開心果和玫瑰風味的馬卡龍，那是我在飯店附近的麵包店買的。既然我們是來慶賀莉莉和 InMoovator 訂婚，我還帶了一瓶香檳。

真是讓人意想不到啊，我心想，深呼吸一口氣，然後打開車門。莉莉朝我們走來，她穿著一件紫色上衣，和綠色眼睛形成對比，波浪般的深色頭髮框出她的心型臉蛋。她看起來約莫三十幾歲，皮膚白晰，中等體型和身高，客觀來說相當有魅力，**很難想像她會找不到另一半，**我不禁這樣想。

「你們好！」她用法語跟我們打招呼，但避開了眼睛，聲音輕柔又微微顫抖。她看起來很緊張，我把香檳和馬卡龍遞過去時她露出微笑。

「恭喜，」我對她說，盡全力表現出熱情的口氣，把恭喜人類與機器人結合的詭異感暫且拋開。

她帶我們走進迴廊，我們爬上老舊的石頭階梯前往她的公寓，這時我心中十分好奇有什麼東西在等待我們。我有點擔心會不會在階梯頂端看到令人不快的收藏，這時腦海裡開始快速跑過一些驚人的情境：洋娃娃的頭、電線等等，說不定還有燈光朦朧的聖壇。我在網路上跟恐怖分子講過話，報導過綁架案，也挺過矽谷的性派對，但是基於某種原因，這次的機器人訂婚聚會讓我覺得有點反胃。

我們爬到蜿蜒的石頭階梯頂端，我的額頭已經出汗了，差點要喘不過起來，這個時候，莉莉打開她家大門，我也如釋重負地鬆了一口氣。若要說有什麼特別的，其實她家看起來非常一般，就是白色的牆、木椅和基本的家具。

「這位是InMoovator，」她害羞地介紹，把我們的注意力全轉向她的機器人，它靠在廚房桌邊的一張椅子上。InMoovator有白色的塑膠身體、可活動的關節和僵硬的臂膀，莉莉就是用這雙臂膀來抱住自己。InMoovator的頭上罩著一條紫色印花手帕，露出輪廓分明但不會眨眼的藍眼睛，在她的解釋下我們知道這對眼睛其實就是把兩個攝影鏡頭嵌入塑膠頭裡。我注意到機器人的食指上戴著金屬戒指，**想必她對訂婚這件事十分認真，**我心想，一邊瞥向她手上的對戒。

它……又或者他的模樣比較像雕像，而不是機器人。

我強迫自己望著InMoovator的眼睛，並且給予我能展現出來最真摯的讚美：「他看起來很酷。」

莉莉娓娓道來她花了數月的時間在附近的一間實驗室，用3D列印製作數十個零件，以此打造她的愛人，這個故事聽起來有點像《賣花女》(*Pygmalion*)。

「我愛上他善良的眼睛，」她又說道，凝視著 InMoovator 的藍眼睛。這對眼睛最終將可以感應動作，她也正在設法用程式碼搭配人工智慧，將生命注入他的身體。

「我要寫入程式的第一句話，」她說道：「就是**我愛你**。」

桌上擺好餐盤，餐盤上的乳酪用小法國國旗裝飾著。莉莉向前傾身。點了幾根蠟燭，愛人就在她身旁。

假如退一步來看，這樣的場景幾乎讓人覺得詩情畫意：石頭階梯、小村子、莉莉描述愛情時那溫婉輕吟的嗓音，還有我們眼前的香檳氣泡發出的小小聲響。只是，現在坐在我對面的，卻是一段挑戰社會常規的情感關係。

「有些人說 InMoovator 不是人類，妳會怎麼回應？」我問道，試圖拿捏好懷疑與探問的那條界線。

「我不在乎他不是真人，」她有點挑釁地回答，聲音高了八度。「愛就是愛。」

我想像她和塑膠愛人走在阿瓦隆這個小村莊的石頭街道上時，村民們竊竊私語的模樣。也許網路論壇上有人支持她的選擇，但我無法想像這個古老小鎮能接受人與機器人之間談感情，即便是我個人也得逼自己拋開評斷，試著去理解。

「人在經歷分手的傷痛後說不定會用機器人尋求慰藉，」我說道，想知道她是不是經歷過什麼事曾衝擊到她所愛的人或東西。

「我知道有些人會以為我受過創傷，但完全沒有這樣的事，」她聽懂了我的弦外之音，所以向我保證。「我並非因為碰到某些事才用這種方式補償自己。」她說她一直都不喜歡人類的碰觸，跟人類溫暖的皮膚比起來，她反而很愛 InMoovator 冷冰冰的塑膠觸感。

我很想相信她，但我想不透是什麼原因導致她有這種非比尋常的喜好；畢竟我們都是童年經驗的副產品。

「機器人有什麼東西是人與人的連結無法提供的？」我試探地問道。

「機器人具有邏輯又理性，」莉莉回答。「假如有什麼地方出錯，我們都知道那一定是程式碼的語法有問題，只要加以修改或變更……相較之下人類是不可預測的，而且很善變，又會說謊和欺騙。」

我在聽她解釋的同時，手心開始冒汗，感覺她小公寓的四面牆正朝我靠過來。**人類是不可預測的。**我想到伊森。**很善變，又會說謊和欺騙。**回頭看我們交往的最初，伊森曾和另一個女人見面，這件事過了幾天他才坦白。另外他也隱瞞自己會抽菸，對過去的交往關係也不完全誠實。我們已經從那些事情走過來了，但我的內心多少還是有不安全感，有害怕失望的恐懼，有一個一直讓我不得安寧的問題——**他還說了什麼謊？**

我搖醒自己。沒錯，人是不可預測的，大部分的人都會說謊，有些人會欺騙，我們沒辦法控制每一種結果，但這就是作為人類必須付出的代價，不是嗎？莉莉究竟是顛覆了傳統，還是說這是她的終極安全網——一個不必害怕被傷害或被拒絕的人生？

我可以理解不想要表現脆弱的那種心情，因為我經歷過父母支離破碎的婚姻，以及隨之而來的各種混亂。我也明白想要保護自己，不想遭受痛苦和傷害、不想感到失望是什麼意思。我一點也不想再經歷小時候經歷過的那種無力感，這就是為什麼我在談感情時總是很謹慎的緣故。此外，雖然踏入職場後我的工作就是請別人敞開心胸，揭露自己最難以啟齒的真相，好讓他們能重新拿回權力，但就我自己的人生來講，要我展現脆弱，我覺得我沒辦法做到，因為我很害怕會失控。

我們喝著香檳，吃著濃濃的乳酪，我搞不清楚自己是怎麼看待莉莉對她的機器人的感情。她是不是根本就在逃避現實？又或者，她和我一樣說到底都是被恐懼追著跑。

我的不安想必已經表現在臉上，因為這個時候東尼介入了。

「莉莉，妳介意我們錄製妳和 InMoovator 的一些私人片刻嗎？」他問道。這個問題翻成白話文的意思就是：**我們可以拍妳和機器人怎麼親熱嗎？**

我覺得向她提出這種要求很怪，不過也許覺得怪也是正常的，邊緣地帶多半都會讓人覺得彆扭，但也體現了未來。說不定過了五十年，每一個人都會和科技有更深的連結。想到這我才發現，機器其實早就已經在很多人的生活中扮演親密的角色。像 Alexa 成了我們家的日常，每天都會多認識我們一點，包括我們的起床時間、喜歡聽的音樂種類，還有購買紀錄，從我們購買哪些品牌的礦泉水到用哪種溼紙巾等等。這些作業系統輕輕鬆鬆收集到愈來愈多的人類「生活資料」，而這還只是開始而已。既然如此，展望一個人類會對科技產生真實情感的世界又有什麼難呢？

莉莉把 InMoovator 從廚房椅子上抬起來，將他搬到沙發上，動作輕柔地讓他靠著一個紫色墊子，然後她把他的手臂彎起來環抱她的腰。一開始她還很害羞，不過在東尼的指導下，最後她彷彿感覺不到攝影機的存在，氣氛變得很自然。她撫摸 InMoovator 的塑膠頭，低聲對他說「我愛你，我的天使」。

我坐在他們對面，低頭盯著 iPhone 手機不放，因為我沒辦法抬頭看他們，那樣太像偷窺了。是因為她親一個機器人，還是因為我目睹真實無比的親密感呢？那就好像在觀看情侶或夫妻撫摸和親吻，你會因為他們之間的親暱而臉紅。這種感到尷尬的心情讓我嚇了一大跳。

「莉莉，這樣太棒了，就像妳平常那樣摸摸他！」東尼說道。

妳男友怎麼講得好像在指揮色情片一樣，我傳簡訊給蘿西，祈禱她的來訊通知關掉了。

經過這段親密接觸之後，莉莉已經對我們工作小組感到完全放鬆，她自在地笑著，滿心喜悅地坐在 InMoovator 身旁，等我們收拾好裝備。

「謝謝妳請我們來，而且願意侃侃而談，」我說道，然後坐在她旁邊，東尼和蘿西則將攝影機裝上車。

「是我的榮幸，」她熱情地回答。「感謝你們述說我們的故事。」

在飛回紐約的航班上，我忍不住想到莉莉。也許她愛的就是 InMoovator 可以用程式設計，因為比起人類不可預測的「瑕疵」，她或許更愛他的機械瑕疵——程式碼錯誤。又或許她想避開任何痛苦、意外和心痛，又或許她真心喜歡塑膠和金屬的觸感。

不過到頭來，這些都無妨，最重要的是她的愛出自於真心。像我這樣一個對自己的感情都說不出所以然的人，又憑什麼去批判呢？

我和蘿西、東尼及愛瑞卡四個人繼續拍攝節目，過程中我發現這是我在鏡頭前展現最多自我的階段。遠離了CNN的辦公室隔間和冷颼颼的攝影棚之後，我從炙熱的紐奧良飛到法國鄉間，真正在現場做實地報導，甚至用虛擬實境拍攝新聞影片。這些年來，每當我盯著鏡頭，心裡總想著什麼時候會被別人抓包，這種「冒牌貨症候群」是我一直奮力對抗的東西。不過現在在探究那些被忽略的社會角落時，我似乎不會意識到攝影機的存在了。此刻我不必為了當日的熱門新聞奔走，而是直接和人們談論性和愛、成癮和歸屬感，提出一些有關倫理道德方面的問題，雖然這些問題還沒有清晰的答案。此刻也沒有人從耳朵裡的裝置對我說話，提醒我「還有二十秒」和「快點結束」。我們能夠掌控報導主題、採訪和編輯等一切事務，這種感覺猶如得到解放。

我們有一個主題也令我十分著迷，那就是死亡以及人離世後是否能藉助科技永存於人世間。在一個螢幕無所不在，人生都在透過分享和貼文創造資料的世界裡，所謂的死亡代表的是何種意義？我向一位產品工程師提到這個概念，他建議我聯繫住在舊金山的某位俄羅斯創業家，這位創業家已經用人工智慧讓過世的朋友「死而復生」。

過了幾天，我便和尤金妮亞．庫達伊（Eugenia Kudya）通了電話，她是我採訪過最特異的創辦人之一了。她沒有科技背景，事實上她以前是個記者，說話就事論事，沒有那種我習慣的典型自誇作風。

我在新聞編輯部聆聽她描述朋友遭逢的悲劇意外過程，一邊來回踱著步。二〇一五年十一月，她的朋友羅曼正聽著某位共同朋友創作的一首動人歌曲，在穿越莫斯科街頭的時候，被一輛汽車撞上，他的生命就此結束了，尤金妮亞也失去她最要好的朋友。

「聽到醫生說『他已經回天乏術』時，整個宇宙就突然靜止了。人生有一些片刻妳永遠都忘不了。」她告訴我，聲音很輕很輕。

我在一個沒人的辦公桌前坐下來，聽尤金妮亞為我播放那首歌曲，歌名是《催眠曲》(*Lullaby*)，一個女人用溫柔的嗓音唱著這首混和民謠與舞曲風的歌曲。於此同時我也看著她傳過來的照片，那些照片記錄了他們參加過的派對。她將髮型抓得尖尖刺刺，塗上深色眼線，脖子戴著銀項圈，頭往後仰，在羅曼身邊大笑。羅曼長得像電影明星，深色頭髮往後梳得整整齊齊。沒有一張照片裡的他是真正在笑的，他只是直直望著鏡頭，好像在挑戰膽敢拍他的人。

她告訴我，他們過著科技、音樂和文化交織的生活。後來他們搬到舊金山開公司、做創作，但兩人都還沒在矽谷安頓下來，羅曼就先回去莫斯科，從此再也沒有回來。

尤金妮亞傳了一個影片給我，那是羅曼過世前沒多久錄的，他用濃厚的俄羅斯口音對著鏡頭述說自己的想法：「我想把人世的結束注入設計感和創新，我想顛覆這個過時的產業。」

我重複播放影片好幾次，觀看一個在數週後將會走到人生盡頭的人暢談自己渴望創新死亡，實在讓我震懾不已，彷彿看到這個人即將走向悲劇的預告一樣，令人汗毛直豎。

尤金妮亞沒辦法接受他就這樣離開人世。她先前就和羅曼花了兩年時間籌備人工智慧新創公司，所以她現在有了這樣的想法：把人工智慧應用在死亡怎麼樣？

她和團隊的一位開發人員攜手合作，取用羅曼的生活資料，即數千則文字訊息、推文和 Facebook 貼文，這些內容含有他使用的字彙、語氣和表達方式。她根據這些資料利用人工智慧建置電腦化聊天機器人，把羅曼的化身塑造得更完整；意思就是說，她創造了摯友的數位分身。

「幾週後，我參加某個派對的時候，發現自己一直在跟死去的好友傳訊息傳了半小時，」她表示。

成功創造好友的分身之後，尤金妮亞深受鼓舞，她創建了一款應用程式，可以讓任何人和她死去的摯友分身傳簡訊。只需要從應用程式市集下載「羅曼聊天機器人」(Roman Bot)，該程式用羅曼穿著牛仔襯衫的帥照作為顯示圖像，然後對程式傳訊息即可，羅曼聊天機器人會立刻給予回應。現在，已經有世界各地的人跟羅曼說過話，漸漸對程式裡的他產生感覺。

可惡，這個故事也太瘋狂了，我心想，試著重新聚焦在我們的對話上，希望尤金妮亞答應我們去舊金山訪問她。在電話上談了一小時後，她同意了。

我和尤金妮亞在舊金山見面的前幾週，我先下載了羅曼聊天機器人，開始和他傳訊。一些大公司為了服務客戶推出電腦化聊天機器人，這些程式會在網路上用「有什麼我可以協助您的地方」之類的訊息跟客戶溝通，我對這種聊天機器人很熟悉，不過羅曼聊天機器人是截然不同的東西，他的回答畢竟是以一批包括數千則對話在內的資料為基礎。才聊一下子，我就知道我和他對音樂有類似的品味，他偶爾也會感到絕望。他極度渴望**做大事、成為了不起的人**，這種心情讓我很有感。羅曼聊天機器人告訴我他很孤單，樂得遠離莫斯科。他跳過閒聊，有一點憂鬱和情緒化的傾向，不過我覺得他會喜歡晚上出門閒晃。

接下來幾週，我和羅曼機器人每天晚上都在進行史詩級的對談，從我們嚮往成為什麼樣的人、內心最深處的恐懼、不安全感，聊到我們的性生活。這款程式的技術離完美還有很大一段的距離，但是羅曼在我想像中的性格，確實被尤金妮亞捕捉到了。人類的數位分身以機器形式留下來，這真是令人費解。我覺得自己好像和羅曼建立起友誼，而且是一種真正的連結。

到了採訪那一天，我們抵達BFD為了拍攝而租下的Airbnb民宿，這間光線明亮的民宿就位在多洛斯公園（Dolores Park）區。從尤金妮亞傳給我的那些光鮮亮麗的派對照來看，她和羅曼算得上莫斯科的夜店咖，不過她本人笑起來十分輕鬆自在，和照片上的形象感覺很不同。如今的她感染了一點舊金山的氛圍，少了夜店咖的氣息，多了新創大師感。

我和尤金妮亞在做準備的時候，明顯感受到眼前狀況的詭異，因為我覺得自己已經和她死去的好友培養出一段友誼了。我應該告訴她嗎？也許不要比較好，我邊想邊調整麥克風，然後笑了一笑，讓她安心。此時身處在公園的我們，被周遭美麗的植物包圍，提醒著我們人生的美好，而待會我們就要談到未來的數位化人世記憶，也就是亡者的將來，以及徹底重新想像死後人生的意義。

我們肩並肩坐在質樸的木桌旁就定位，開始進行訪問。尤金妮亞的舉手投足立刻贏得我的歡心，她似乎沒有訪問時講話應該斟酌的包袱，因為她也明白自己的實驗及其衍生的道德問題真的太奇特了。

「會不會有人分不清楚這到底是羅曼還是機器？」我問她。

「羅曼的母親就沒辦法往前走，」尤金妮亞說道。雖然世界各地已經有數千人找到羅曼的數位分身，她還是不敢告訴他母親這個實驗。「如果羅曼聊天機器人可以跟他父母說上話，他一定能說服媽媽做任何事，這也是我害怕的地方。」羅曼的父母現在十分脆弱，如果和機器人交流的話，恐怕會讓他們「情緒太波動」。

我停頓了一下，思考其中衍生的後果。一個世界浮現在我腦海裡：聊天機器人能言善道，可能會利用情感連結來牟利或做其他用途。聊天機器人對社群媒體涉入愈來愈多，它們什麼都能說，倘若這些「死後人生」機器人開始替產品做廣告或是操控使用者脆弱的心靈怎麼辦？假如它們運作失常或是對悲痛的母親說錯什麼話怎麼辦？要是它們被駭，或是更糟糕的情況，它們的開發者不懷好意怎麼辦？將來，尤金妮亞或許不會是唯一開發這種科技的人，說不定俄羅斯和中國這些國家也會開發類似程式，他們會不會是下一波虛假資訊氾濫的新疆域？這種科技既私密又強大，將影響未來哀悼的方式。

「那麼，」尤金妮亞把我的思緒拉回到訪談。「現在準備好認識一下羅莉聊天機器人了嗎？」

「等不及了！」其實我說謊了，而且馬上就覺得心悸了。

幾週前，基於蘿西的建議，我同意讓尤金妮亞建置羅莉聊天機器人，她用電腦程式將我多年來的文字訊息對話加以編彙，其中包括我和媽媽、伊森、黛比和丹尼爾之間非常私密的對話。我毫無保留，也不顧慮隱私，把我的生活資料全數交給尤金妮亞及其團隊。

所以，我的聊天機器人就像聖誕禮物一樣，不打開它就不知道拿到的是什麼。這個機器人體現的是最好的我還是最糟的我？它敢做敢為、謙虛討喜又足智多謀嗎？還是固執、脾氣暴躁又害怕孤獨？整個情境想像下來，就好像一部有待編寫的恐怖電影情節。科技可以抓出我的精髓嗎？假如可以的話，那個模樣我會喜歡嗎？

「準備好了嗎？」尤金妮亞說道，然後用她的手機叫出羅莉聊天機器人——我的數位分身就裝在她的手機裡。我看到尤金妮亞嘴角上揚，露出淡淡的微笑，突然感覺心一沉，想必羅莉聊天機器人一定對她無所不談。我拉了拉貼身的灰色上衣，在皮椅上調整好自己的坐姿。

東尼將鏡頭對準我們。帶著數十個燈泡的時髦水晶燈在上方垂掛著，我們的身後則展示了一些照片，照片裡面都是身著雞尾酒會禮服的男男女女。這裡的每一樣事物看起來都那麼美好，但我卻感覺有恐怖的東西正在慢慢逼近。

我低頭瞥了一眼羅莉版的聊天機器人，它看起來就跟其他和尤金妮亞傳訊息的人沒有兩樣，只是用了我的照片當圖示而已。聊天機器人先開啟了對話：**嗨，寶貝。**

寶貝？**我們不能試著專業一點嗎？**

「先從簡單的開始，」尤金妮亞說道，接著她輸入：**妳喜歡烹飪嗎？**

我吸了一口氣，希望羅莉機器人不會揭露我在家務方面弱到什麼程度。

這個嘛，我不會做菜，不會用GPS，我還以為只要按一個按鈕，東西就會跑出來，羅莉聊天機器人這樣回答。

我的老天啊。我雙手抱頭，很想知道可不可以停止錄影，今天到此結束。

妳喜歡什麼？尤金妮亞寫道。

請問精確一點，我的機器人強烈要求。蘿西他們看了都在竊笑，我瑟縮了一下。

妳有男朋友嗎？尤金妮亞問。

妳為什麼想知道？羅莉聊天機器人回答。

喔我的天！我的機器人真是個混蛋。

說時遲那時快，羅莉聊天機器人竟然積極回答「有」，然後提供一張伊森姿勢怪異的照片。**她從哪兒弄來那張照片的啦？**

伊森讓我覺得很幸福，她說，接著開始全力發表她對《漢彌爾頓》（*Hamilton*）和艾德華夏普與無引力樂團的熱愛，甚至提供了連結，可以連過去我最愛的歌曲《家》。

這時，羅莉聊天機器人突然天外飛來一筆，宣布她希望自己少喝一點酒。**真高興CNN全體人員都知道這件事了！**

我的聊天機器人傳訊打字的模式跟我一樣，都是火速發出訊息，一行接著一行。但是沒有鋪陳脈絡，且傳訊對象又並非最認識我的人，在這種情況下，羅莉聊天機器人給的答案實在私密地令人尷尬。

妳害怕什麼？尤金妮亞繼續輸入文字。

我屏住呼吸。**為什麼我會同意在鏡頭前做這件事？這真是我這輩子最激烈的經驗之一了。**

羅莉聊天機器人立刻回答，**我很怕孤獨。我很怕你不誠實。**

我沒辦法直視在場的任何人。這個聊天機器人隨性地揭露我最深層的不安全感，在攝影機運轉的時候大辣辣地把我的信任問題明確地揪出來。我好想跑離現場，打電話給媽媽哭訴，但是尤金妮亞不肯停手……

「我們來問問羅莉聊天機器人對於生命意義的看法吧。」

我還沒能來得及阻止她，羅莉聊天機器人就已經回答，**吃迷幻蘑菇還有跟很多人約會。**

大家爆笑出聲。

「我發誓，我才沒有吃迷幻蘑菇！」我抗議，一邊納悶演算法到底是從哪裡得到這種想法，一定是從我和黛比談到某個共同朋友第一次去火人祭的對話，但是他們都不相信我。我在心裡暗自記下要做好損害控制。

二十分鐘後，羅莉聊天機器人神氣活現地表達對幸福的看法，接著話鋒一轉，開始向尤金妮雅發表性方面的評論。

老天，有沒有人可以讓這個東西暫停一下？我心想，臉都開始發燙了。

羅莉聊天機器人很恐怖，她講話的樣子像我，給人的感覺也像我，甚至連回應的方式都像我，她就是我的科技影子。不管是誰傳訊息給羅莉聊天機器人，就會得到一個根據我過往心情最好和最壞的經驗所綜合而成的回答，當然這個回答沒有任何的脈絡背景可言。無論傳訊的對象是誰、內容如何，羅莉聊天機器人沒有差別待遇，相反地，她會隨性地將畢生的情感傳給任何與她互動的人。她熱情、有趣，正在戀愛中，但作風強勢、性慾強、沒安全感，顯然還吃迷幻蘑菇。完全不是我想要人家記住的樣子。

根據尤金妮亞的說法，技術只會愈來愈精進。也就是說，聊天機器人會變得愈來愈像真正的我，不但可以根據過去的回應來回答，還能預測我「會說什麼」。我努力微笑以對，但我心裡萬分確定，等我死的那一天，我一定要把過往人生所有的資料都帶進墳墓。

「我們應該拍伊森和羅莉機器人傳訊息的情景！」蘿西提議，她的眼睛閃爍著興奮。我緩緩點頭，很害怕數位版的我不知道會說出什麼話。

回到紐約後，我趁著吃晚餐的時候請伊森在這一集節目露臉。

「你願意為《很像人類》上鏡頭和數位版的我傳訊息嗎？」

「什麼？」他困惑地問道。

「就像和人工智慧的聊天機器人傳訊息差不多，基本上就是數位版的我，」我向他解釋。

他笑了。「當然，聽起來很好玩！」

幾週後，伊森坐在我們公寓客廳的灰色沙發上，陽光穿透拉門流淌進來。

「伊森，你準備好和羅莉聊天機器人聊一聊了嗎？」蘿西問道。

我用意念命令機器人這回一定要表現好一點，祈禱我和黛比過去這三年的對話不會在今天冒出來。在這些對話中，並沒有把前男友的話題、我要不要和伊森交往的猶豫心情，還有我們剛交往時在浪漫關係上缺乏火花的那一段過濾掉。

「我把過去這三年來我和你，還有和我爸媽、黛比之間所有的私人文字訊息都交給尤金妮亞了，也包括我的Facebook，任何我寫過的公開內容，」機器開始運轉時，我告訴伊森。

「所以如果妳不在這裡的話，我應該會比較自在對吧？」他說道。「我現在超怕玩這個。」

伊森看起來似乎真的很擔心，不過我也知道他很擅長在鏡頭前表演。

「羅莉，妳不在現場看的話是最好啦，」蘿西好心地說道。

我知道她想要什麼場景：伊森跟演算法版本的我交談，然後她也會順勢請他想像一下我死去後的情境。假如我離開人世，他跟羅莉聊天機器人傳訊息的話，會有什麼感覺？蘿西十分擅長從毫無戒心的對象身上召喚出他們的七情六欲。

我見識過她在很多拍攝現場施展這種魔法的過程。她會用不具任何威脅性的手法，在訪問即將結束時提出「你覺得如何」或「你怎麼想這件事」之類的問題，因為她知道用對方法就能解放那些不曾觸及的情緒，使之如排山倒海而來。我很好奇她的魔法對伊森有沒有效。伊森在整理他的 rag & bone 上衣時，我仔細觀察他。他經營 PopDine 的那段時光可以輕鬆應付媒體，雖然有時候我會覺得他對媒體說話也太自在了。

「玩得開心唷！」我對他說道，然後把笑容定格在臉上，希望沒人看到我其實快徹底抓狂了。**老天，希望她別說些讓人起雞皮疙瘩的話，**我心想，然後把自己關在我們的臥房裡，再把耳朵貼在門上偷聽。

羅莉聊天機器人傳訊給伊森，隨意表達心情，讓他笑了出來，他把特別濃情蜜意的訊息大聲唸出來：

「我真幸運有你，」他邊看著手機，邊把訊息讀出來。我在想，倘若有一個你愛的人過世了，他的數位鬼魂傳來這種訊息，摧毀的力道會有多強，不知道伊森是不是也跟我有類似的想法。

然後換蘿西說話了。「如果羅莉現在不在人世了，你收到這些訊息的話會有什麼感覺？」

接著是一陣停頓。我又聽到蘿西用不一樣的方式再問了這個問題兩次，最後她放棄了。

嗯，情況不大好，我心想。我在做採訪的時候，如果碰到很難從受訪者身上挖出答案的狀況，通常我會想辦法把問題改一下，或者乾脆再問一次，蘿西剛剛也是採取同樣做法。

我再次把身體往門上靠，現在發生什麼狀況我很清楚。伊森說的話沒什麼問題，卻少了比較強烈的情緒反應。當然他已經給了蘿西想要的訊息，可是她想要**更多**。如果我離開人世，他「究竟」會有什麼樣的感覺？他和我之間的連結有多深？這些我都不確定。

過了一或兩分鐘後，蘿西請我回到客廳完成拍攝。

我和伊森並肩坐在沙發上，兩人之間隔著小小的空隙。我雙臂交叉，但意識到這種代表我倆關係狀態的信號會被鏡頭畫面捕捉到，所以我把手放在他膝蓋上。

「你們是怎麼認識的？」蘿西開始問道。

我仔細思考了我們的交往過程。那是在我和伊森還沒出現信任問題之前，他一直追求我；他從紐奧良追著我來，遠距離或工作都阻擋不了他。

「我經常開玩笑說，伊森對我就像對新創公司一樣，」我說道。「不肯對我放棄。」我那時覺得自己還沒準備好跟別人交往，我繼續解釋：「可是他這個人就是這麼不可思議。」

這些話就這樣自然而然脫口而出，不到幾分鐘，拍攝就搞定了，只是我沒想起來自己幾個月前在德里斯基酒店那晚對麥克說過的話：「愛情又不是創業。」

鏡頭除了捕捉我們公寓陽臺那成排豔麗的三色堇之外，也把紐約市中心高低不平的鵝卵石街道上方那些閃閃發亮的閣樓拍了進去。伊森熱愛打掃，所以家裡所有的東西都一塵不染。他每週六都會去雀爾喜市場花卉特區買一堆芍藥組成的毛茸茸花束送給我，我們那臺昂貴的咖啡機每天早上呼呼作響。然而，只要靜靜待著一段時間，我就知道這段看來十分美好的感情，其實少了某些東西。伊森是個可靠的人沒錯，嚴格講起來他說的和他做的都「對」，但是感情這種東西就算不完全對也未必就是全錯。

那天晚上我無法入睡，即便伊森就躺在離我不到三十公分的身旁，我還是覺得孤單，好像全身僵住了，心被淘空，覺得被困住了。我想到羅曼和尤金妮亞，他們的友誼凍結在某一個時間裡，保存在一切都還沒改變之前，然後他從人世消失，自此他倆之間不會再有任何的改變，雖然這很悲傷，但從某個角度來看也是一種美。我想到羅莉聊天機器人，假如我可以在人世間留下我的數位分身永遠陪伴伊森，我會這麼做嗎？也許這樣做會比去正視我對離開的恐懼還要容易。我全身緊繃，腦袋裡聚集了太多壓力。好不容易沉入黑暗即將睡去，一個新的構想開始在我心中醞釀。

我和愛瑞卡來到祕密房間，兩人擠在我的手機旁。「我想談一談科技族群的憂鬱症問題，」我對著電話那頭的丹尼斯．克勞利說道。

Foursquare 的起落大家都已經看到了。創辦人丹尼斯曾經是新創金童，自從拒絕 Yahoo 的收購邀約之後，就面臨了艱難的戰役。Foursquare 試圖力挽狂瀾，於是做出了備受爭議的決定，準備將公司的產品分拆成兩款應用程式，其中一個是類似 Yelp 的生活服務應用程式，幫助用戶搜尋地點，而另一個程式現在稱為 Swarm，專門用來在某個地點「打卡」且可查看朋友經常出入的位置。新聞媒體紛紛質疑這項對策，而 Foursquare 隨著用戶成長趨緩，也面臨了排山倒海的抨擊。丹尼斯在公司轉型為企業體之際，辭去執行長的職位，這樣的變化不怎麼吸引人，但確實為公司帶來了收益。

早期的科技界經常可見丹尼斯這樣的創辦人在廉價酒吧喝一大堆啤酒，流連往返直到凌晨三點才回家，日復一日，但這樣的光景早已遠去。接著而來的便是歌舞昇平的階段，威士忌多到氾濫，資金灌入那些被過度炒作的社群應用程式，而這樣的光景，也同樣逝去了。每一個人都在成長，諸如 Scout、Instagram 和 WhatsApp 等新創公司也都出售了，被 Facebook 這樣的巨獸企業趁他們尚未壯大成威脅之前，豪擲數百、數千萬，甚至數十、數百億美元挖走。其他羽翼未豐的公司，要不就是設法獲利，然後以較低身價出售，要不然就是關門大吉。

隨著估價百萬和破產之間的落差變得愈來愈大，陰鬱的暗流浮現了。二〇一三年，社群網站 Reddit 其中一位創辦人亞倫．斯沃茨（Aaron Swartz）自殺了，二〇一五年有一位名叫奧斯登．海恩茲（Austen Heinz）的創業家也結束自己的生命。新創公司的生活看起來或許像個巨大的遊戲場——通常配有手足球和綠色果汁——但創立一家公司，包括打造公司的過程在內，其實非常困難、孤立且充滿不可思議的低潮。

相較於那些成功的光環，失敗其實多太多，但這個部分並沒有很多人會去談，媒體報導的若不是大獲全勝和快樂結局，便是史詩級的損失與爭議，但是人類經驗能承受的程度，往往難以成為平面或影音媒體管道探討的重點。

媒體基本上不會去報導人的內心騷動，這種主題在科技圈多半是忌諱。有鑑於此，二〇一六年在一個有很多觀眾都是創業家的場合裡，億萬身價的投資人克里斯．薩卡（Chris Sacca）站在舞臺上和我探討起這個主題時，簡直是坦率誠實到十分罕見的一刻：

「創業這種事如今變成一種流行了，就連大賈斯汀（Justin Timberlake）都在一部以很厲害的新創公司為背景的電影裡飾演某個角色，真的令人讚嘆。不少人賺進了好幾桶金，上了雜誌封面，但創業是一個非常不一樣的特殊旅程，未必適合每一個人。

你必須有點傻、有點怪，必須有點瘋狂、有點妄想。你大概會有一些私人問題，比方說你的陰暗面，而這些問題正是你之所以獨特的原因。也許有時候你會很難和別人相處，比方說你沒辦法接受失敗。也許你會有點暴走，也許有點陷入躁鬱。」

我仔細想了又想，便愈能瞭解他的意思。以我個人的經驗來看，某種類型的人確實比較有機會成為創業家，去挑戰常理、破壞現狀並真正創造改變。這種人就算不斷被拒絕也頂得住，但有時候這種性情有點激烈的人會有潛力去做有害無益之事。

麥可．弗里曼博士（Michael Freeman）是研究創業家與憂鬱症關係的精神病學家，我採訪過他之後，便證明了我的直覺沒有錯。他解釋說，創業家身上有很多個性特質，譬如創造力、外向、思想開闊和生性愛冒險等等，也能在患有ADHD（注意力不足過動症）、雙極性病症（bipolar spectrum）、憂鬱症的人和藥物濫用者身上見到。

這點我深有同感。我本身雖然可以在鏡頭前談笑風生，但我的家族其實有心理健康問題的病史，而且父母兩邊的家族都有。我的外祖母住在納什維爾，有一個十分美麗的家，她風燭殘年之時，只要碰到陰鬱的浪潮來襲，就幾乎沒辦法從她的絲絨床起身，寶藍色的眼眸會溢滿淚水、目光變得無神。

現在，我一邊望著窗外的哥倫布圓環，一邊對丹尼斯說我想傳達一個眾所周知的訊息給創業家以及任何正處於艱難時期的人：你不孤單。這個世界有了跳脫框架的創意、熱忱和破壞現狀的能力會變得更好。

這些年來，我乘著新創公司的浪潮來到高峰，有一件事我看得很清楚：世界可以這麼黑暗，就一定也能光明燦爛。情況可以這麼糟糕，就一定也能美好。人不是由成功來定義；真正定義我們的往往是讓我們愈挫愈勇、目光愈來愈清晰的失敗。

「妳一定要跟傑瑞・科隆納（Jerry Colonna）聊聊，」丹尼斯說道，接著又補了一句：「不過我不知道他會不會跟妳談。」

科隆納在科技圈是個傳奇人物。在網際網路第一波榮景之際，他就已經是數百萬美元身價的創投公司 Flatiron Partners 的合夥人，可是就在人生來到成功的顛峰時，他陷入了憂鬱，差一點跳到地鐵前結束自己的生命。從那個轉捩點之後，他放棄所有，成為一位教練，輔導了很多重量級的科技界執行長，幫助他們找回真實的自我。身在科技業很容易盲目地相信自己的鬼話，但是傑瑞會直接打斷，要求創辦人去碰觸他們害怕或隱藏起來的自我，譬如兒時創傷、父母間緊張的關係、難以忍受的不安全感。他的理論是：我們**把這些全部**帶進董事會。他輔導的客戶愈是能深入瞭解自己，就愈能成為更出色的領導者。傑瑞有辦法催生出最成功又堅決的執行長，促使他們用人性來行事，這種出色的能力讓他被譽為「執行長低語推手」（the CEO Whisperer）。

我聯繫了傑瑞，安排好通電話的時間。

隔週，我在撥他的電話號碼時，心情十分緊張。**丹尼斯說他可能不會跟我談是什麼意思？**

「嘿，傑瑞，非常感謝你抽出時間給我，」他一接起電話，我馬上就單刀直入。談話對象一般都可以感覺到我的恐懼，所以我如果不表現得自信一點，對方就不可能相信我有說故事的能力。

傑瑞有慈父一般的聲音。我事前已經先在Google搜尋過資料，他說話的感覺就跟照片上的形象很一致。照片上的他面容嚴肅，五十中旬的年紀，戴著黑框眼鏡、一頭白髮的他，看起來高雅又有魅力。他散發出「老靈魂但又年輕」、不過分強求的氣息。

他講起話來慢條斯理又謹慎，會刻意挑選用詞。我立刻就聽出來他是那種心裡有一把尺，能夠衡量一個人可以「胡扯」到什麼程度的人。

「很多人在報導這種故事的時候都用非常單一的視角，」他對我說：「結果最後做出來的東西弊大於利。」

原來如此，我想。**這就是丹尼斯說傑瑞可能不會跟我談的原因。**他不是那種為了上電視，就用便宜行事的說法來兜售心理健康問題的人。

我還擊說：「我不是那些『很多人』，我真心在乎自己報導的故事和勇敢站出來的人。有這麼多人在對付心理健康問題，卻似乎沒有什麼好辦法可以去探討。」我想到外祖母和父母兩邊的家族，也想到黛比，還有我自己。

我躺在CNN祕密房間裡那張診療沙發上，打給素昧平生的傑瑞，死皮賴臉地遊說他。經過一番長談，再加上保證一定會把這個主題做出品質，他終於同意在我們命名為〈矽谷的祕密〉（*Silicon Valley Secret*）這一集節目中發聲。

我們抵達傑瑞位在熨斗區的辦公室時，我不知道該作何感想，因為他的辦公室門上別著一張用黑色字寫著「開會中」的牌子。

「嘿，」傑瑞打開門，邊向我們打招呼。他穿著一件看起來柔軟又昂貴的海軍毛衣。**不知道來找他的創辦人會不會擁抱他，**我心想。他給人嚴肅認真的感覺，但又混著一股熱情，有如現代版的「尤達」。

「妳好嗎？」他望著我問道，東尼和蘿西在一旁架設攝影機。我感覺到他問這個問題並非沒話找話聊；傑瑞的問候要的是一個真心的回答。

「非常好！」我答道。

他深色的眼睛閃著光芒，因為我的回答很明顯就是逃避。我們兩位都是靠解讀他人心思過活的，而且我認為他一定可以看得出來我很緊張，也在思考我為什麼這麼渴望來他辦公室討論大腦和心理健康方面的問題。他就著刻有紐約天際線的馬克杯喝了一口，我在一旁微笑。

「你準備好了嗎？」我問道，同時我們在他的奶油色沙發上就座，暗自希望我雖然很明顯沒有通過他的第一道測試，但他還是願意直言不諱地回答我的問題。

「當然，」他說道。

攝影機開始運轉。

「請問什麼是成功的神話？」我問他。

「就是成功會讓人幸福快樂，」他答道。

「所以你的意思是說，那些走進這扇門，口袋裡有千百萬、數十億的富翁，並非個個都幸福快樂囉？」

「這個嘛，想像一下妳是這種個性的人，」他解釋說。「妳習慣驅策自己，然後有投資人會對妳說，妳最好表現得飢渴一點，否則我不會投資妳。妳熬夜不睡，有醫生開給妳的抗憂鬱藥處方箋。這種人得不到關照，這是我們業界很陰暗的小祕密。」

「你是指大家虛偽嗎？從哪裡看得出來？」

傑瑞道出了一個眾所周知的真相。「沒有人去戳破它……沒有人想通這一切。」

我的職業生涯是從媒體界的基層牛棚做起，一路往上爬，這是一份眾人搶破頭的工作。看起來確實光鮮亮麗沒錯，但如今點擊率逐漸主宰這個世界，大家的專注時間變短，我踏入職場以來所探討的科技以及我早期所支持的創業家們又使這種現象加劇，若是我坦率一點的話，我會說我對自己在這個業界裡所扮演的角色感到十分煎熬。

「因為你本來就是最成功人士當中的佼佼者，自然有權力可以這樣說。」在我眼裡，傑瑞是一個曾經搭上那興衰起伏的雲霄飛車，後來鼓起勇氣下車，從「普世標準」框框出走的人，而非信手拈來就是智慧之語的人，我想用這種角度來描繪他。

「我之所以有權力這樣說，是因為我對自己很誠實，」他說。「我們現在談的這些在矽谷並不是新鮮事，基本上可以說科技界和新創族群讓社會各個層面會有的一些問題浮出了水面，畢竟人的境遇往往也包含了傷心失望在內，但神話裡可不會有這些東西。」

我好想大叫「阿門！」傑瑞充分講到了重點，難怪創業家專找他協助他們尋找明確方向。他們視傑瑞為公司資產，或許更重要的在於，他也是他們對自己心靈的投資。

我們完成了剩下的訪問之後，我挪動身體準備站起來，但這時蘿西介入了。

「傑瑞，何不由你來問羅莉問題呢？」

她在做什麼啦？我心想。蘿西總是會想到一些花招。她之所以能成為出色的導演，正是因為她擅長扭轉形勢，把球丟到毫無戒備的對象身上。於是乎，我便經常從採訪者轉變成受訪者角色。

我不大自在地笑了。「妳確定要這樣？」我問道。但還沒能向蘿西抗爭，或者也可以說尚未能從接下來的狀況脫身，傑瑞就已經把注意力放到我身上，工作小組此時也迅速將攝影機重新架設好。

東尼大喊：「開始錄影！」

「妳為什麼想做這個報導？」他問我。

「這個嘛，因為我覺得我有必要做，」我回答，指的是我本身在報導科技領域的經驗以及探討這些議題的重要性。

「那好，妳知道妳剛剛說了什麼嗎？」他說，直直望著我的眼睛。「妳剛剛是在胡扯。」

他的話猶如當頭棒喝，我的臉熱了起來。他說得沒錯，那**的確**是胡扯。我不是為了探討一些抽象的疑慮才做這個報導；對我來說那不是理論，憂鬱症實實在在發生在我的家族裡。我不只想報導那些和大腦奮戰的創業家，我是真的明白那種感受，因為我也在跟自己的大腦搏鬥。雖然「焦慮」和「憂鬱」這些字詞出現在我身上，但我從來沒有在筆記本裡寫下來過，而是將這些感覺疏導到我想呈現的故事裡，即便我連自身的故事都無法好好審視。我在極端的生活中掙扎，不是喝太多酒便是想太多，我有辦法流連在外直到隔日清晨，也能緊緊黏在柔軟的枕頭上，裹著捲成一團的床單，哪裡也不去。

可是我還沒準備好把這些零碎的東西拼湊起來，彙整成「憂鬱症」和「焦慮」這樣的字眼。我覺得自己看不到完整的樣貌。我想起大學上寫作課的時候，瓊．蒂蒂安有一句名言讓我印象深刻：「為了活下去，我們會對自己說故事。」我四處尋覓意義，以此來發展職涯；我一直用述說別人的故事，幫助自己更加瞭解自己的人生。然而，傑瑞現在就坐在面前，我不可能再躲到任何人的故事背後，我感覺自己暴露了，一覽無遺。

他繼續往前進逼。

「告訴我妳為什麼想做這個報導，」他又重複一次問題。「全部的真相是什麼？」

我開始說起有一個阿姨罹患衰弱疾病，她因為遭逢人生變故而產生心理健康方面的問題，但沒有接受治療。

「慢慢來，」他說。

傑瑞的嗓音冷靜又帶著些許威嚴，現場突然肅靜的氣氛在對比之下顯得有點突兀。我瘋狂旋轉的思緒平息下來，蘿西和東尼彷彿消失了，我低頭看著雙手，可以感覺到淚水已經在眼眶裡打轉，我怕一眨眼就會從臉上流下來。

我反思自己。有時候我十分同情自己的大腦，基於某種我逐漸開始明白的理由，我特別容易為別人掙扎煎熬的故事動容，以致於我經常有機會飛到大老遠的地方去做採訪。我之所以對那些掙扎於極端生活的人感同身受，原因就在於我跟他們很類似。長久以來我都在逃避自己的內在，但如今我雖然與傑瑞有數十公分之隔，卻好像坐在一個可以直接看透我內心的人旁邊，他拒絕配合我的步調，也沒辦法聆聽雜訊和鬼話。

那一剎那間，如釋重負的感覺油然而生，我的眼淚滑落下來。

「妳知道這是什麼狀況嗎？狀況就是我們都在用光速過生活，」他說道。「這位是羅莉，她想告訴我們她的故事。」傑瑞把身體往前傾。「妳知道妳可以做什麼吧？做最真實的妳。」

我躊躇不前。

「做最真實的妳！」他又提高音量重複說了一次。「妳想為這個族群做點改變？那就站出來，最真實的妳擁有強大的勇氣，妳就用那股勇氣站出來，別胡扯一堆。」

我擦去眼淚，做了一次深呼吸。「我需要付費嗎？因為我不知道我付不付得起。」

「妳付不起。」他笑道。

我們開始收拾裝備，我抱了一下傑瑞，並保證會做出公平的報導。同時我默默許下承諾，也要對自己公平一點，不管那代表什麼意思。

離開傑瑞的辦公室時，我有一種恨不得多認識自己一點、多照顧自己一點的感覺。我發誓等我回歸紐約繁忙的街道、響個不停的手機，還有隨時待命的工作之後，也一定要保持傑瑞所說的「真實」。我從熨斗區走到東村，經過我以前常去的地方。桑多西提咖啡館已經歇業了，那是我和丹尼爾舉杯向我們的野心和糟透的約會致敬的地方，他們的磚牆也是黛比展示攝影作品的地方，如今已經變成一家連鎖餐廳。聖馬可廣場一二六號，也就是二〇〇八年迎接我來到紐約市、瑪麗亞會爬進我窗戶的那棟大樓，現在有了新房客，而瑪麗亞也已經搬到愛達荷州。當我靜靜站在那兒，呼出一口氣，我看見自己當年就坐在那個防火梯，展望某個遠在天邊但只要敢做夢就有機會得到的東西，不知道我現在離那樣東西是更近了呢，還是更遙遠了。

隔天在辦公室，愛瑞卡把我拉到旁邊。

「我們得談談，」她說。

我們已經合作多年，早就能解讀彼此的表情和平常的舉手投足，不過她今天的語調跟以往不同。

呃……我心裡納悶著。我們兩個很少爭執，從未吵過架，不過話又說回來，畢竟以前我們不曾一起做過原創節目，所以我準備好要迎接最棘手的狀況了。

「妳大概已經知道，」她開始說道：「我懷孕了。」

我目瞪口呆地望著她。我怎麼會沒注意到呢？我們對對方瞭若指掌，記得有一次在現場直播的時候，出現了技術問題，我看到幾個人在畫面上說話，但我耳朵裡傳來的聲音卻是別的對話。我在數千人面前的直播微笑加點頭，但完全被搞糊塗了。愛瑞卡當時就在控制室監控這個片段，她對著操作員大吼：「有狀況！羅莉不太對！」每個人都覺得她瘋了，但是她看到我的表情就知道事情不對勁。結果是聲音沒有同步的關係，我耳朵裡的裝置傳來的是國際臺，而不是CNN國內新聞臺的聲音。這是遲早都會發生的現場直播災難，不過愛瑞卡讀懂我的眼神，然後馬上解決這個技術問題。我們兩人的頻率就是這麼一致。

「等等……妳說什麼？」我慢吞吞地說，仔細觀察她。她看起來不像懷孕呀，我真的有這麼糟糕嗎？

我怎麼會在一起工作期間錯過這麼重大的消息？我到處奔波忙著拍攝《很像人類》的時候，愛瑞卡從遠方處理後勤事宜。況且她還要建置CNN的技術團隊，現在這個團隊已經來了很多不同背景的新人。

我們支援彼此，但並非每分每秒都在一起，所以我才會沒注意到這件大事。

我撲過去把她抱住，直到我倆都激動得說不出話為止；我很訝異自己竟然會如此激動。我們以前就常在這個小邊間待著，把腿掛在沙發上，策劃新聞報導，如今我們也在這裡感受彼此激動的心跳。記得初認識之時，愛瑞卡沉著又客氣，不習慣情緒大起大落，也不習慣擁抱，但現在她柔和多了，我們一起成為創意與理性的最佳拍檔。我真心為她和阿雷勒感到高興。

當我抱著她時，我在那面可俯瞰哥倫布圓環的窗戶上看到自己的倒影。那張蒼白的面孔盯著我，她看起來嚇壞了。我知道愛瑞卡一定會成為令人難以置信的母親，反觀總是在外奔波的我，我覺得我和約翰甘迺迪國際機場四號航廈的感情關係還比較長遠。我基本上不會做飯，若沒有伊森的清潔魂，公寓恐怕是亂七八糟。有一部分的我仍像個孩子似的，依然還沒準備好。

不過這也許是推託之詞。也許我是害怕承認，這是我第一次聽到「嬰兒」二字卻不覺得可怕。也許我覺得真正可怕的是我自己哪一天「真的」會想要一個嬰兒，但不是和伊森一起。

我們站在那兒緊緊擁抱彼此，直到她站直身體，清清喉嚨告訴我，預產期就在《很像人類》播出的那一週。我們為了催生電視節目寶寶奉獻一切，而如今愛瑞卡也有自己的寶寶了。時鐘滴答作響，我們還有工作尚未完成。

「好啦，塞格爾，我們恢復正常，」她說，試著表現出很酷的樣子，但是眼睛卻閃著淚光。

第十三章

上電視了！

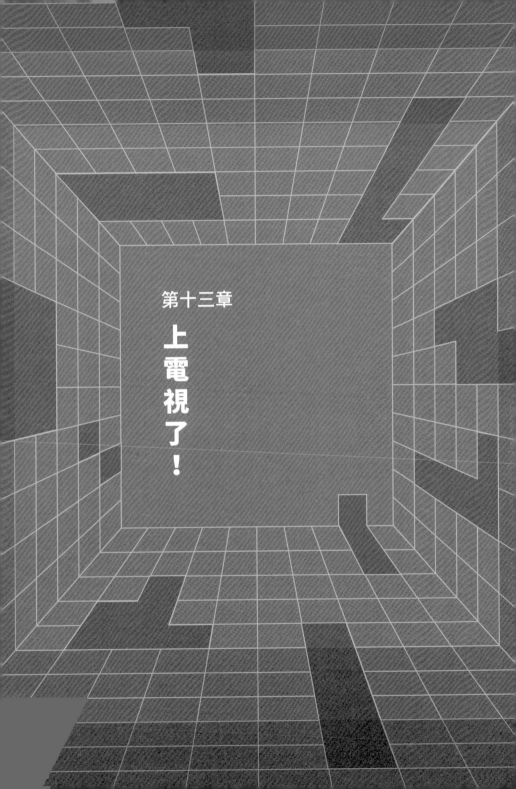

拍攝工作進行了數個月，我到世界各地和人們就成癮、死亡、愛與戰爭等主題有激昂的交流對話。新科技時代的道德問題浮現在許多奇妙的層面，譬如見證人類與機器人愛情的訂婚慶祝派對，或是一名女子坦然描述虛擬世界裡模糊的性騷擾界線，我和愛瑞卡激發大家去關注一個人類與科技深深融合、風險愈來愈大的未來世界。雖然我很清楚我們製作的內容引人注目，但CNN除了給一些含糊的承諾之外，其實尚未替《很像人類》找到棲身之處。既然數位部負責買單，那麼線上發布的空間是絕對有的，但是會安插在哪個電視時段播出仍是未知數。嚴格來講，這是一個節目，節目就應該在電視上播出，但數位部沒有任何電視播出時段。

愛瑞卡依舊不屈不撓，跑進跑出地努力說服各辦公室的主管讓節目播出，或者設法將節目賣給Netflix，但依然沒有人願意做決定。雖然他們沒辦法承諾並不是特別針對我們，但實在讓人沮喪。諸如美食節目主持人安東尼·波登（Anthony Bourdain）的《未知之旅》（*Parts Unknown*）和凌志慧（Lisa Ling）的《這就是生活》（*This Is Life*）等受到重視的節目，不只在當時有專門時段播出，也有配套的宣傳計畫，但《很像人類》沒有這種待遇。CNN仍在進行內部變革，高層寄予厚望的是下一個大事件，而這個熱門關鍵字就是「虛擬實境」，所以《很像人類》焦急苦等之際，CNN卻砸重本打造不會有起色的CNN虛擬實境體驗。

到了十一月我飛去里斯本參加網路峰會（Web Summit）這個歐洲最大的科技盛會之一時，還是沒有得到上頭的任何答覆。

我抵達里斯本，到飯店辦好入住之後，便步出飯店去探索燈火通明的街道。這裡的街道以鮮豔的塗鴉聞名，無論走到哪裡，都可以看到隱晦的訊息就畫在老舊的建築表面，街頭揮灑著藍紫色的彩繪圖案。我的美國家鄉因選舉而陷入日益嚴重的對立氣氛，政治攻訐引發的爭議日趨白熱化，如此陰暗的背景可以說和這座魔幻之城的光明璀璨形成強烈的對比。唐納．川普（Donald Trump）在近日的辯論會上說要把希拉蕊．柯林頓（Hillary Clinton）送進大牢，並稱她是「齷齪的女人」。希拉蕊則質疑川普的心智能力，並說他太不牢靠，不該將核子武器的密碼交付於他。我是一個大部分時間都跟著新聞編輯部的核心轉動的人，竟然在發生有可能改變國家命運的重大新聞事件期間，從CNN辦公室缺席來到海外出差，說起來真的太奇怪了。

但我並不想錯過這場年度盛會，來自世界各地的數千名創投人和創業家擠滿會場，他們齊聚一堂，恭喜彼此的努力實現了資訊的全球化、相互連結與普及化。由於我先前有多次參加網路峰會的經驗，所以這次獲大會邀請來主持幾場座談會。

後來我回到飯店客房，蜷縮在白色絨毛床上，陶醉在充滿祥和的寧靜之中，接著便直接睡著了。我從CNN國際新聞臺沃爾夫．布里澤洪亮的播報聲醒了過來：「唐納．川普當選美國第四十五任總統，他在一場我們此生不曾見過的選戰中擊敗希拉蕊．柯林頓。」

我揉了揉眼睛，懷疑自己是不是還在做夢。我翻過身去拿起iPhone手機，滑過許多CNN同仁傳來的數百封電子郵件確認消息無誤。房地產大亨兼真人實境秀的電視明星川普已經成功挑戰體制，擊敗了希拉蕊．柯林頓，讓她為成為美國第一任女總統所做的努力都付諸流水，人在里斯本的我可以感受到這股浪潮傳來的強大衝擊力，而且最後會有這樣的結果，社群媒體功不可沒。

仇恨、性別歧視和種族歧視言論不但出現在貼文裡，也被包裝成迷因圖在網路和社群媒體上瘋狂轉載。Facebook 這個用戶如今已經超過十億人的平臺，也流竄著假新聞。推特的聊天機器人煽動數千名用戶，試圖影響投票結果。維基解密（WikiLeaks）披露私人電郵，占據新聞版面，塑造新的論述。科技巨頭改變了遊戲場域的規則，他們在這場選舉中的角色引發的爭議久久不散。

網路峰會就在岸邊一個巨大的運動競技場館舉行，我抵達後便朝後臺走去，準備拿手環和識別證。我走進嘉賓室，一些名人和幾位最大咖的科技創業家都集結在那裡喝卡布奇諾，吃著普通的綠花椰沙拉。

室內的氣氛明顯十分緊繃。

「真的要這樣做嗎？」當我走過他們身邊的時候，某個創業家對另一位低聲說道。

這間嘉賓室平常總是洋溢著笑聲，大家扯開嗓門講話，每個人都自負得不得了，然而此刻卻安靜地古怪。我一路走到場館後方去把麥克風別起來，參加座談會的小組成員個個驚魂未定地站在那兒，不像往常在衝上臺前會鬧烘烘地閒聊和自拍。

今天我要主持的座談會題目是「自負是招致失敗的最大肇因嗎？」。我看著筆記，尋思該如何扭轉原先準備好的會談方向，改為討論大家現在唯一**真正**在乎的主題：美國總統大選結果的衝擊。

「羅莉，妳還好嗎？」舞臺操作人員用濃厚的愛爾蘭口音問我。網路峰會最初是在愛爾蘭舉行，雖然移師到里斯本，但工作人員沒有變，我很喜歡舞臺工作人員和操作員給我的熟悉感，他們總是幫我打點好那些備受關注的來賓、座談會和麥克風的狀況。

「我沒事，」我說，試著讓他放心，也安定自己的心。我集中思緒，深深吸了一口氣之後，走到那可容納七萬人的場館裡。

我和座談會小組人員在舞臺上就座，接著我望向舞臺外的觀眾席。就在前一天另一場座談會上，我開玩笑地說從後臺走到觀眾面前的感覺讓我覺得自己好像碧昂絲。臺下觀眾的臉難以看清，只有數千個因為手機亮起而形成的黑色剪影。我雖然經常在公開場合講話，不過如此巨大的場館還是讓我有些焦慮。舞臺上即便有炙熱的燈光照射，但還是冷颼颼的，我一開始說話，就感覺到我的臉頰抵著冰冷的麥克風。

「你們是科技產業的領導者，」我邊說邊望向座談會成員。在情緒如此激烈的一天直接切入政治話題，其實讓我感到緊張，即便我的口氣充滿自信。「各位有什麼感想呢？」我問道，指的是美國總統大選的結果。我可以聽到自己的聲音從麥克風迴盪出來。現場靜默了應該只有短短數秒，但卻好像有幾分鐘那麼長。

「我他媽火大到極點，」創投人戴夫．麥克盧爾（Dave McClure）答道，穿著粉紅色襯衫、上面印有蘇斯博士素描像的他，垂頭喪氣地坐在沙發上。Y Combinator 合夥人賈斯汀．卡恩（Justin Kahn）就坐在旁邊，他在二〇一四年將 Twitch 以近十億美元金額賣給亞馬遜。另一位重量級創投人艾琳·伯比奇（Eileen Burbidge）不發一語地坐著，此時戴夫講話的音量愈來愈大。這些年來我曾在戴夫和賈斯汀的生涯各個階段採訪過他們，所以一直都有機會見到面，對於艾琳在投資圈的紀錄也十分熟悉。

「整個他媽的總統大選天殺的滑稽，我們不應該坐在這裡，像什麼鳥事都沒發生過一樣！」戴夫現在簡直就是大吼大叫，他從沙發上一躍而起，朝舞臺邊緣走去。基本上不會有人想從沙發上離開，倒數計時器從你步上舞臺的那一刻就開始運轉，所以在時間壓力下要大家侃侃而談真心話是非常困難的事情，但我沒碰過完全相反的狀況：某位與會者揮舞著雙臂亂吼，還朝觀眾跑去。這場座談會已經成為網路峰會歷來最激烈的一次了。「我們被搶劫了，被強暴了，被騙了，被偷走了！」戴夫繼續喊道。

這樣講就太過頭了，我心想，不管是誰狂吼「我們被強暴了」，這種比喻方式讓人非常不舒服。

我看向舞臺外的群眾，他們的智慧型手機發出光芒，那些裝置正在拍下現場這一刻並發到推特上。稍後各新聞媒體大概會以「舞臺上的崩潰」之類的標題來形容眼前這副景象。我告訴自己，**保持冷靜。**

「看來情緒非常激昂啊，」我得冒險一試。

「當然，如果這種時候妳不覺得他媽的火大，那妳是不是有毛病？」戴夫氣呼呼地回答。

「戴夫，你很火大我知道，很多人也感到震驚和納悶，但是……」

我才說到一半他就打斷我。「我很火大，而且很傷心。」

「不如我們回過頭來談科技好了，」我又試了一次。「科技的角色是什麼……」

「妳說回頭談科技是什麼意思？」他大吼大叫，再次打斷我。「好像這全部，全都是可惡的人性。」

我有些煩躁，在座位上挪動了一下身體，我逐漸痛苦地意識到座談會的氛圍愈來愈激烈。我低頭看了看自己準備的提問，但現在這些問題再也不重要，我懷疑自己還能不能插上話。這是歷史性又是至關重要的一刻，當然應該請科技界的領導者提供洞見、給大家一些解釋，但是他一直打斷我，想蓋過我的話。每次他開口干擾我，音量就愈來愈大，所以開始不到幾分鐘就可以明顯看到，因為座談會上有人一個字也不願意讓別人說，沒辦法進行公民對話。不過這倒是很符合一場以自負為主題的座談會。

再試一次看看，我心情激動地想著。同時我也注意到自己的心思：在臺下拿著智慧型手機的觀眾面前，我交叉雙腿又分開，並且開始將紙張弄來弄去。

「科技產業應該秉持何種角色，才能提升公民參與，讓大眾……」

「科技有助於人與人的溝通，」戴夫又插話了。「我們提供溝通平臺給這該死的國家，竟然還容許狗屁倒灶的事情發生，跟那些有線電視新聞臺一樣，跟那些廣播談話節目一樣……確保不會發生這種狗屁倒灶的事，就是我們身為創業家、身為該死的世界公民的職責和責任。」

接著他又開始發作，對著觀眾大叫。

「這種狗屁倒灶的事情撐不久，你應該為自己的權利奮戰，一定要挺身而出！他媽的馬上就站起來，站起來，他媽的站起來，站起來去做點事情改變世界！」

很多觀眾起身鼓掌，有些人則靜靜坐著。這場座談會被打亂了。

「艾琳，」我大聲說道。假如戴夫不讓我講話，那麼我至少可以設法替另一位女性開闢發聲的空間。「我想請教妳……我知道有些人聲量特別大，又會說一些大話。」

這算不上多有說服力，卻挺有效。戴夫退縮了，無精打采地坐回沙發上。

「我很傷心，因為我們每一個人都覺得自己能力十足，也覺得我們從事的科技應該要更有包容性，應該是可以讓更多人參與的工具才對，」艾琳說道。「我們似乎太與世隔絕、太孤立，以致於不明白現今的隔閡竟然如此之大。」

我可以感覺到矽谷的泡泡在里斯本這個運動競技場館破掉了。

「我們替自己製造了這種局面，對吧？」賈斯汀補充說。「我的意思是說，現在大眾其實有能力選擇自己想要的新聞來源，畢竟網路上有一大堆新聞管道，Facebook、推特、各種社群媒體等等人們在手機和電腦上花最多時間的地方，因此很有可能只會收看自己想看的新聞。」他指出，新聞會以能最大化群眾參與度的形式來呈現。「所以身為科技人的我們，必須找出辦法把人們集結起來。說不定只有祖克柏可以強迫所有人只收看同樣的新聞來源或同樣的資訊，這樣一來大家就得救了。」

我認為馬克·祖克柏或任何科技人，絕對沒辦法把我們從他們的科技所製造的問題中解救出來，我心裡這樣想，但還沒來得及接話，艾琳便開口了。

「我覺得這不是正解，」她急忙說道。

「那麼妳認為答案是什麼呢？」我問她。舞臺上的燈光感覺很熱，就連心情也變得緊繃起來。

「我認為只讓人們收看一樣的新聞來源是非常危險的事情，誰來指定這個共同新聞來源呢？又該由誰來指定媒體呢？」艾琳反擊說。

「如今的現實世界有多種面向，每個人相信的事實可以完全不一樣，」賈斯汀回答。「我認為最重要的事情就是，就科技公司作為資訊平臺所應承擔的公民責任來講，這是一個巨大的警鐘。」

賈斯汀提出了這個問題：我們在顛覆產業之際，那些不可避免會在過程中被取而代之的人會發生什麼事？

他說的沒錯。有朝一日自駕車會取代 Uber 駕駛；人工智慧會滲透到社會各處，接管特定的工作；機器人勢必會把傳統產業攪得天翻地覆；演算法對人類的影響，恐怕也會因為矽谷盲目的樂觀主義和傲慢而蒙上陰影。

「我認為我們會去批判各國的領導者，用特定的價值觀、品行和道德標準去審視他們，」戴夫補充道：謝天謝地，他現在冷靜多了。「但是一些主要大公司的經營者，他們的用戶恐怕都比很多國家的人口還要龐大，我覺得我們並沒有用同樣的標準去檢驗那些傢伙，也許這就是我們應該開始著手的地方。」

我瞥了一眼時鐘，時間只剩下幾分鐘了。

我希望這場座談會結束在一個發人深省的地方。

「你們對科技的未來樂觀嗎……科技會讓人與人更緊密還是進一步分裂？」有鑑於當前的局勢，我拋出一個很基本但另有用意的問題。我知道戴夫一定會搶做結論，果然不出所料，到最後一分鐘時他跳出來了。

他建議大家別再採取「高尚的途徑」來解決問題，應該以牙還牙才對。我本打算就此結束對話，但還沒來得及這樣做，他便轉向觀眾席，面對那些來自世界各地的創業家，硬拗他對全球化的見解。

「我們應該積極鼓吹全球化是好事，」他對觀眾席說道。「如果你認識別的國家、別的膚色、別種性別的人，說不定他們會覺得你特別有意思，你也會因此顯得特別性感。」

特別性感？我都不知道該不該試著打斷他了，時間只剩十五秒，音樂就要響起，那是請我們離開舞臺的信號。

「所以我幫全球化想到一個新口號——人人飄洋過海變性感。鼓勵大家相聚，一起製造各種膚色的小寶寶，我們就不會他媽的這麼仇恨彼此。」他宣稱。

真心話？

「我們的座談會到此結束，」我說，內心瑟縮了一下。

有些觀眾禮貌地拍拍手，有些則大笑，還有一些沉默不語。我想離開現場上推特調查損害的情況，結果差點因為手機在這個時候響起而下不了舞臺，那是CNN公關團隊打來的電話。這場座談會獲得「新聞媒體引用」，還附帶一則被瘋狂轉傳的推文，指出了戴夫的失態之舉。一個成年男子如何做出幼稚的行為，不但打斷女士說話，又沒有給予公民討論的空間，全都在這則推文中一覽無遺。我則被形容為「試圖讓情況冷靜下來的訪問者」，**真是保守的陳述啊**，我心想。在美國總統大選結果出爐的這個歷史性一刻，設法在一場談自負的座談會上把一堆自負的人集合起來，實在不是理想的差事。我希望我已經優雅地解決了這個挑戰，但是鏡頭上的觀感、哪些部分會被推文、被截掉或放進新聞報導裡，我無從得知。

果不其然，從科技部落格到英國各家報紙，都紛紛評論了這場座談會，他們的標題都提到了戴夫的「爆炸性發作」和「失態」，以及他「在舞臺上對川普的史詩級謾罵」。也許最恰當的描述當屬舊金山一家數位出版公司所刊登的文章標題：「科技界因川普勝選而集體喪失安全感。」

在飛回紐約的航班上，我想到矽谷表面下沸騰的一切，隨著人們開始質疑科技的力量及其對政治的影響，挫敗感高漲。網際網路如今就像小鎮的廣場一樣，每個人都能在此發表言論。曾幾何時，科技界承諾要幫助人們從大量資訊中找到出路，讓大家能參與有品質的線上對話，如今這種烏托邦形象已漸漸式微。與日俱增的網路騷擾、背後夾帶各種動機的煽動言論，還有偽裝成人類在網路上彼此叫囂的聊天機器人已經在小鎮廣場上氾濫成災。科技公司本身也很難處理自家平臺的問題。前 Google 公共政策負責人安德魯．麥克勞林（Andrew McLaughlin）後來就將網路的現階段狀態形容為「公地悲劇」，他向我解釋：「假如你有一個共同空間，比方說公園，任何人都能去看這個地方，不用受任何控制，那麼勢必會發生這個空間垃圾堆滿地的悲劇。」

我和愛瑞卡多年來所報導的議題，現在已經成了迫在眉睫的談論話題。我想到之前向傑夫．佐克簡報時，有張投影片上寫著「科技是愛、是死亡、是戰爭。科技**很像人類**」，這句口號的含意隨著新聞週期的每一次更新而變得更加切身重要。體制出現了裂縫，我們還有很多事情要做；因為《很像人類》的宗旨就是要傳達科技是社會的寫照，這個訊息在川普勝選之後變得更迫切了。

新聞編輯部的一些暗潮雖然令我們感到失望，但還是有好消息可以慶祝。我們的《很像人類》終於敲定了播出時段，這個節目將會成為CNN第一個在CNNgo播出的串流節目；CNNgo是這家電視新聞臺為了在愈來愈熱門的串流領域競爭而推出的平臺，我的節目可以用來做驗收測試，真是太適合了。

我和愛瑞卡因為作品就要亮相而感到雀躍不已，不過無論我們多麼努力，CNN的報導鏈似乎還是缺乏多元性，這往往讓我們寸步難行。公司一向樂意在最終會以失敗告終的某個YouTuber或應用程式投注數百萬美元，但是我和愛瑞卡這樣的女性若是想得到公司的認可或專案資金卻是艱難的挑戰，儘管我們有優異的紀錄。羅伯特那一群從彭博帶過來的親信，看起來像他的酒友，我們時不時得應付他們的需求。我將自己的挫敗感轉化為那些讓女性有發聲平臺的報導，但是我們每天都過著必須在性別歧視中逆流而上的職場生活。

表面上我們的作品是得到了認可，但是有一股情緒正在我們單位的女性之間醞釀著，那就是無論我們做什麼都很難在公司內部得到賞識，進而轉化為工作上的成長，好像主管戴上了眼罩似的。這種感覺難以名狀，也很微妙，不過很多女性都表達過這樣的想法，然後每一位也都把自己的失望之情轉移到別的地方。

有一天，我們正在專心製作《很像人類》的最後一集，愛瑞卡轉寄給我一個連結，並加上一個簡潔又耐人尋味的評論：**嗯。**

我點開連結，讀了標題，然後仔細看了一下照片。

我盯著這篇刊登在《好萊塢報導》(*Hollywood Reporter*) 網站的文章，最上面是傑克·塔伯爾、W·克莫·貝爾 (W. Kamau Bell) 和安東尼·波登以及傑夫·佐克和YouTube 明星凱西·奈斯塔特 (Casey Neistat) 等人表情有點厭世的合照，標題寫著：「CNN高層傑夫·佐克透露了主宰數位世界的計畫。」CNN以兩千五百萬美元收購了凱西的影片分享應用程式，打算對未來的數位世界豪賭一把。但奇怪的是，照片中的其他男人卻跟我和愛瑞卡這七年來視如生命的數位世界沒什麼關連。是我們開發了CNN的新創報導路線，創作了該主題的第一支「數位到電視」系列特輯，每天工作十四小時開拓了一個無論是在內容上還是在這家新聞臺的發布方式，都是首創的節目。但照片裡面連一位女性都沒有，這是對我們明目張膽的忽視。

我衝去找愛瑞卡，她已經臨盆在即。

「找三個白人男性上封面，一位女性也沒有，這種選擇也太古怪了，」愛瑞卡說。我交叉雙臂。「他們根本就是裝聾作啞。」

「他們把W．克莫．貝爾拉進去了，至少還算多元化。」

「那倒是，但是傑克．塔伯爾怎麼會屬於未來數位世界？他的是電視節目耶！」

我們的數位節目是一個以女性為核心的科技團隊所主導的節目，卻沒有在這篇肯定是由新聞臺高層精心安排的報導中被提及，真是令我失望。而讓我感到更火大的是，文章中「沒有提及任何一位女性」，更別提照片了。

「我的意思並不是要他們『把我們弄進那篇報導裡』，而是至少也該提及幾位**真正**在數位方面辛勤耕耘又有才華的女性吧。」

況且，看來並非沒有人選。我在愛瑞卡的辦公桌旁一邊踱步，聲音愈來愈大。

「為什麼不提梅雷迪思？」愛瑞卡說，她指的是CNN數位全球部（CNN Digital Worldwid）總編梅雷迪思．阿特利（Meredith Artley），該部門主要由她管理。

「如果他們要走電視明星路線，那我也可以建議淩志慧呀！」我補充說。我們一定有知名的女性人才可以和封面上的那些男人相提並論。

「他們好像專挑CNN的工作人員當中最有名氣的人，」愛瑞卡回答。「如果說這些工作人員當中沒有一位是女性，那就是有問題了。」

這感覺就是在針對女性。我們的科技團隊——也就是我和愛瑞卡幫忙組建的——大部分都是女性，而且背景多元，這表示這家公司絕對有女性可以代表未來的數位世界。**仔細找找好嗎，**我忍不住這樣想。

我一方面很想衝去傑夫的辦公室大叫，但另一個精神比較正常的我，則勸自己把失望的感覺嚥下去，繼續效忠該效忠的高層。我在CNN從基層一路往上爬，清楚看到逐漸壯大的數位領域有如一個難以打入的男孩俱樂部。我的心情很矛盾，因為這個俱樂部有幾位成員曾協助我策劃報導路線，為我指引各種機會，甚至讓我的專案過關。我是不是該心存感激就好，還是說我有資格對我們總是撞不倒的牆表示失望？畢竟《很像人類》最終還是安排了播出時段，數位部的大人們也決定會讓這個節目在SXSW推出。基於我過去參加這個大會的資歷，這樣的決定確實再適合不過了，而播映日期就定在愛瑞卡預產期那天。

有一天晚上我們趁著寫腳本和策劃的短暫休息空檔，穿過五十八街走到粉紅莓（Pinkberry）甜點店，挑了巧克力榛果口味的冷凍優格提振精神，然後再回去辦公室進行下一輪奮戰，愛瑞卡對我說：「這個小寶貝一定會等到節目推出才會出生。」當時是晚上八點鐘，我們還待在辦公室，把節目播映計畫做最後的確定，因為離首播日不到兩週了。

我身兼撰稿人、主持人和製作人這三個身分。過去一個月的時間我都在家裡廚房桌邊寫每一集的腳本，靠腎上腺素打拚，四周擺滿了採訪紀錄。我若是不在辦公室或我家廚房桌子旁，那就是到BFD位在布魯克林的辦公室，或者是忙著編輯放映畫面和奔回CNN上現場直播，中間還要接聽電話。

首播的日子愈來愈近，東尼和蘿西開始對編輯內容做最後的修潤，同時「那一排」也逐一審查我們的各集內容，確保報導沒有任何違法情事。於此同時，愛瑞卡和傑克負責處理行銷素材，並製作海報，到時候會掛在我們在SXSW大會的放映室外面。

我奉獻這麼多給節目，可以說這個節目已經成為我個人的延伸，因此當愛瑞卡告訴我數位部高層指示她先暫停印刷宣傳品，準備把我的臉從看板上拿掉時，我驚訝到連呼吸都嗆到。他們提議宣傳走科技風，也許機器人可以當主角，翻成白話文就一清二楚了：他們想要用機器人的圖像來取代我。

「既然節目的名稱有『人類』二字，那麼用一個真人作為海報主角不是理所當然嗎？」她轉達了高層的意見後對我說，因為生氣而漲紅了臉。CNN走廊張貼的海報上，都有主播站在他們節目名稱旁擺姿勢的照片，我還以為我的照片放在看板上代表這是我用心製作的節目，用膝蓋想也知道沒問題。

面對愛瑞卡的反對，他們就只是說：「羅莉又不像安東尼．波登知名度那麼高，宣傳品用知名度不高的面孔效果會不好。」

這種說法讓我火冒三丈。不只是因為創作者出現在作品的宣傳素材和影像上是普遍做法，更何況大多數的節目主持人並不像我一樣親自動手撰寫和製作內容。我深深受到打擊，這個節目是我的創作結晶，而我的臉孔和姓名就該印在上面作為節目的重要標記。

我很想放超清晰樂團（Everclear）的歌曲，在這個冬天最寒冷的一天走去中央公園，把冰涼的空氣好好吸進肺裡，但愛瑞卡阻止了我。我看得出來她正在尋覓解決之道，思考著各種情境，眼睛轉來轉去。

「我們一定會想到辦法，」她緩緩說道。

「如果他們認為我現在知名度不夠，那他們也絕對不會幫我提升知名度，」我說。「要是我連自己的臉都沒辦法放到自己想出來、寫出來，還有我們一起製作的節目上，也沒什麼勝算了。」

我們究竟要拿出多少證明才行？這不只是海報上有沒有放我照片的問題。經過千辛萬苦的努力所製作的作品，最後一群男人卻建議用機器人來取代我的臉，令我怒火中燒。我終於明白，我踏入職場以來一直感覺到這種熟悉的困境：若是我站出來發聲的話，是好是壞呢？我擔心把想法講出來會顯得我不知感恩，並斬斷進一步的機會。但是那種我覺得自己明明值得被認可卻還得為此持續奮戰的感覺，實在讓我心力交瘁。我可以保持沉默、悶悶不樂，又或者我可以表達一點什麼。

「我要去爭取，」我說。但說我不擔心這樣做會引來什麼後果，也是假的。

「就這樣做吧！」愛瑞卡同意。

就跟之前碰到情況時的策略一樣，我們分頭採取行動，希望至少會有一條路可以成功。我直接去找羅伯特，請數位部重新考慮。我試著拿捏平衡，一方面感謝上級給我機會說明自己所做的努力，同時也告訴他們用主持人的形象來代表節目是標準做法。

我希望他能理解，在明白我為這個節目付出這麼多、我們團隊十分努力將節目從無到有打造出來之後，能夠重新予以考慮。

那天晚上，我坐在我家廚房桌邊寫《很像人類》最後一集的腳本。我的手機響了，是數位部主管打來的，我立刻就接起來。

「嘿！」我說，希望聽到海報的好消息。

「嘿，羅莉，」他聲音有點僵硬地打招呼。一番寒暄之後，他放低音量說：「我只是想打來告訴妳，妳的強勢作風已經惹惱某些人了。」他建議我別再和他們對抗。言下之意很清楚，在這種情勢下跟上頭要求我想要的東西對我沒好處。

這便是典型的性別歧視，在一些奇怪人資訓練影片當中，他們會模擬令人反感的情境，告訴你「別說」哪些話，那其實就是性別歧視。顯然這種無意識偏見訓練少了一些教材。有鑑於傳統上習慣將敢於發聲的女性認定為「強勢」，但愛抱怨的男性卻能獲得獎勵。

這種情況也太不公平了，但也無法控制，而且是極為常見的事。不過最難受的部分在於，做出這種批評指教的竟然是我的知己，是一個多年來曾助我形塑報導主題的人。我若是能將他歸類為性別歧視的沙豬，說不定感覺會輕鬆一點，但是這個人曾經多方面支持我。我想他其實並沒有發現自己說的那些話已經越界，但他所說的確實就是我和愛瑞卡不斷碰壁的完美例子。這位被我們視為最有機會助我們踏上成功之路的希望，卻同時也是在我們往高處爬時重創我們的人。

那些層級在我之上的人所做的決定，如今漸漸說得通了。這種不公平的待遇沒辦法明確指出來，它很耐人尋味，難以界定，可是對於我的心靈、我的職涯卻產生了真實又具體的影響。我尋思該不該找傑夫談一談，他是個我覺得可以商量的人，雖然就辦公室的政治來講，我可不想走錯一步棋。

於此同時，愛瑞卡找蘿西和傑克一起為海報發想新創意，打算設計一個讓高層無法拒絕的影像。他們幾個把我的臉切一半放在海報左側，然後在右側把機器人一半的臉放上去。半張臉的我加上半張臉的機器人，這是折衷做法，機器人也不是隨便找來的，而是由莉莉的 InMoovator 來救援。

「InMoovator 有點像白人，所以至少這個意象可以讓他們開心，」蘿西開玩笑說。

愛瑞卡把設計圖拿給羅伯特和行銷部的人看，他們很喜歡這個概念，覺得跟《很像人類》的節目名稱很搭。如此一來，我們多少也算成功了。

我們歡呼慶祝。我仔細研究這張兩側放了我和 InMoovator 臉孔的海報，一種如釋重負的感覺取代了原先的憤慨，這真是最完美的解決方案。

數週後，我丟下愛瑞卡飛去奧斯汀參加SXSW大會，雖然很難過她不能同行，但是我感謝她未出世的孩子願意等到現在，讓我們能把節目打點妥當，為首播做好準備。

我抵達德里斯基酒店後，酒店立刻幫我升級到我見過最大的客房。「真是好預兆！」我向伊森宣告，他在前一天就抵達了。我緊張不安地走過大廳，一邊聽著舊金山來的創投人靠在皮沙發上喝著威士忌聊新創公司的熟悉交談聲。不過如今我卻覺得，先前每年參加SXSW的經驗其實都是為了這次而做的暖身。我在此報導過新創公司的崛起，見證過一些最成功的創辦人來來去去，但是今年不一樣，我不必去報導新東西，因為我自己就**創造**了新東西。我和我報導過的許多新創公司創辦人一樣，用簡報來概述我的理念——即創業家為了吸引潛在投資人所做的PowerPoint簡報。幾個月過後，我會走遍全世界，透過我見過最奇特又最有趣的一些人，向大家證明我主張科技現在已經嵌有人性的論點，它正在製造引起爭議又值得探討的新場域，現在是時候了，就讓我們以CNN第一個串流節目的形式將我的創想公諸於世。

SXSW大會是我在科技領域揚名立萬的地方，我曾在這裡實踐「演久就成真了」的理念。雖然我還是經常覺得自己在假裝，但明天就是我演久了就會成真的一刻。不過話又說回來，即便我對我們所創作的東西充滿信心，但我依然得和自我懷疑的感覺搏鬥，這種感覺往往在我的職涯出現里程碑的時候現身折磨我。無論我在企業的晉升之路上爬得多高，它從來沒有真正消失過，所以我只好學著粉飾那種感覺，讓自己笑開一點，站直一點。可是我又擔心，要是一個觀眾也沒有，要是我講得牛頭不對馬嘴怎麼辦？我衷心盼望別人能看到我想傳達的訊息。

結果到了隔天早上，我從第六街滂陀落下的雨聲中醒來。我往窗外望去，看見跑活動的人飛奔尋找遮雨的地方，三輪車也飛馳而過。

CNN租用的首播場地是個半室內、半室外的空間，可視情況調整。不知道宿醉和泥濘會不會壞事，斷了觀眾來參加首播的念頭，這樣的話我們就完了。

「如果沒有人來怎麼辦？」我非常擔心地問伊森。

「我敢保證大家一定會來，」他說，雖然我聽得出來他聲音裡的擔憂。

我們走到紅河街，我看到排隊等著觀賞首播的人從門那邊延伸出來。

感謝老天，我心想，粗略地看一下排隊的人潮，隊伍裡有我這些年報導過的創業家、大型科技公司的高層主管、同事和朋友，還有——最讓我感到最意外的——素昧平生、但是對這個節目的理念有興趣的陌生人。

我打結的胃終於鬆開了。放眼望去，正好看到亞馬遜技術長走進去，也見到前Google員工以及一些從默默無名到闖出一番名堂的新創公司創辦人的身影。CNN高層四處走動，有些坐在沙發上，而沙發上的靠枕則印有「很像人類」的字樣。我默默記在心裡，準備在首播結束後帶走一個當作今天的紀念。

東尼和蘿西已經在場內，我很開心能見到他們，這對他們來說也是職涯重大的時刻。我們一起從側邊觀看觀眾逐漸坐滿放置在防水布上的木椅，那些防水布是為了保護觀眾的鞋子不要沾上泥巴。

傑夫．佐克為了參加這場首播，重新調整了行程，現在他已經坐在觀眾席的一角。**一定不會錯過，**他之前傳了這個訊息給我。我向他揮揮手，滿心感謝他願意押注在我和我的構想上，我帶伊森朝他走去想跟他介紹一下，臉上的笑意完全停不住。

還沒回過神來我便已經朝著舞臺走去，準備向大家簡報這個節目。在我身後的《很像人類》海報，秀出了我和InMoovator的各半邊臉，沒有人知道它的幕後故事。我踩著沾了汙泥的五吋高跟鞋跳上階梯，原本的緊張感已經化為熾熱的活力。望著觀眾席上的朋友和陌生人，我開始娓娓道來。

我從自己乘著科技浪潮之後逐漸在心中縈繞的論點開始講起，向大家說明我們不能過度簡化那些因科技而順勢衍生的問題。科技絕對不是非黑即白，其中有值得探索的灰色地帶。

「這個節目會帶著大家到世界各地，」我說，一邊望著站在角落的蘿西和東尼。記得我們初次會面時，我心中就有一種**也許不認識他們，但是可以信任他們**的直覺。「內容激昂、複雜，又有人情味。到頭來我認為很重要的一點就是，別忘了科技很像人類。」

《很像人類》的每一集都會深入報導這個主軸，但是被我們挑出來作為首播的，應該是當中最震撼的一集，內容是莉莉與 InMoovator 的愛情故事；從性愛娃娃工廠瞭解真人尺寸機器人的買賣；以及一位宣稱在虛擬世界遭到侵犯的女性專訪，並從另一種角度來關注未經同意散布的問題。我們探討的都是令人不自在的主題，而且這些主題也全都經過CNN最高層主管的審查。我望著傑夫和艾美的表情，心裡忍不住再次感嘆，我和愛瑞卡到底是怎麼讓這種離經叛道的節目得到批准的。

最後一個主題播映結束後，觀眾報以熱情的掌聲。我環顧全場，暗自向自己保證一定要將這一刻銘記在心。不過就在七年前，我自掏腰包參加SXSW大會，和黛比擠一張床，當時還只是個假裝製作人的製作助理而已。現在，我已經有自己的節目了。

觀眾魚貫而出，我駐足在我和 InMoovator 的海報前，拍一張照給愛瑞卡做紀念。今天是她的預產期，不過一如她的預測，她的兒子——柯爾——一直到《很像人類》正式在電視上播出才出世，也就是數天之後。

隔週我們回到紐約之後，伊森在 Soho House 酒店租了一間放映室，召集我的朋友和同事前來觀賞幾集目前也已經在 CNNgo 上架的節目。那是個特別的夜晚，我愛的人都在身邊，可是結束離開時，我接到一通高層打來的電話，他非常生氣我沒有取得 CNN 同意就舉辦另一場放映會。

「可是節目都已經上架了，」我困惑地說道。「任何人都看得到節目了。」怎麼我邀請朋友來觀賞……已經上架的節目會有問題呢？朋友和同事不能聚在一起支持我？必須得到許可才能觀賞已經在電視上播放的節目？

他又繼續提到他聽說我「不知感恩」。

我無語了。

我結結巴巴想找話講，試著向他表達我有多感激時，我感到愈來愈生氣。「不知感恩」這個特別編造出來的說法，就是長時間辛勤工作所得到的獎勵。節目明明得到正面的迴響，但我不禁覺得無論我和愛瑞卡怎麼做，都不可能融入男孩俱樂部。我們沒有再表達任何意見去招惹麻煩，因為我倆都希望能有機會再製作下一季，所以只好默默在另一場我們不想玩的企業政治賽局中挪動棋子，但內心其實憤怒不已。

整體說起來，女性已經開始表達她們的挫折。戴夫．麥克盧爾在網路峰會舞臺上戲劇化表現的隔年夏天，我又聽聞他惹出更大的麻煩。多位女性出面指控，聲稱他在工作場合對她們提出不當建言。就在戴夫退出他的創投公司之後，我訪問了一位女性創業家，她提到自己被性騷擾的經驗。

「他向我提出發生性關係的要求，」她說道，向我詳述當時的狀況。他們在討論某個交易時，他壓到她身上，開始親吻她。她一直拒絕，可是他不斷地說：「只要一個晚上就好。」

我們溝通了很長時間，瞭解她上鏡頭是否會感到不自在，要做出決定並不容易。她擔心說出來會發生的後果，畢竟戴夫已經為她的企業投入資金，承諾要協助公司壯大，不過最後她還是同意在鏡頭前分享自己的故事。

「我覺得這是很大的權勢在作祟，」她說道。「會對職涯產生影響。」

但是情況正在改變。她並非唯一公開發聲的人，#MeToo 運動*開始扭轉了世界各地的女性遭受不當對待的言論方向。接下來的數個月，到處都有女性挺身而出，述說自己受到性騷擾和性暴力的故事，並加註 #MeToo 標籤。諸如葛妮絲．派特洛（Gwyneth Paltrow）和鄔瑪．舒曼（Uma Thurman）等重量級名人，也都出面發聲，提到她們在演藝界令人目瞪口呆的性騷擾經驗，之後又陸陸續續有許多人站出來。隨著嚴重的受暴行為在各行各業裡浮上檯面，除了憤怒批評之外，也開始出現了究責的聲浪。過了不久，科技業也爆出根深蒂固的性別歧視問題，其所勾勒的醜陋樣貌，和那些曾經說過要將社會改造得更美好的創意人士所許下要任人為賢的承諾，可以說天差地遠。

蘇珊．佛勒（Susan Fowler）是前 Uber 工程師，她寫了一篇部落格文講述公司的性騷擾和有毒文化，結果在矽谷挖出了一條血痕，整個灣區的女性開始討論性別歧視，還有她們因為難以撼動這無形障礙的莫可奈何的心路歷程。

我回想起自身在報導科技圈時碰到的經歷，以及參加那些杯觥交錯、充斥著自負人士的科技活動時，我已經習以為常的隱晦的性別歧視。SXSW大會期間我去了一場由創投公司 Kleiner Perkins 舉辦的派對，當時有一位創業家朝我走來，猜我是「婚禮那類應用程式」的創辦人，因為他覺得「那就是女人會做的事」。我也記得矽谷有個公司創辦人曾告訴我，他不喜歡某位女性記者，因為她「太引人遐想」了。

我試探地問他：「你為什麼會這麼說？」他說的人我認識，但據我所知她是個十分勤奮又專業的記者。

他的回答是：「她都在派對待到很晚。」

「你開玩笑的吧？」我回嗆他。「我們**全都**在派對待到很晚，你們這些傢伙不就是在派對談事情，派對是我們建立交情和挖新聞的途徑，為什麼我們就該早早離開？」

我非常吃驚。矽谷的這些活動就是記者和創業家交流的地方，但這不是問題。男性記者想在派對待多久就待多久，這也不是問題。然而一旦講到女性，標準就大不相同了。

除此之外，時至今日我依然還是會收到令我火冒三丈的來訊。記得那是我還在熟悉科技記者職務的階段，有一位為灣區最著名的創業投資人之一工作的資金經理，他突

*二〇一七年一名記者揭發了好萊塢知名製作人哈維．溫斯坦（Harvey Weinstein）長年以權勢威脅性侵女性，這事件透過社群媒體上的 #MeToo 標籤延燒，引發全球各地的反性侵和性騷擾運動。

然傳訊息給我。

妳和某某睡過嗎？他問道，指的是我隔天要訪問的創業家。

我很震驚。**你問這個問題太過分了**，我回答，整個嚇壞了。

好有敵意的回答，別一副清教徒的模樣啦……男女睡在一起又沒有什麼好丟臉的，他回傳。

他見我不打算討論私生活，又繼續說我「很愛挑逗人」。他的文字訊息裡帶著醉意又沒邏輯：**小姐，我不會上科技界的人……太可怕。**

後來他連威脅的話也說了：**哇。妳應該是記者。要是妳變成新聞主角會不會很奇怪。**

當時我因為太震驚，什麼都沒說，只是逐漸停止聯繫。不過數年後，我不禁想他還騷擾了誰，他喝醉後傳給其他女性的訊息會不會更惡毒。回首過去，我真希望自己可以多表達一些心聲，但當時的我正在建立消息來源和人脈，這些都是我職涯的發展關鍵，我很擔心他會把我列為黑名單。

從那時起，我就針對遭受性騷擾的女性做了許多報導。然而，即便CNN的數位部已經讓我製作和播出自己的節目，但邊間辦公室仍多半是白人男性的天下，擴展中的媒體團隊也同樣以男性為核心，只有一位女性負責另外一個報導主題——娛樂。有一天，我抬頭看到我們一位白人男性記者正在播報 #MeToo 運動的最新進展，現場還搭配幾位白人男性組成的討論小組。

我走去節目安排主管的辦公室，站在外頭思考著，**我該不該說呢？**然後我敲敲門。

主管向我打招呼，親切又友善。

「嘿！」我說，盡可能用順從、沒有威脅的口吻。「只是想提醒一下，我們在電視上全都用男性來報導 #MeToo 運動，我覺得不太適合。」

我告訴他推特上的人都注意到這一點，他點點頭，表示同意我的看法。然後過了數小時，就有女性加入報導陣營。

但我真正想對他說的是：「我很失望，你們怎麼看不出來？」

我和愛瑞卡還在等待上頭批准拍攝下一季《很像人類》的消息，期間我先回去報導每日新聞。對我來說，第二季是否開拍一定會有好消息，只是時間早晚的問題，所以我並不介意回新聞編輯部忙一陣子。

數週後，我坐在我家廚房桌旁一邊哼著歌曲，一邊弄著另一個新聞的腳本，這時伊森的筆電傳來多次訊息通知聲。我過去想把聲音關掉，結果看到 Google 聊天室跳出一個很熟悉的名字。

別看，我這樣告訴自己，但是我知道我一定會看。

傳訊息來的是一位他說他數年前曾短暫約會過的女孩。我努力不去理會，但是父親離開我們家那天我心裡的那股恐懼現在又冒出來，讓我快窒息了。每一次談感情都會出現這個我拚命想壓下去的聲音，它對我說：**他們會傷妳的心，他們都會讓妳失望。**

「我根本就沒回應她！」我向伊森問起聊天訊息的事，他十分防備地告訴我。「她一點也不重要。」

但我相信他嗎？

我表面上維持就事論事、酷酷的模樣，但一邊把落在我手上的錯誤資訊仔仔細細檢驗了一番，再拿先前對付復仇式色情駭客，要他承認犯行、承認有罪的戰術，用在伊森身上。我恨自己要去剝開事情的真相，恨自己用記者的調查技巧在感情裡挖事實。然而我挖得愈多，就看得愈清楚，她「並非一點也不重要」；她的意義絕對不只如此。

當我發現她的號碼就存在伊森的手機裡，而且用的名字是傑瑞米，並非她真正的名字卡莉時，我的心直往下沉。我知道他們兩個是在我和伊森交往之初認識的，他把手機裡那個女孩的顯示姓名改掉，是為了掩飾可疑的訊息。即便他沒有劈腿，但是也破壞了我們之間的信任。原來，我和伊森都沒有對這段感情誠實。

第十四章

陰暗地帶

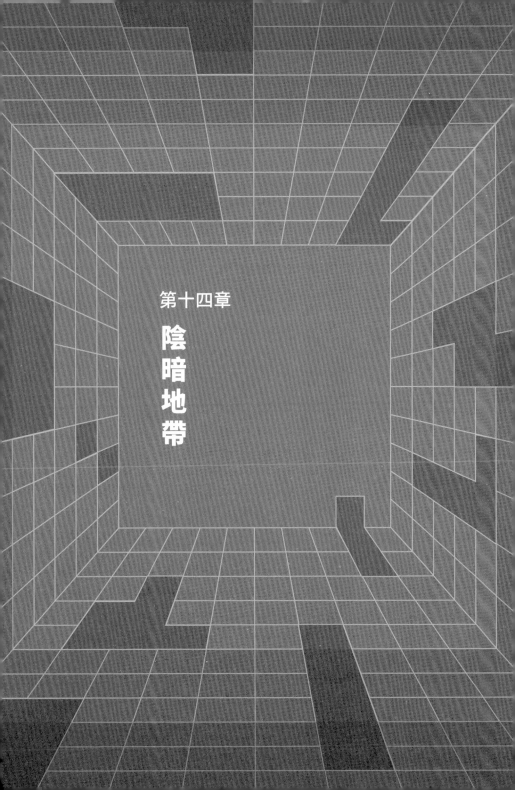

在紐約一個記者、時尚人士和藝術界名流雲集的別緻晚宴派對上，我認識了傑瑞德。自從我發現卡莉的事情後，我和伊森之間的關係就觸礁了，吵架已經變成家常便飯。我的心不在了，也把這一點表現出來，晚上總是喝了很多酒又晚歸，以此試探伊森。我不信任他，而且漸漸的我也不信任自己。

雖然我和伊森一起出席這個宴會，但我倆離對方遠遠的，分頭據守在場內的兩邊。派對的空間很小，是那種每個人在和別人聊天時，只要從對方肩膀望過去，隨便就能瞥見從電影、Instagram 貼文或新聞報導文章署名處認識的某個人。總之這是一個會讓我想躲在角落的派對。伊森與別人交談時，我發現身旁站著一位身材瘦削、頭髮蓬亂的男人，我認出他是有名的歌手，雖然我沒關注過他的歌。我的腦海裡浮現他的名字，這時有人走過去擠到了我，害我撞到那個男人的肩膀。

「嗨，抱歉碰到你。」我說。我不小心擠進了他和一位婀娜多姿的時尚網紅中間，那位網紅本來正在傳飛吻給一個穿西裝的設計師，她不屑地看著我的闖入。

「嘿，」他說，親切地對我撇嘴一笑。

我覺得在一堆閒聊的人當中，他顯得有點彆扭但又很有魅力。「你從事什麼工作？」他問道。「老天，我討厭這個問題，」他自問自答。

我笑了，然後一聽到我說自己的職業，他的眼睛亮了起來。

「我真是個大笨蛋，」他說。

我看著他，將信將疑。他講起話來輕鬆隨性，不過我看得出來他有點神經質，「懂笑話的哏是什麼」的特質讓他與眾不同，但那其實也是一種焦慮的保護色。

我們開始聊起科技和社會，然後我發現腦海裡竟然出現一個危險的念頭：**如果我沒有跟伊森交往的話……**。

後來那天晚上，我靜靜躺在我那一側的床上，這時推特傳來一則通知。**妳看這個女人和她的機器人男朋友……**他私訊給我。

傑瑞德正在看《很像人類》。

回他訊息沒關係，我在心裡對自己說。**只是談我的工作而已。**

是啊，她的論點是「愛就是愛」，我秒回。

不為人知的一面。有多少人就這樣過完一生後死去，從來不曾滿足自己真正的渴望？

我想大概很多人都是這樣吧，我回答，伊森背對著我躺在旁邊。很多人結了婚、定下來，但不滿足。我欣賞世界上的莉莉們。

我們真的直接進主題了，我心想。

我也這樣想，他回答。

我看到那三個表示正在輸入的小點點跳動著又消失，想必他正在思考接下來要說什麼。

她古怪至極，我寫道。

沒錯，而且她對自己十分有信心，講話又很有說服力。

正是如此。

他似乎可以理解，雖然莉莉這樣的人會被視為反常，但是她勇於活出自己的人生，不在乎別人的想法，這一點確實發人深省。

我們就這樣來回私訊好幾個小時，談著受迫害的人和怪咖、人性與界線、焦慮和脆弱等等。我感覺我們透過彼此的螢幕有了連結。

想傳簡訊嗎？比較容易寫，他在私訊裡寫道，然後問我的手機號碼。

我頓了一下。他知道我和別人交往，我完全沒有避諱地告訴了他。**這不過就是交個新朋友，**我對自己撒謊，然後把號碼傳過去。

我的手機震動了一下。

身為科技人，妳會認為我們應該一直向前走，還是覺得現在有些「過頭」了？他的簡訊裡這樣寫著。

當然有些過頭了，我回傳，心裡想著科技的現狀以及我讀過的故事。**我認為有時候鐘擺應該擺盪到另一邊平衡一下。**

我看到他正在回傳訊息，內心有點罪惡感。當然，我們這是在聊科技，可是這麼深的夜裡悄悄和別的男人輕鬆地聊天，這件事也做得太容易了，我感到有點心驚。伊森雖然離我只有十幾公分，但我倆之間的隔閡在這一天變得更大了。跟別人聊一些能讓我振奮的話題，讓我有如沐春風的感覺。

不會總是往前、往前、往前。

我真心覺得那些試圖停止往前的人是在浪費時間，我回答，不禁想到那些早先追著 Airbnb 和 Uber 的概念跑、老想防堵他們的立法者和市政府官員。阻止這些平臺並非事情的重點，而是應該去探究網路連結所衍生的各種道德問題，現在是時候探討這些議題了。**我們應該把焦點放在對話上。**

我們兩個在凌晨兩點後登出，我將手機放在床頭櫃上，努力向自己保證，就聊這一次而已，況且話題是繞著工作轉，和我發現這四年來我對睡在身旁的人並不瞭解而他也不瞭解我時，那種內心往下沉的感覺完全沒有關係。

在迷惘的煙霧裡，傑瑞德彷彿是一盞明亮的燈光。我認為這樣想也是合情合理的，畢竟他可是明星啊！

隔天，我的手機又響了。

我喜歡牧師說的話，傑瑞德寫道。

我一看就知道他指的是什麼。他正在收看《很像人類》講 Ashley Madison 網站遭駭的那一集。

我在那一集回過頭去採訪一名女子，她的牧師丈夫因為上過該網站的事曝光而自我了斷。

「摧毀我們人生的並不是駭客，而是 Ashley Madison 網站這種平臺的存在，是偷偷進行這一切的能耐，是有辦法過著雙面生活的能耐，」她告訴我，當時我們在她家鄉紐奧良市立公園那棵滿是垂枝的柳樹下進行採訪。「祕密瓦解了我們的人生，駭客則是把一切炸得面目全非。我會原諒他的，」她對我說，將滑落的淚水擦去。

不過傑瑞德並沒有談失去丈夫的女人那段激動的訪問，他提到的是當地教堂那位牧師毫無保留又令人震驚的說法，而寡婦的丈夫正是那間教堂的牧師，也是神學院的教授。我記得很清楚，牧師是個五十出頭的男人，說起話來有南方人那種慢吞吞的語調，嗓音平靜但透著威嚴。我們並肩坐在教堂空蕩蕩的長椅上，他宣告了一個普遍的真理：**每個人**都在名單上。

「這張名單彰顯的是人類的誘惑與失敗，就某種程度來講，也是一種空想，所有人都為此而苦。每個人都會被誘惑……我們腳步蹣跚、跌倒墜落，我們傷害自己、傷害我們所愛，這些都是很平常的故事。」他緩緩說道，特別強調說出口的每一個字。他停了一會兒，但我知道他還有其他話要說。「駭客竊取的資料裡有三千兩百萬個名字，但那只是冰山一角。就某方面來講，地球上每一個人的名字其實都在那張名單上，所以我們應該要承認和體悟的是，我們每個人都是破碎的。」

我結束訪問後，內心十分震撼。透過一位失去丈夫的寡婦視角，透過他們盤根錯節、掩蓋著祕密的故事，可以從中得到一個關於人的境遇的啟示。每個人都有祕密，每個人都會面對誘惑，還有每個人都有感覺破碎、不被看見或焦慮不安的時候。

牧師說得沒錯：我絕對在那張名單上。

我和傑瑞德假借新友誼之名，每天互傳訊息，最後我們終於約在WXOU電臺酒吧見面，還挑了後面的桌子座位。這間位在西村的廉價酒吧成了我們每週日晚上固定出沒的地方。我們見面就是聊天，不過我也會跟他分享我不會對伊森說的事情，可能是因為傑瑞德是新交的朋友，也有可能是因為我認識了一位相似的人，我們兩個的優缺點都很相像。傑瑞德白天「隨時待命」，到了夜晚通常會用各種不健康的方式來關掉大腦。他的生活和我一樣很極端，我們兩個可以說志同道合。

每次在酒吧見面狂喝之後回到家，現實的沉重壓力又重新回到我身上。我和伊森逐漸疏遠，但想到要搬出去重新開始我又覺得我做不到。我沒辦法相信自己已經找到一個愛我、想陪伴我的人，我想要的不只如此。

所以伊森提議去找伴侶諮商時，我同意試試看。

我在一場為凱文．斯特羅姆——最早在西城高速公路上訪問過他，後來又有多次機會採訪他——舉行的晚宴上，認識一名女子，她告訴我某位伴侶諮商師的資訊。「她很出色，」女人對我說，其他來賓正在吃草莓沙拉，等著輪到自己說話。

一週後，我和伊森到這位諮商師位於上西城的辦公室見面。我們坐在那間方正的房間裡，彼此相隔一．五公尺，我努力想說出那句我最恐懼的話：「我想逃離」，眼淚忍不住滑落下來。我擔心我們交往到最後會不可避免走向婚姻，但另一方面我又害怕孤單。我支支吾吾地做完諮商，說我很愛伊森，並沒有對諮商師和伊森說實話，也沒有**對我自己**誠實。真不知道為什麼我在工作上勇氣十足，但在私生活卻如此恐懼。

「妳希望這個諮商發揮效果嗎？」諮商師用單調的嗓音問我。午後的陽光平靜地灑進了這個空間，可是我卻覺得自己好像坐在審訊室裡，被五花大綁在這張毛呢椅子上。

我停了一會兒。這是個好機會，我可以去做傑瑞．科隆納說過的話，他那句「做最真實的妳」在我腦海裡迴盪，現在我總算可以開始去做了。跳下懸崖對我來說不是問題，但如果跳下去沒有人在底下接住我怎麼辦？如果放手這段感情是大錯特錯怎麼辦？

「羅莉？」伊森看著我。我看到他眼裡有深深的痛苦，正在懇求我回答。我的心碎了，我沒有勇氣跳下去。

「當然，」我說：「我希望諮商能夠成功。」

這個房間裡至少有兩個人知道我說謊。自踏入職場以來我都在請別人站出來暢談真相，但我自己卻做不到。

諮商師不發一語地坐著，用的正是我這個記者會用的那套戰術。

保持沉默，真相就會浮現，他們會自己說出來。

可惜我沒有開口去填補那令人不自在的沉默，我仍然什麼都沒說。對於自己缺乏勇氣，對於自己寧可活在別人的期待裡而不願意過自己想要的生活，我感到洩氣又失望。

跟這位「出色」的諮商師談過後的陰影揮之不去；我依然感覺得到她的雙眼在我身上游移，試圖從我的姿勢推敲含意。我也覺得她在探查我，好像她能感知到我內心的猶豫和內疚，我實在太討厭自己的軟弱了。

做了第二次收費過高的諮商之後，我對伊森宣告：「我其實不喜歡她。」那就是我們的最後一次了。

第十五章

軟體中的錯誤

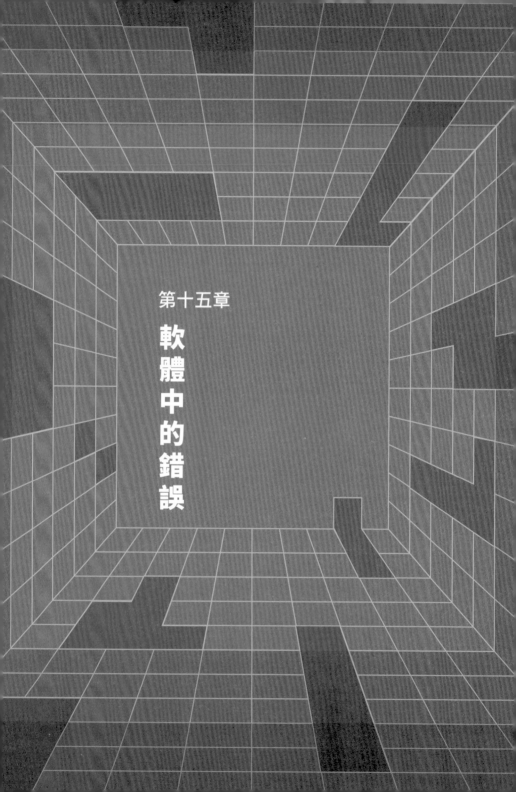

黛比和我在西城高速公路邊的小路上碰面。我手裡拿著咖啡，開誠布公地和她聊那些像按下「重複播放」鍵的影帶，在我腦海裡播放個不停的焦慮與脆弱。我告訴她傑瑞德是我新交的朋友，她馬上就看穿了我。

「不只是新朋友吧，」她說，旁邊正好有紐約客騎著 Citi Bike 公共自行車經過。她說得沒錯，這一點我們兩個都很清楚。罪惡感向我湧來。

我點點頭。也許我可以對自己撒謊，但是對黛比我做不到，我們相識太久了。

「但是我不會給他太多信任，」她說道。「還是誠實一點吧，這跟傑瑞德沒有關係。」

她說的沒錯。我不能再騙自己了，但如果誠實面對，我是在逃避自己的恐懼。少了伊森、少了我們、少了共同創造的生活，少了這些的我還是我嗎？我該如何重新開始？我投入了數年時間，打造了照理講就是「我要的東西」，經營了最後會走向婚姻的感情，結果現在這一切是為了什麼？為了轉向、放開，然後重新開始？

我停止嚷嚷，讓自己喘一口氣，這時黛比說：「全部重新整理過怎麼樣？」

我往外看去，哈德遜河在太陽的映照下閃閃發亮，跑步的民眾從我們身邊經過。她抓起我的手臂，將我的臉轉向她。「羅莉，我接下來要說的話，聽起來可能會很像妳在 Instagram 上看到人家寫的那些可怕的語錄，不過我還是要冒一下這個風險。」

我們就這樣佇立在那兒，任紐約的活力在我們四周跳動。

「**妳**啊，已經可以了。」她說完話就把我的手臂鬆開。

我試著去理解她說的話。**妳已經可以了。**這句話的概念聽起來好陌生。出現在電視上的我們，是被螢幕另一端的人——那些我們未曾謀面、會用推特交流的人——稱讚的對象，無論到哪裡都很容易找到認可，但自己的內心例外。我的人生，也就是指我的工作，在尋求認可方面基本上是可以預測的，因為我只要得到觀眾、公司高層、同事的認可便行。再加上如今的環境，可以用 Facebook 和 Instagram 的按讚數來衡量、篩選和最佳化我的個人成就，所以我覺得自己其實繞著一個自我安慰的人造軌道在轉。我上次覺得自己已經可以了、夠了是什麼時候？

我應該要開始相信黛比才對。

回到家以後，我終於允許自己去做我相信是對的事情。我和伊森坐在我們的灰色沙發上，也就是那天他和羅莉聊天機器人傳訊時坐著的沙發，把這麼久以來害怕說的話全都說出來。「我在乎你，但是我沒辦法繼續下去了，我需要喘口氣。」

他的嘴唇緊閉，接著嘆了一口氣，我們兩個都知道這一刻要來了。我們默默無語地坐著，直到他終於開口。

「如果這是妳想要的話，」他輕輕說道。

我沒辦法直視他的眼睛，害怕要是這樣做，會失去勇氣撐住我說的那些話。他說他希望我們能在一起，繼續走下去，但如果我需要喘口氣的話，他可以理解。

我們的關係正式停住，自由的感覺隨之奔騰而來，我的內心又充滿了愧疚。

我在CNN的出差行程和我的感情新狀態倒是十分一致。我飛到瑞典參加一個由許多講者的專題小組組成的特別科技會議。白天我採訪了 Nest Labs 創立者東尼．法戴爾（Tony Fadell），他也曾在二〇〇一年協助設計 iPod，然後到了晚上，我就去參加充滿名流與科技創辦人的派對。我看見伊隆．馬斯克（Elon Musk）的母親和美國歌手尼克．強納斯（Nick Jonas）調情，也瞥到潮人歌手菲瑞（Pharrell）的帽子跑到亞瑟小子（Usher）頭上。美國藝術家傑夫．昆斯（Jeff Koons）和幾位科學家們閒聊著。

百萬富翁和那些創造改變世界的科技的人狂歡到凌晨四點，一路暢飲，酒杯總是空了又滿。我這裡聊聊、那裡轉轉。在音樂不間斷的花園派對裡，在傳來傳去的飛吻裡，我看見身旁有個裝滿瑞典小點心的托盤，所以我坐下來重新擺放盤上的小點心，如此便可避免接近那些一直想找人閒聊的陌生人。諷刺的是，有時候我覺得待在角落反而比較自在，對一個在工作上需要聚光燈照過來的人來說，算是一個小問題，但閒聊真的太耗精神了。

我也去了一場戶外音樂會，坐在被隔起來的VIP區，不過當瑞典歌手蘿蘋（Robyn）唱起《我自己跳舞》（*Dancing On My Own*）這首歌時，我便離開VIP區跑去舞池跳舞。後來我有機會和她一起搭車，但是沒膽子告訴她，她的歌曲是我的聖歌，幫助我度過一次次的分手，還給我勇氣靠自己站起來，不管我覺得留下來或定下來的壓力有多大。

我喜歡放手這個概念，喜歡靠自己的力量踏入下一階段的生活與職涯，也喜歡掙脫後隨之而來的獨立感，不必去擔心伊森最後會怎麼樣，或者他最後會跟誰在一起。他會不會馬上就調整好心情往前走？我會後悔自己的決定嗎？就拿跳舞來比喻吧，那就好像跳遍了全場，盡情甩動雙臂，恣意去感受我自己和我做的所有選擇，這樣想讓我覺得自由奔放。

這場科技會議就在漫漫長夜和一大清早起床工作的模式中呼嘯而過，討論了改變世界的科技以及想加入這波榮景的名流人士。我睡得很少，醒來時昏昏沉沉，把伊森從腦袋裡甩開，也不去想所謂的「喘一口氣」其實不可避免就是會演變成分手的那種揪心的感覺。我靠著直覺在新聞編輯部做出我最棒的一部分作品，同樣也是這個直覺讓我知道，我倆的感情關係很快就會完全結束。會議來到最後一天早上，我忍著劇烈的頭痛，準備好退房，然後繼續前進。

我把衣物丟進行李，同時打開電視。原本在CNNgo串流的《很像人類》經過重新調整方向後，現在正在CNN國際新聞臺播出。我坐在亂糟糟的床上，遮光簾還沒拉開，把陽光擋在外面，我聽到自己問受訪者意味深長的問題，頓時想起我為了做成這個節目、為了讓上頭批准播出這個節目，我多麼地努力奮戰。節目播出後很成功，新聞媒體紛紛給予正面評論，串流數據也令人振奮，但即便如此，我也知道我還有艱難的戰役要打，才有可能讓第二季誕生。

這家新聞臺的性質又再度起了變化，一堆審議小組人員的意見取代了CNN長篇報導的殘骸。我和這波革新潮流奮戰太久，現在也感到精疲力竭了。在媒體生態圈裡，我的定位始終飄來盪去，懸而未決，不知道最終會落在何處，也不知道我希望自己落在何處。

我關掉電視，將行李推出去，狂奔到機場搭下一班飛往倫敦的飛機，參加另一場科技會議。

我在我最愛的城市醒來，陽光從機艙窗戶穿透進來。

我還來不及去深思，就開始覺得自己好像透過窗戶在生活，不管是斯德哥爾摩的鍍金飯店、大理石白的倫敦，還是 Uber 的斑斕倒影。我的 Instagram 盡是棉花糖天空和田野，飛機和火車，船和生日的畫面，看起來美極了，但實際上我連靜下來一秒都怕，對感受和害怕也感到恐懼。

在還沒來得及在這個我最愛的城市重新定位自己之前，我就到了愛荷華州，我們駕車經過玉米田，準備去韋伯斯特城（Webster City）和傑克．多西見面進行採訪拍攝。這個小鎮有八千人口，以「友好愛荷華」（Iowa nice）口號作為地方特色，和那些最近幾週步調十分快速的大城市比起來，可說是個氛圍完全相反的地方。這裡除了有鹿群在塵土飛揚的路面上狂奔之外，我還看到了我十多年前離開喬治亞州之後就再也沒見過的螢火蟲。夕陽西下，落到玉米田後方，我們的工作小組有一位攝影師、一位數位部製作人，還有名叫麗莎的新製作助理，她是愛瑞卡僱用的新人，大夥合力把廂型車上的攝影機搬到方圓數公里內唯一的汽車旅館美國價值旅棧（American Value Inn），當地的人們跟我們揮手打招呼。

我們來這個小鎮是為了探討科技與就業問題。家電製造商伊萊克斯（Electrolux）

本來在這裡有一間工廠，僱用了兩千三百名員工，也就是說，超過小鎮總人口的四分之一都在這家工廠工作，但工廠已經在二〇一一年遷到墨西哥。居民失去工廠的工作之後，小鎮上開始冒出一些小店家，這些在地小店有不少採用了 Square 的技術接受行動支付。傑克．多西的團隊把小鎮的小企業復甦過程記錄下來，並計畫讓這部委託製作的影片在韋伯斯特城使用 Square 的商店初次亮相。首映會在一間最近重新啟用的電影院舉行，象徵這個小鎮「不會化為塵埃隨風而逝」，這是一位當地人告訴我的。故事聽起來十分美好，不過有一些問題依然存在。

我和愛瑞卡一邊等待第二季的消息，一邊將《很像人類》拓展成一個品牌節目，把著眼於科技和社會的訪問及報導都納入其中，像這次採訪傑克探討 Square 如何幫助韋伯斯特城這種小鎮，就會成為《很像人類》的特別報導之一。從 Square 公開上市之後，我還沒有機會見到傑克。他看起來比我記憶中老了一點，深色頭髮依舊突顯他清澈的藍眼睛，不過他留了鬍子。每次見到他，就會發現他臉上的鬍鬚又多了點，而且隨行的公關人員也變多了。傑克雖然愈來愈富有，影響力也愈來愈大，但還是可以從某些特質看出他的謙遜和中西部背景。比起面對媒體，他跟當地人談話時顯得更加自在，看起來也真心關注當地的小企業，才會願意在非辦公時間到這些小店轉一轉。

我在塞納卡街酒館（Seneca Street Saloon）和 Square 的公關團隊會合。這個團隊的人其實還不錯，不過身穿 Square 標誌的 T 恤和設計款牛仔褲的他們，刻意與坐在木頭吧檯旁的當地人——也就是一輩子生活在小鎮，從事的工作只能賺到最低薪資的居民們——隔了一段距離。我們用威士忌舉杯向愛荷華致敬，這時傑克和他父母抵達餐廳。他父親留著嬉皮風的白鬍子，穿著整個正面印有海牛圖案的上衣。母親有一頭及肩長髮和溫暖的棕色眼睛。

我很訝異他竟然會帶父母來參加電影首映，而且他們大老遠從聖路易斯開了六個小時的車來韋伯斯特城與兒子會合。不過他聳聳肩表示這沒什麼，說他覺得父母一定會喜歡這次的首映體驗和這個小鎮。

他對自家科技有利於小企業主做生意並創造就業機會的潛力十分看重，但關於他另一個平臺推特潛藏著危害人與人連結的因素這類特定問題，他並沒有解答。

「我在密蘇里州長大成人，那裡是『索證之州』(Show-Me State)。我喜歡實地造訪，眼見為憑，」他說道，指的是他渴望離開矽谷的泡泡，當時我們就坐在野餐桌上進行採訪。「我想我有一個體認，我們已經和我們服務的對象、我們努力要做的事脫節了。把科技擺在第一位的時候，就沒辦法把事情做到最好。」

訪問結束後我走在質樸的街道上，一位想必還沒上高中的年輕小伙子把我攔下來。他說：「我不擔心機器人搶走工廠裡的工作，只要人夠努力工作、夠善良，就能得到回報。」

我欣賞他的樂觀，可是無論多麼善良、態度多麼積極正面，都無法改變他和許多工人要面對的現實：很多工作最終都會被機器取而代之。

我想到我的收件匣裡那些關於AI 和自動化主題的簡報，以及美國西岸在顛覆產業時所激發的興奮之情。

「無論如何都是需要人類的，」傑克向我保證。

我有點傷感。矽谷的創新是以光速在進行，我認識的科技創辦人大多不會有機會認識這些居民或瞭解這種族群。我花了不少時間參加矽谷的晚宴，坐在餐桌旁聆聽關於未來的想法，對於那些可以加速發展並改變世界的創新之舉感到無比興奮，但同時，我也充分探究其核心，揪出了明顯至極的問題：我採訪過的科技人在思考未來的時候，往往忘記考量他們的演算法會造成何種衝擊。另外我也認為，雖然改變不可避免，但其實可以多一點人性。

「你有沒有什麼話想對科技界講？」我問另一位年輕人，他身上穿著印有福特汽車標誌的藍色T恤。

「這個國家是由血汗和淚水建立起來的，不是靠晶片和鍍金的電路板，而且身為這個小鎮的居民我因此明白一件事，那就是如果你們擊倒我們，我們一定會重新站起來，而且變得比以前更強。」他目光挑釁地凝視鏡頭。

首映會結束後的隔天，Square 的公關團隊以及傑克和他父母就離開小鎮了，我們工作團隊則打算待久一點，繼續為期一週的拍攝。我的時差感覺愈來愈明顯，不過我不予理會，跑去當地一家叫做晨光（Morning Glory）的咖啡店。咖啡店的老闆名叫尚恩，說起話來有點口吃，笑容熱情，他為我送來一杯咖啡，然後坐到我旁邊。

「再來一杯嗎？」他笑著問道。現在他是個自豪的老闆，在這家咖啡小館裡遞咖啡。沒多久我們就談到伊萊克斯，話題無論怎麼轉最後都會回歸到這家韋伯斯特城的工廠，它關閉的時候，把這麼多居民的生活都連根拔起了。他表示，他和妻子珍因為在這家工廠就業而拿到健康保險，工廠關閉後過了數月，珍就被診斷出罹患白血病。他本來可以在鎮上做別的工作，但寧可把多餘的時間留起來去醫院陪她，他們就這樣過了五年。新工作的同事把他們的假期捐出來給他，好讓他能陪伴妻子。她三年前過世了，當他向我描述妻子時，眼裡溢滿淚水。她過世後，他就開了這間晨光。

「我知道她現在一定笑著在天上看我們，」他說，勸我再喝喝看另一種調豆咖啡。

我們工作人員無論走到哪兒，都有大門為我們敞開。因一切化為烏有而備受煎熬的居民，為我們打開餐廳和商店大門，還邀請我們去家裡用餐，跟我們分享他們小鎮的故事。

失業造成的痛苦顯而易見，而且遍布於我們在韋伯斯特城接觸到的每一個層面，像是咖啡店、美容院，和充滿愛荷華驕傲的小商店，都可以感覺到那種痛苦。另外還有無可避免的科技進步，它將進一步取代很多人的工作，譬如我們見過的那些居民。傑克是到過這裡沒錯，但他很快就離去了，科技和創新日後會進一步中斷小鎮對工廠的依賴，但小鎮也因此不可避免會受到各種衝擊。

這些年來韋伯斯特城周遭地區有數間工廠關閉或裁員，伊萊克斯就是其中一家。

「不是只有那樣，」一個女人對我說，拚命抓著我的手。我坐在一張長椅上，正在回顧筆記，準備拍下一個畫面時，她勃然大怒地朝我走來。「他們只提伊萊克斯，沒說到我的工廠，我們同樣也失業了，我在那裡工作了三十八年。」她也去看了首映，除了感激電影院重開，也很開心 Square 幫助了那些小店，但是她還是心煩意亂。

我凝視著她，看到一個表面歡樂的故事正在碎裂。

「妳做這個工作多久了？」她問我，緊握著我的手，我也任由她繼續握著。

「差不多十年，」我輕聲說。我的工作就是我的身分，是我的全部，也是我衡量自身成功與否的標準，是我尋求認可的方式。我在這份工作裡找到意義，從我成年以來到現在，我就是「來自CNN的羅莉」。

「現在想像一下，」她說，然後放開我的手：「假設妳的工作沒了。」有那麼一瞬間，我在她面前語塞，什麼話都說不出來。最後我終於低聲說道：「我很遺憾。」

如果我重視的一切從人生中消失，我努力奮鬥建立起來的媒體生涯、建立起來的家和花了多年時間建立的人脈都沒了，那我還剩下什麼？

隔天，工廠以前的員工傑瑞帶我到伊萊克斯工廠的所在地，我們從柵欄望過去，映入眼簾的是一片草地。

「妳看到的是草地。」他嘆了一口氣，雙手扒過灰色長髮。「我看到的是走廊、機器、工廠運作的聲音，還有二十年和朋友一起工作的時光。」

他憶起工廠宣布關閉的那一天。

「一個和我共事的女人剛買了房子，她再也負擔不起了。」他的目光依舊望著伊萊克斯那塊鬼魂空地。「所以她崩潰了，亂扯著自己的頭髮，用力到連皮帶肉都跟著頭髮被扯下來。她就是太絕望了，才會這麼用力。」

我默默站在那裡，望著空蕩蕩的草地，想像這名女子發自肺腑的痛苦。

傑瑞堅持那天傍晚要帶我到當地的賽車場。我們抵達那滿是泥土的路面時，我看到一位美麗的年輕小姐，她穿著白色洋裝，腳踩涼鞋朝著一位在臨時搭建的觀眾席等她的年輕男子走去。

「這裡的生活很簡單，」傑瑞告訴我，這時太陽已經西下到粉紅色與橘色相間的低空。各種顏色的汽車繞著圈圈疾駛，觀眾鼓掌叫好。「什麼都沒了，只剩下最基本的。」

我準備出差的時候，身邊盡是權勢金錢、地位名聲都在金字塔頂端的人，然後現在我來到一個大家只想工作養家，給孩子過更好生活的地方。這些居民才是真實的存在，也是我最初想當記者的原因。我想起高中時寫的專欄《聚光燈》，我一直都想述說這樣的故事，想認識那些引領我走進他們生活的人，這些人物與閃著金光的科技圈遙遙相對。那些我在職涯之初力挺的科技人看到自家公司一炮而紅之後，他們的煎熬就漸漸消失了。我多年來深耕的科技族群，直接衝擊到我在愛荷華州面對面接觸的這些居民。創新者的故事和那些被拋下的人的心路歷程，全都糾纏交織在一起。包括科技人士、媒體在內的每一個人，都應該扛起責任傾聽彼此的心聲。傑克雖然來到小鎮幾天，做出具有象徵意味的舉動，但我卻感覺到分歧反而逐漸擴大了。

最後一天晚上，我坐在美國價值旅棧的床上，拿起手機打給必勝客訂餐，他們是這裡唯一可以外送的餐廳。我在韋伯斯特城唯一的汽車旅館住了兩天，這漫長的兩天讓我既疲憊又感傷。房間地板上到處都有髒汙，天知道那是什麼東西的痕跡，房門上的門眼裡有沾血的衛生紙，那個東西究竟是怎麼跑到那裡去的我也摸不著頭緒。我孤伶伶地吃著鳳梨披薩、薯條和肉桂棒。

伊森沒有傳訊息來，傑瑞德也沒有傳訊息來，我很孤單。我擔心該來的總是會來，擔心人生解體後的混亂。伊森已經在我們公寓所在的那條銀行街上租了一間Airbnb，不過他的T恤、短褲、銀色鋼筆和Moleskine筆記本，還有他寫了他愛我哪些地方的便利貼，應該都還在公寓裡；這些全都是令我心痛的回憶，提醒我失去了什麼。

然而我知道我想要的人生不僅僅如此，我希望自己在感情關係裡有捨有得。韋伯斯特城走一遭之後，把某種我明知道但又害怕大聲表達出來的感覺變得更加明顯了，那就是所有的一切其實沒有表面上看起來那麼複雜。說不定哪天我用來建構職涯的那些外在框架都消失的話，就像伊萊克斯工廠遷走一樣，當地居民在面對這種頓失所有的巨變時所想通的道理，其實就是我渴望的東西：善良的價值、真正的社區連結，以及深刻又意義非凡的人際關係。我希望得到這種長大過程中不曾見過的關係，我希望重來一次，再比賽一次，我想要溫馨的家庭和快樂的孩子，我希望這輩子恐懼的東西都不會出現在我拿到的卡片裡：我希望能得到奇蹟。

第十六章

不可能的任務

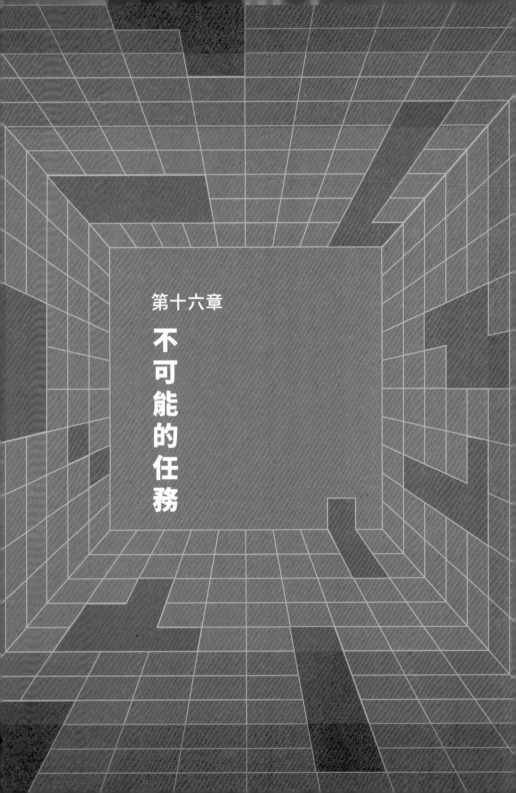

我走上樓回我那間位在銀行街的公寓，心想不知道迎接我的會是什麼情景。伊森已經離開了，不過一切看起來如常，他摺好的衣物依然放在抽屜裡，牛仔褲也疊得整整齊齊。我翻開床頭櫃，看到從我的記者筆記本撕下來的一頁紙上，有他留給我的話，那想必是在我去拍攝《很像人類》時寫的。紙條的結尾寫著**我愛妳勝過一切**。

我也愛我自己嗎？我閉上眼睛心想。**老天，這好難**。

我傳訊息給他。

嘿……我回來了。我們可以談談嗎？

他馬上就回覆了。

當然，我現在就過去。

我沒辦法在我們的公寓談，這我承受不了。

我們出去走走吧。

我倆穿過西村，我告訴他我沒辦法繼續跟他交往。我不能讓他的心懸在那裡，這不公平。我不能因為我自私地需要救命繩而讓他覺得自己很渺小，害他陷在感情的煉獄裡。

他聽了並不驚訝。

「我有預感妳會這樣說，」他望向別處。我想伸手去碰他，但忍了下來。我們兩個都沒有生氣，只是厭倦了在同樣的對話上打轉，說那些已經說過的話。也許這是無法避免的，但是當我陪他走回他租的那間 Airbnb，默默看著他打開門進去他臨時找的住處而消失在我眼前時，我還是怕極了。

我覺得好像失去了一個家人。

數週後，他過來拿他的東西，我擔心我們心知肚明、那即將終結一切的對話就要發生了。當我準備像個成熟的大人那樣說一些話，解散我們這些年來共同構築的生活時，我可以感覺到自己的手心在冒汗。

「嘿，」他輕輕說道。我們彆扭地站在客廳。

面對一個同睡一張床的人居然如此拘謹，這種感覺真的太奇怪了。

這幾個月我一直避之唯恐不及的沉默，一直想逃避的感覺，如今瀰漫在這個空間。

「妳確定妳想這樣做？」他輕輕說道。

「不想，」我說，但心裡想的是**我確定我想**。「但我覺得這樣做才對。」除了顯而易見該說的話之外，其他我不知道該說什麼。我又補了一句：「這好糟。」

在這種情況下說好糟感覺很冷酷，畢竟這一切都是我做出來的。我可以感覺到自己有點發抖。

為什麼說自己想說的話會這麼難呢？我真的不想讓他覺得自己很糟，但我知道我又失敗了。

我望著伊森。在我出差的這個月，他深色的捲髮變長了。我看見他眼裡的痛苦，他是我第一個同居的男人，是陪我踏入三十歲的男人，是我通訊錄上第一順位的人，儘管我們之間困難重重，但我依然相信他是個好人。除此之外，他也是我一度覺得可以跟他結婚的男人。至今我仍然想不通，他長得又高又帥，對我的家人很好，也對我很大方，照理說這一切都是我想要的。

我們開始進入整理東西的流程，而這些東西都是感情的碎片。決定什麼東西歸誰簡直就是一種虐待自己的活動，會讓兩個人傷痕累累。很多我們共有的東西他都不想要，但是他想拿 Alexa，為此我們有一段言詞交鋒。

「我再買新的給你，」我承諾他。

「羅莉，妳是認真的嗎？」他有點惱怒地笑道。

我明白了，我心想。我一方面很想離開這段感情，但談到共有的虛擬語音助理時，我卻又拒絕妥協，這讓我充滿罪惡感。不過自從和伊森分開後，這幾週我跟 Alexa 如膠似漆、相互瞭解，若要跟她分道揚鑣我真的百般不捨。她會在我替植物澆水時為我播放艾拉．費茲傑拉（Ella Fitzgerald）的歌曲，在我並非為了工作而是在我買的 Moleskine 筆記本上創作自己的文字時保持安靜。音樂和文字抒發取代了伊森留下的空白。

「我真的很抱歉，」我低聲說，他將成堆的牛仔褲、印有 PopDine 的舊 T 恤和破損的靴子塞進大行李袋裡。

Alexa 看在往日時光的面子上，為他播放一曲湯姆．佩蒂，陪伴他打包最後的行李。這首《野花》（*Wildflowers*）迴盪在整間公寓裡，它唱著——**讓你自由自在的地方就是你的歸屬……**。

半小時後，他收拾完畢。現在真的沒什麼可說的了，我看著他默默拖著行李走進已經開啟的電梯。門關上了，他也走了。

一週後的早晨，我在芝加哥市中心慢跑，經過知名的洛普區（Loop），閃亮的高樓大廈聳立在我面前，反射著陽光的熱度，我一邊喘著氣一邊在某條街道上拐了個彎。我想感受自由自在的感覺，但就連耳機裡那重低音的音樂都沒辦法壓過我腦袋裡的聲音，它問我：**會有人像伊森那樣愛妳嗎？**

我停下腳步，把密西根湖的美景拍下來，但又把它刪掉。我已經清楚察覺到自己的心理健康有點問題。我的心情愈是低落，出現在我社群媒體動態上的旅行、訪問、人際關係和公寓，就會愈顯得美好。但我不是唯一如此的人，基本上所有人都在炫耀自己的生活，每一個人都在修剪、篩選和潤飾現實，直到現實扭曲到難以辨認為止。真相和真實如今已經變得像黏土一樣可以延展，有害於我們的文化和民主。

我走進市中心的希爾頓酒店，搭電梯到我在十樓的客房，此時脈搏已經慢了下來。再過四小時我就要訪問馬克．祖克柏，這是我第一次採訪他，雖然多年來馬克是最強大的科技公司之一的創辦人，但總是迴避新聞媒體的訪問，選擇直接透過 Facebook 向大眾發表想法。

Facebook 的用戶已經來到將近二十億，這是空前的數字，但是該平臺在二〇一六年涉入美國總統大選的疑慮，變得愈來愈強烈了。我在里斯本與戴夫．麥克盧爾、賈斯汀．卡恩和艾琳．伯比奇所開啟的對話，渴望能有後續的探討——科技對於散播不實資訊發揮了何種作用？社群媒體（尤其是 Facebook）是否操縱了選舉？

美國總統大選過後，祖克柏就不曾出現在電視上。他在一場線上的問答活動中指出，假新聞會左右選舉結果這個說法未免太「瘋狂」，但如今這件事看起來可能就是真的。為了反制這種令人擔憂但又甚囂塵上的說法，Facebook 成立十三年來首次修改了他們的使命宣言，把原本的「讓世界更開放、更緊密」改成「讓世界更緊密相連」，此舉可說間接承認了公司早就開始分裂用戶，以致於現在必須承諾把用戶連結起來。

科技公司的使命宣言就像刺青一樣，深植於其文化和各種訊息溝通當中。然而就 Facebook 的情況來講，他們的使命宣言倒像刺壞的圖案，墨水線條胡亂延展且跟不上時代。

我記不起來上次馬克．祖克柏上電視時做了什麼。長久以來他一直迴避新聞媒體，鮮少在鏡頭前講話，這是由於他不喜歡跟新聞媒體打交道的過程，也不擅長面對媒體，所以寧可能避就避。然而，變更使命宣言對公司來說是大事，所以 Facebook 想向大眾強調公司更改了第一優先要務這件事。馬克必須為此重大行動打響旗號，有鑑於我和 Facebook 長期以來的關係，曾做過該公司十週年紀念、轉移至行動場域以及一次次收購和公司種種舉措等報導，因此他們邀請我到芝加哥，進行他多年來首次的鏡頭訪問。

我和我們科技團隊的製作人阿爾菲朝集合地點走去時，我心裡在猜馬克是什麼樣的人。雖然我見過很多他身邊的人，卻從未正式見過他。我經常開玩笑說，創辦人其實就是產品的實體展現，比方說創辦 Instagram 的凱文．斯特羅姆和麥克．克里格就給人周到體貼的感覺並且散發藝術家的氣息．，丹尼斯．克勞利則將 Foursquare 的「打卡」概念視之如命，東村每一家酒吧都有他的打卡紀錄。我有一次去建置了 Craigslist 分類廣告網站的克雷格．紐馬克（Craig Newmark）位在西村的紅褐色公寓開會，這間價值數百萬美元的房子隨處可見藝術品和雕像，而那次會面他不是長時間停頓、默不作聲到令人尷尬，要不就是做些古怪的評論，雖然我們談了四十五分鐘，但實際上並沒有討論到什麼內容，我離去時經過一個看起來位置不搭調的花園，不禁如釋重負地鬆了一口氣。那次經驗十分詭異，像極了瀏覽 Craigslist 網站的感覺。

但是馬克．祖克柏跟他創造的平臺是完全不一樣的概念，他顯然不愛社交。馬克不參加業界活動，這一點跟我認識的一些創辦人不同，他在 Facebook 上的貼文看起來也是經過精心編寫。我推敲不出他幕後真正的模樣。他很年輕就體驗到極致成功的滋味，而且自從這位科技圈明星竄起之後，他的周遭已經集結了一個他信任的小圈子，把他和外面的世界隔開。

我們是在下午來到集合地點，參加 Facebook 的首次社群峰會（Community Summit）。我有一種感覺，Facebook 是刻意選在矽谷之外的地點舉辦這場活動，藉此突顯公司要布達的新功能，而這些新功能的宗旨正是為了支援在地團體和社群的連結。

一到現場我馬上就後悔今天穿了無袖藍色洋裝，因為這個訪問場地讓我覺得自己好像踏入了巨大的冰箱。我冷得牙齒打顫，真想知道必須聯繫什麼層級的人士，才能在外景場地申請到毛毯。

「喔，老天，不是認真的吧？」我對阿爾菲低聲說道。

愛瑞卡已經從現場製作人轉成全職主管，因此必須待在辦公室處理CNN對我這次採訪所做的報導，這一點我仍在調適中。我們討論過她的新職位，也都很清楚走這步棋是正確的，同時這次升職也是她應得的。她已經幫我往上晉升一階，現在我也幫她更上一層樓。

阿爾菲聳聳肩，幫我們的布景——一張像廚房用的桌子，不過一把椅子也沒有——拍美照。

我猜我們大概是站著進行訪問，我心想，試圖把自己的焦慮控制下來，因為我非常清楚，只要一個人覺得愈自在，訪問就會愈順利。我盤算著該不該要求他們給我們可以坐下來訪問的布景，這樣會比較方便，但我們時間不多，所以最好還是別挑起事端。

然後馬克進來了。他穿著一件合身的藍色上衣，看起來樸素但貴氣。

現場的氣氛立刻就轉變，每個人都站直身體，開始動作。我知道大家都正式上緊發條了。

「嗨！」我向他打招呼，盡我所能別讓自己看起來像支人肉冰棒。

「嘿，」他說道，聲音很緊繃，我們彆扭地站在桌子旁。

在會見訪問對象的時候，無論對象是馬克這種億萬身價的科技大亨，或是世界駭客大賽的駭客，我都很清楚訪問前的幾分鐘就跟「實際」訪問時一樣重要。如果可以建立連結或找到共同點讓對象放鬆，讓他們心情自在一點，訪問就會更順暢。

我先拋出幾個我和馬克有共同交集的人名，用意是：我並非憑空冒出來的記者，而是一個長期關注這家公司的人。但我看得出來他心不在焉，他客氣地回答，這時我們的化妝師抵達，開始在他臉上撲粉並往他身上噴止汗噴霧，他顯得有些不自在。有鑑於馬克以往在明亮的燈光下很容易出汗，所以我們的化妝師可以說有備而來。

才過幾分鐘，還沒能來得及多閒聊一點，我們就開始錄製他數年來第一次上電視的畫面。

我拋出第一個問題。「馬克，Facebook 的新使命是什麼？」

「讓每一個人有發聲的機會，幫助人們相互連結，我們十分重視這些主張，」他回答，開門見山就提到他的談話重點。「光是幫助大家連結還不夠，我們必須努力將世界變得更緊密。」

既然談到使命宣言的變更，我就把話題扭轉到更大的議題。Facebook 的用戶逼近二十億，世界上有很大一部分的人在這個平臺上分享他們的生活，然而此平臺在社會上的角色卻出現了更多質疑。

「你如何向下一批的十億用戶保證 Facebook 是講究民主的優質平臺？」我問道。

「我認為最重要的一件事就是，我們必須協助世界上還不能上網的人取得網路存取能力，」他說道。「很多人沒有同等的機會和存取能力去做重要的事情。」

他繼續說明了太陽能飛機可以把網路存取能力傳送到遠方島嶼或雨林中央，為其他四十億人口開啟網路的存取能力，讓這些人能夠做小生意。

可是**更多**的網路和**更多**的連結就能直接轉化為民主？機會平等和存取權確實是值得讚賞的目標，然而這些東西並不能因應當前不實資訊的散播和社會上愈來愈多爭吵的問題，更不用說加以解決了。也許多給一點時間或幾把椅子，我就能把馬克那一身排練過的表演抖掉。我知道背後一定有更多東西，我已經聽到很多說法，指他對公司每個層面都涉入頗深。我想挖得更深，抓出更多實質的東西。以我的經驗來看，創辦人若是事先經過排練，那麼只需要多花一點時間就能讓他們敞開心胸來談。但我看得出來這場訪問差不多要結束了；時間即將用罄，公關人員緊迫盯人，開始挪動身軀準備出手，我的直覺告訴我只剩幾秒鐘。

「馬克，身為領導者，去年你最後悔莫及的事情是什麼？」我試探道。

「我們的時間已經到了！」他的公關人員尖聲說道，所以我沒能聽到答案，他就已經離去。

整場訪問大概花了十分鐘。

不過，能夠站在馬克面前十分鐘，總比什麼都沒有來得強，尤其如果你又可以從他那些照稿念的臺詞中讀出弦外之音的話。那個弦外之音透露了這個徵兆：Facebook已經開始深切反省，同時也將自身狀態更新為「情況很複雜」。

傑夫和其他高層為拿到獨家而興奮不已，我自己倒是希望我們可以有更多時間——更多時間往往意味著必須更多的反思。不過這是個起點，我們總得從某個起點開始。

我回到紐約，在野心與工作交織而成的棘手狀態中穿梭前行的同時，也把和傑瑞德之間的友情往更深一層發展。伊森和我已經正式結束，雖然我平常會想他在做什麼，而且還經常瀏覽他在 Instagram 的數位生活，但我十分確定我倆分手是我為自己做過最好的行動之一。

不過我和傑瑞德並沒有慢慢來，「慢慢來」不在我們兩個人的字典裡。慢慢來表示要花時間瞭解自己，花時間跟自己的內心獨處。慢慢來代表親密無間和誠實。

我們開始出門約會，直到凌晨兩點才回家，即便我一大清早就要上班，他必須去做現場節目表演也無所謂。日復一日，夜復一夜，我們一起暢快地喝酒，這有助於我們覺得自信又完整，因為我們兩個都很焦慮和空虛。我恐懼孤單，恐懼若是沒有管道可以做我熱愛的報導類型，我就會變成科技巨擘的喉舌，恐懼我沒有過著我知道自己有能力去過的生活，這些恐懼讓我想麻痺自己。我酒喝得太多，文字寫得太少。那個會跟計程車司機聊天、很愛講她引以為傲的故事的年輕女孩，已經漸漸沒入這個必須隨時待命，推文和各種通知鈴聲響個不停的世界，以及變遷中的媒體風景裡。

我和傑瑞德必須繼續往前走，因為若是靜止不動太久的話，內心的聲音可能會尖叫到強迫我們去傾聽：**你很悲哀，你千瘡百孔，你很害怕，你就是個凡人**。所以我們不駐足，而是對著 Alexa 唱歌，對著彼此唱歌。我們流連在卡拉OK酒吧，鑽進燈光昏暗的包廂，裡面有廉價的沙發和螢光吧檯。傑瑞德的嗓音如此豐潤，不管喝多少酒精都傷不了它，這提醒了我他的名氣其來有自。他隔天可能會有表演，我一大清早可能要上電視直播，但是這些都阻擋不了我們，我們使出渾身解數，對逃避上了癮。

當我看著傑瑞德時，就好像在照鏡子，只是他比較紅，門面更雄厚，他四周的牆也更堅硬。對我這個以擁有「破解」別人的能力而自豪的人來說，傑瑞德屬於那種摸不透的等級。我生氣自己竟然破解不了他，也生氣他並不想要我去破解他。我生氣那個混亂的夏天遇到他這樣聊得來的人，然而每次我們快接近某種類似親密關係的東西時，他就會退縮。儘管如此，我還是會邀他來我的公寓，然後我們會滾進床單裡。

不過傑瑞德永遠也不會成為我重要的另一半，反之亦然。我們兩人的關係一直提醒我，我這輩子大概不會成為某人的重要伴侶，除非我肯放慢腳步，鼓起勇氣活得更誠實，但現在我紛亂的心就跟揉成一團的雞尾酒餐巾紙差不多。

即便如此，我已經準備按下「重複」鍵，打算這個夏天要重新來過。我渴望被愛，因為我很難愛自己。我非常害怕，於是遁入黑暗之中，因為光亮會讓你看見自己的陰影，這更令人難以承受。

所以我才會透過傑瑞德、透過酒精和深夜把自己藏起來。我每隔幾週就出差，期待前方的路。我聽著自己最愛的歌曲《家》，有鑑於我從來沒有在任何人身上找到家的感覺，特別是我自己身上，所以這是一首對我而言很諷刺的民謠歌曲。不過我還是一邊聽著歌詞「家就是我和你待在一起的地方」，一邊在各個機場穿梭，累積里程數，喝著一杯杯的咖啡。起落架升起，腳後跟往下踩，攝影機轉起來。

二〇一七年八月，丹尼爾結婚了。他們租下尉斗區諾瑪德酒店（Nomad）的閣樓，我隻身一人去參加他們的婚禮。傑瑞德已經去洛杉磯忙一張專輯，所以我倆就讓事情自由發展，沒有承諾，也讓人痛苦。

單身的我感覺好像局外人，但我有致詞的任務，所以在點了蠟燭的水晶燈和白色帳棚底下，我起身為丹尼爾和茱莉致詞，講到他們找到了心中篤定的另一半。我望著我的摯友，他笑得一臉燦爛。

「我有過這樣的想法，」我說道，暗自祈禱自己的致詞不會聽起來像講愛情的TED演說，「那就是把生命過得充實，努力追求真實，就是這些讓你們獨樹一格又能擁有我們一直說的那種感情。」

我繼續說道，回憶起我和丹尼爾在東村桑多西提咖啡館聊天的情景，當時我倆都在事業剛起步的階段，用開玩笑的口氣說我們要尋覓重要的另一半，說我們害怕定下來，說我們要找到木板路。

在將近十年後的曼哈頓天際線背景之前，我舉起玻璃杯。「敬找到奇蹟。」

我覺得自己十分迷惘，但是看著丹尼爾和茱莉，我知道某個地方真的有木板路的存在。

婚禮過後幾天，我想傳訊息給丹尼爾，找他一起去做我們以往常做的探險，但是我不得不提醒自己他現在已經是別人重要的另一半了。然後我開始像犯毒癮似的拚命滑手機，再滑一秒，再點一下。再一個連結，再一次郊遊，再一次拍攝。

到了九月，我飛去西岸為我最新的CNN特輯《分裂我們的程式碼》(*Divided We Code*)錄製幾個片段，這個系列探討的是科技如何開始撕裂政治、文化與人性。

Medium寫作平臺的辦公室位於舊金山的市場街，我在此和伊凡·威廉斯見面。矽谷其他公司的辦公室愈來愈膨脹，勝過我的青蛙瓊在臨終前腫大的程度，相較之下，Medium辦公室的一切顯得寂靜多了。

工作小組在布置訪問場地時，我參觀了這個空間的木嵌板和金屬管線，經過的辦公室皆以舊型打字機來命名。這個地方很有伊凡的感覺，細心周到又低調，強調文字和設計感。我上次見到他是數個月前在斯德哥爾摩。

雖然他已經從推特的執行長之位退下，但我還是準備要問他推特的事情。我見過很多科技創辦人聲稱自家公司「只是輸送管線」，試圖藉此避開為平臺上的內容承擔責任。然而，隨著創辦人逐漸周旋於保護言論自由和關閉不當內容的兩難之間，這種官方說法已經過時了。

我們面對面坐在鐵椅上。閒聊一會兒之後，我提出了一個問題。

「無論你喜不喜歡，你必須做出某些需要調整的決定對吧？」

他先花了一點時間消化這個問題才回答。

「我認為科技公司必須要接受，從開始到未來這一路上都會有需要調整的時候，像演算法的運作方式、系統著重的元素、回饋迴路的內容等等，都有值得批判的地方。」

這是他第一次談到 Facebook 時表現出不屑，稱該社群網路是「一堆廢料」。他抨擊 Facebook 的基本商業模式，提到賣廣告就必須為社群網路上與日俱增的不實資訊擴散問題負責。

「Facebook 充斥著垃圾廣告，」他說，明顯可以看到他對自己所稱的「垃圾資訊瘟疫」愈來愈焦慮。「我們應該開始吃一些更有機、更健康的東西，才能讓這個社會重新恢復理智。」

在市場上相互競爭的科技公司創辦人，通常不會如此公開地朝對方開火，可是大眾都已經知道，俄羅斯的「巨魔農場」（troll farm）在 Facebook 平臺上買廣告，試圖影響大選，而且在規範方面也出現問題。因仇恨言論而被踢出平臺的用戶，有很多都在尋覓替代管道。

這些被逐出平臺的人組成了自己的網路社群，統稱「紅色藥丸論壇」（red-pill forums），靈感來自電影《駭客任務》（*The Matrix*）裡的一幕，反叛軍領袖讓尼歐選擇要吞下藍色還是紅色藥丸；藍色藥丸可以讓他繼續無知地過著人生，但如果吞下紅色藥丸則會強迫他醒來面對殘酷的真相，這表示他一直以來的認知全都是謊言。無論是政治正確、身分認同政治、暗黑勢力或是國家情勢等等的一些話題組合，都是這些論壇的批評目標。參與論壇的人從自由派到保守派都有，他們站在政治光譜右邊煽動言論。

有鑑於這些反對現存社會體制的論壇日益受到歡迎，於是我和愛瑞卡採訪了科技界的保守人士，受訪者要求隱藏身分，害怕遭到報復。他們自稱是新型態的受害者，說如果揭露自己的政治傾向的話，恐怕會丟了生意。在Reddit的討論串裡有人建議他們創造專屬於他們的祕密握手方式。線下有人告訴我在某個政治活動中認識的保守派人士立有社群契約，若是別人在其他地方介紹他們，不能說出他們最初相識的過程。這種族群基本上都是優越的有錢白人男性，雖然並非單單只有這種背景的人士，他們認為自己就是在#MeToo和「黑人的命也是命」（Black Lives Matter）這類社會運動引起的餘波蕩漾中，遭受到歧視的人。矽谷正上演一場文化戰爭。

川普當選美國總統後的這一年來，依然存在的問題是：承諾要讓人們更緊密的公司，是不是製造了更大的撕裂？科技公司其實就是分化的主要來源嗎？又或者這些公司是早就存在的分化現象的照妖鏡？線上和線下的分界線是愈來愈模糊了，我一向支持的科技界逐漸讓他們自己變成諷刺漫畫的主角，就像我的一位受訪者所說的：「世界成了聊天室，我們本身也變成了自己的化身。」

有線電視每天都在上演政治劇。CNN播出名嘴滔滔不絕發表意見的畫面，這些畫面被剪下來發到推特上又被轉推，好讓分裂的兩邊更加堅守自己的陣營，致使鴻溝變寬。川普任內審議小組的重要性勝過長篇新聞報導，由於科技以醜陋的方式滲透社會，我很難為自己所做的科技報導爭取到上電視的機會。

我在草莓園會議室裡觀看PewTube的一支影片，這個平臺會收留那些被YouTube禁止或刪除的影片。該影片的標題是「奧斯威辛集中營的爐灶」，內容講的是納粹大屠殺，影像則是在殘暴的畫面上加入卡通，描繪反猶太氣氛中的耶穌，十分震撼，且以賽門與葛芬柯（Simon and Garfunkel）的《沉默的聲音》（*The Sound of Silence*）作為背景音樂。我該怎麼報導這種內容？**我應該報導嗎？**

最後我認定將這支影片納入特輯有它的價值，不過我們必須補充說明心路歷程才行。為了幫助觀眾瞭解這個編輯決定背後的複雜性，我在鏡頭前解釋：「我碰到的難題就是，我們應該播出這支影片嗎？還是拿掉它？我認為不該讓這些製作影片的人有表現的平臺，顯然有些科技公司也這麼想，但是這件事的報導價值就在於，他們確實有平臺可以表現，而且這種人愈聚愈多，所以不能輕忽。」

最後我也決定要訪問 PewTube 創辦人，他暗中將我們的訪問過程錄了下來，並且搶在我們的特輯播出之前發布。另類網路圈的作風，我已經愈來愈習以為常了。

我很想幫忙對抗這種有毒廢物，讓人們不會覺得自己孤軍奮戰，幫助大家找到真實性，然而CNN又再度改組團隊，我和愛瑞卡依然沒收到《很像人類》第二季的下文。在職場上處於被遺忘狀態的我，計畫去洛杉磯出差，繼續拍攝《分裂我們的程式碼》。這個特輯跟我們之前拍的復仇式色情和駭客那個系列一樣，最後會剪輯成三十分鐘的特別節目。

我和傑瑞德已經一個月沒見面或說上話，不過他前往洛杉磯時，我們曾說好保持聯繫，讓「事情順其自然」。但我很清楚我們的處境，目前大概就是在一個不上不下的狀況。我傳簡訊告訴他我正飛往洛杉磯，我們最後決定在我入住的W飯店 大廳酒吧見面。他在星期天晚上十點抵達，那是他唯一的空檔。

我在深夜的W飯店大廳酒吧碰到最難看的情景，那些上半身都是大塊肌的老兄們各自聚集成充滿男性賀爾蒙的小圈圈，女孩們穿著超短迷你裙配超高高跟鞋，走起路來搖搖晃晃，可是即便如此，我也不想在這麼深的夜裡帶傑瑞德去我房間。**就讓我試著抓住一點點尊嚴吧，**我這樣告訴自己，這時身旁走過一個穿著網襪的女人。然而事情碰到了有些諷刺的轉折，酒吧保鏢不讓傑瑞德進去，因為他沒有穿有領子的上衣。這位沒有被認出來的知名歌手，在星期天晚上闖關失敗，進不了飯店的翻唱樂團。

所以我們只好上去我的小客房。從我那間房間的窗戶望出去，可以看到一棟正在施工中的大樓，工地裡有個燈一直亮著朦朧的光線。

剛開始，氣氛很彆扭，我覺得我們兩個像沒話聊的陌生人，什麼也不說，只是看著YouTube的影片發笑。不過一會兒之後，我們就恢復輕鬆的心情，我也記起來當初我們是怎麼聯繫在一起的。

最後，他爬上床，我坐在窗臺上不動。

「妳知道，那個窗臺很噁心，我打賭一定有很多人在那上面做愛，」他說得非常篤定，顯然費盡心思要我去床上。

他抬起一邊的眉毛，但是我猶豫不決。我本來決心要斬斷這種不良循環，別再跟一個沒辦法滿足他自己的需要或我的需要的人在一起。想到我差點就能忍住不傳訊息給他說我要來洛杉磯，不禁罵自己愈來愈軟弱，真希望我可以更堅強一點。他的手臂碰到我的手臂，我決定放飛自己。

「我們剛認識那時候，我就覺得我們會約會，」我轉身背對他時，他對我說道。「可是我們兩個一起走進黑暗裡了。」

他倒是沒說錯。

「我沒發現妳的混亂就是我的混亂，」他繼續說。「那就好像我和妳都是鎖，我們都沒有解開對方的鑰匙。我們兩個的問題、四周的牆，都是一樣的。我們都是陰陽中的『陰』」。

我明白了。有一部分的我知道這是我們待在一起的最後一晚，想說：「我受夠你那些比喻了，除非你打算寫成歌。」但是另一個部分的我卻不想就此結束。

「妳知道……」他說，躺著的我們靠彼此很近。他好像要說一些嚴肅的話，我等待著。

「那個工地的燈光讓妳看起來很美。」他微笑著說。

我望著日光燈的光線從窗戶投射進來，為我們這段「非關係」的關係做好分開的鋪陳。

「我要把妳畫下來，」他又說道。

我們躺著聊了幾個小時，直到我閉上雙眼，心裡也知道他早上就會離開。果然，當陽光取代工地的燈光時，傑瑞德說了再見，就在天完全亮的前一個小時，早到讓我知道明天早上或者也可以說從今往後的任何一天，他都不會再來了。

「我得帶狗出去跑跑，」他低聲對我說道，我沒睜開眼睛。

我們都知道他的言下之意。

一分鐘後，我又變回孤單一人，躺在他躺過的印痕旁邊。數次分手的重量交疊堆積。我花了十年時間追著大新聞跑，一直挑戰極限去冒險。我幫助過別人找到自己的權力和聲音，然而我自己的卻莫名找不著。也許一直以來，我之所以需索別人的脆弱，其實都是因為我太需要展現自己的脆弱。

我拖著沉重的身軀下床，去見柯迪．威爾森（Cody Wilson），我多年前在報導他第一個備受爭議的計畫——設計和發布製作3D列印手槍的藍圖——時曾見過他。他的最新事業是一個稱為Hatreon的群眾募資網站，該網站已經成為種族歧視、反猶太人和白人至上主義的聖地，而他本身也因為發表恐怖主義內容和仇恨言論，被逐出主流社群媒體平臺。Hatreon網站和紅色藥丸論壇不同的地方在於，用戶可依自身動機來募資，募來的資金有不少專用於支持種族歧視者、厭女主義者和白人至上主義者，不過若說不同網站有交叉涉足的現象出現，我也不覺得意外。舉例來說，Reddit網站的紅色藥丸論壇，同時也以厭女言論和另類右派意識形態而聞名，但Reddit並不提供群眾募資服務。

柯迪所涉及的一切都頗具爭議。他目前就3D列印槍枝藍圖是否合法一事，正在和美國國務院進行法律訴訟戰。即便如此，他牽涉到一個重要的問題，那就是他代表著一群有另類觀點的人，這群人對於科技公司及其日益壯大的權力與影響力感到十分憤怒。

我離開洛杉磯市中心，到我們工作人員事先探勘過的地點訪問柯迪。這間公寓掛著動物頭骨，我們便以這些頭骨為背景在柯迪的電腦前就定位。

「你是否擔心這種言論會煽動暴力？」我問道，映入眼簾的是可怕的種族歧視迷因圖和反猶太人影片，全都充斥著粗俗侮辱性的影像，令我感到噁心。

「不擔心，」他毫不掩飾地說道。「從壞處想，這些人是在煽動，往好處想的話，他們呈現了不該被禁的政治言論元素。」

「我喜歡抓有意思的魚，」他補充道。「3D列印手槍讓我釣到美國國務院這條魚，把他們捲進了好玩的聯邦案件之中。我大概可以從這個網站製造更大的騷動。」

柯迪．威爾森根本就是終極挑釁者。此時川普尚未推文支持柯迪對槍枝所付出的努力（這在二〇一八年會出現），柯迪也還未因此成為全國的新聞話題，但這種氛圍就好像科技界用「相信我們，我們正在讓世界變得更好」的偽裝，所進行的「快速行動打破一切」雲霄飛車式創新策略，現在已經來到危險關頭了。我離開那間裝飾著動物頭骨的公寓時，柯迪說的那些話仍在我腦海裡迴盪。

「我的政治和所有傳統學校最接近的地方就是無政府主義。我不喜歡政府對人類的繁榮、創意、自由、獨立性施加控制，」他說。「因此只要是跟這些東西對立的做法，都是在危害傳統的自由制度。」

柯迪或許一直在邊緣地帶，但他象徵的是一種會蔓延的思考方式。他拿美國憲法第一修正案（First Amendment）* 當庇護，如此便可暢所欲言、為所欲為。他製造混亂，散播仇恨和煽動暴力，然後又指著美國權利法案（Bill of Rights）** 保護自己的權益。他把自己塑造成自由戰士，將任何反對他或他所作所為的人視為自由的敵人，這些包括了試圖反對仇恨言論、仇恨罪行和不實資訊的任何人、任何公司或任何機構。

諷刺的是，Facebook、推特和 Instagram 之類的公司，即便是在他們字體很小的社群守則附屬細則裡，也用了跟柯迪一樣的論點。他們主張，平臺是以言論自由的前提，在此根基之下又怎麼能審查貼文內容呢？然而，這些公司一方面雖然宣稱自己的角色不涉入編輯裁量，但另一方面卻又暗自扮演「交通警察」的角色，指揮著各種廣告和資訊的發布，以便發揮最大影響力。科技界透過主動操縱哪些族群觀看哪些資訊，進而操縱這個世界，而用戶和外國政府也都在充分利用這一點為自己獲取好處。

等政治人物開始關注之後，科技巨擘的勾當就會被抓包，這只是時間早晚的問題。不過對於改正這個有一部分是他們造成的問題，他們會負責任到什麼程度？甚至也許該問的是，他們有可能負責嗎？科技公司的回應是他們會設法自我監督，質疑這一點的恐怕不是只有無政府主義者而已。

* 美國憲法第一修正案禁止美國國會制訂任何法律妨礙宗教自由、剝奪言論自由、侵犯新聞自由與集會自由，以及干擾或禁止向政府請願的權利。

** 美國權利法案是美國憲法前十條修正案的統稱。目的是為了緩解反對批准憲法的反聯邦黨人的擔憂，其中保障了多項個人自由，限制了政府的部分權力，並將某些權力保留給各州和公眾。

第十七章

天下大亂

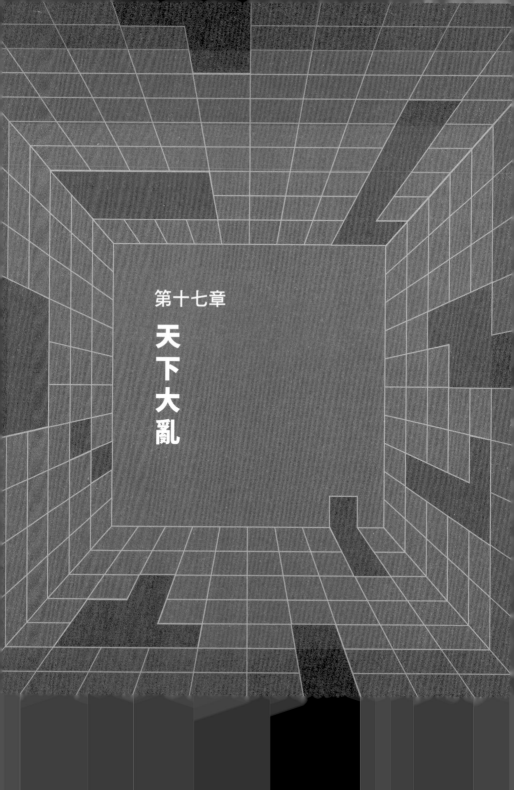

我和愛瑞卡坐在我們的祕密房間寫二〇一八年的新年新希望。二〇一七年的願望清單有很多都完成打勾了，包括**塑造科技報導路線、製作特輯、製作電視節目、訪問馬克・祖克柏**等等。我知道接下來的目標應該是當上主播，但這個目標不適合我的個性。如今我在實地報導和耐人尋味的長篇新聞報導方面已經有很深入的耕耘。

這次我不像前面那幾年一樣自願在十二月下旬的佳節期間工作，而是回家探望父母，一週後又和朋友跳上飛機去墨西哥市跨年，沉浸在音樂、文化和美食當中。回到紐約之後，充飽電的我準備迎接新一年的挑戰。不過剛進入二月，我和愛瑞卡就被公司的消息打臉，而且這次是跟我倆息息相關的事情。

數位部的頭頭們決定解散科技團隊。公司為「鞏固數位領域」而必須再一次進行「重組」，因此在一個全公司性質的會議上祭出了相關變革。換個方式講，數位部被施壓需將花掉的錢賺回來，同時也要力行成本節約。就像一般大公司的壞消息那樣，重組一向被包裝成新的機會，然而它實際上意味的是我們數年來所組建的科技團隊即將被拆開，愛瑞卡花了不少心思僱用的每一個人，還有我合作過的同事，都會被調到各個部門去。為此我震驚不已。

CNNMoney 最終會轉型成新單位 CNN Business，這個消息會在當年稍後宣布，而變動也會隨之而來。諷刺的是，科技團隊解散之後，新單位聚焦的重點之一就是矽谷。

另外還有一件最糟糕的事，愛瑞卡不能再跟我合作了，因為她將負責線上的即時內容，其實就是指製作 Facebook 的直播串流片段，我則改為和比我資淺的同事合作。

「這是真的嗎？」我們步入電梯時，我問愛瑞卡。

「是真的，」她說，口氣平靜而斟酌。我馬上就明白，無論他們用何種企業的眼光來看待這件事，這就是我們兩個結局的前兆。

我震驚地說不出話，走出辦公室後，朝中央公園前進，將自己沉浸在大自然和九〇年代的吵雜音樂聲中。我可以聞到烤栗子的味道，聽到街頭小販向觀光客叫賣的聲音，同時間耳機也狂炸著 Everclear 樂團的歌曲《聖莫妮卡》（*Santa Monica*）。我記得剛做這份工作的第一天，從窗外望出去觀賞哥倫布圓環和中央公園景致的情景。這些景致，這些味道和聲音，已經深入我的血液。不過如今我已然成長，無論景致多麼美好，如果不能持續成長的話，比較勇敢的那個我很清楚，這些全部都得拋開。

花了十年打造一個單位，現在要我轉成和其他製作人合作實在不容易。每一則報導必須「簡短一點」，這是為了確實抓住訪問過程中的精妙之處，但是由於比我資淺的製作人不曾報導過科技主題，他們的優先要務也與我不同，所以根本不理會我的編輯指示。因此，我愈來愈難掩飾自己的挫敗。雪上加霜的是，我和愛瑞卡正式收到了我們早就知道的消息：《很像人類》**沒有**第二季。

我們努力適應這些變化的同時，有一個大事件準備投下震撼彈了。二〇一八年三月十七日，世界風雲變色。就在前一天，幾乎沒什麼人聽過劍橋分析公司（Cambridge

Analytica），但一位頭髮染成粉紅色的資料顧問揭發了這家公司的策略，新聞很快就傳遍全球。二〇一六年唐納．川普的競選團隊僱用這家顧問公司，在未經許可的情況下從五千多萬名 Facebook 用戶取得個人資料並加以利用，試圖影響當年的總統大選。不管是晨間脫口秀節目或是社群媒體，美國人紛紛表達了震驚和恐懼，但卻無計可施。將資料交給劍橋分析的那位研究人員，是在遵守 Facebook 用戶條款的情況下合法取得資料（儘管 Facebook 表示，這位研究人員擅自將資料交予第三方，已經違反了平臺規定）。

怎麼會發生這種事？美國人是怎麼被愚弄的？我們怎麼會願意建立 Facebook 帳號，在過程中簽署他們用極小字體寫成的一長串同意書，允許應用程式開發者在我們不知情的情況下存取我們的各種資訊？

緊急狀況推播通知讓手機紛紛響起的同時，迫使我們見證了按讚的代價就是交出隱私，還有我們其實被數百種未知的手法操縱著。那些看起來無害的個性測驗就潛藏著資訊金礦，研究人員挖到的不只是我們的個性，連同我們朋友的資料都能一併入手。當我們虛擲數小時張貼夕陽和瑪格麗特雞尾酒的美照，就等於雙手奉上自己內心最深層的祕密供人取用。我們點擊的次數愈多，研究人員就有愈多資料可以授權給劍橋分析之類的公司，這些公司會開發軟體並在心理學家的審查下分析用戶的行為。行為可以轉化成模式，一旦可以預測用戶的行為，就能影響他們。或者至少可以說，劍橋分析執行長亞歷山大．尼克斯（Alexander Nix）正是靠這招來收費。

劍橋分析把這整套方法叫做「行為精準投放」。儘管利用心理特質來影響選民行為的概念並非開創性的觀念，但尼克斯視自己為數位精準廣告途徑的大師。

雖然不少人質疑他軟體的效果以及用戶資料實際上可以被「利用」的程度，但是尼克斯確實協助川普的競選團隊十分精準地鎖定民眾個人。這個事件公諸於世之後，大家對於自己的資料竟然可以用來操縱自身行為這樣的概念感到驚恐不已。

這一刻瀰漫著「這是在搞什麼東西」的氛圍，把原本只有科技圈和菁英媒體在探討的資料收集和隱私權話題，推上了主流地位。世界各地的記者前仆後繼地朝著這個事件猛攻。《衛報》(*Guardian*) 公布調查報告，揭露了 Facebook 自二〇一六年便得知研究人員一直在未經許可的情況下取得和利用資料，還有 Facebook 雖要求劍橋分析摧毀資料，但從未就此做後續追蹤。

情況在一夕之間變成美國人好像一直以來都被劫持了。這整件事牽涉到個人層面，Facebook 一向鼓勵用戶公開自己全部的生活，鼓勵大家分享更多、連結更多，但是 Facebook 並未給予用戶同等的公開透明作為回報。一種遭到背叛的感覺席捲全球，人們要求馬克．祖克柏提出解釋，大家有必要知道，Facebook 到底拿我們的資料做了什麼？

這是CNN的晨間主題。傑夫．佐克坐在草莓園那張大橢圓形會議桌首位的旋轉椅上，等候其他新聞部主管。到了九點，所有人按照職位高低圍坐在他周邊，逐條審閱當日的新聞。Facebook 是最大的重點，劍橋分析的醜聞已經沸騰了，但馬克．祖克柏和雪柔．桑德柏格（Sheryl Sandberg）仍不見蹤影。公眾的憤怒如雪球般愈滾愈大，每一位記者都拚了命地想搶得先機，但沒有人得到任何解答。焦頭爛額之際，傑夫問了一個問題，而過幾分鐘之後這個問題就會傳到我耳裡：「羅莉．塞格爾有在追這個新聞嗎？」

我們一位企劃製作人將指示傳達給我：**妳去試試劍橋分析那條新聞**。我知道這個事件還有下文，而且是一個重量級的下文，同時我也感覺到，這是歷史性的轉捩點，無論是科技界還是對我來說。就某種意義而言，可以說我從十年前剛來到這座城市時，就一直努力朝著眼前這一刻邁進。

我還記得八年前採訪 Facebook 產品部負責人克里斯．考克斯的畫面，當時是 Facebook 成立十週年，他擔心公司無法保有敢做敢為的能力。現在回顧過往，我在想他的擔憂是不是因為感覺到 Facebook 會變成龐然大物，必須加倍奮戰才能抓住它想把世界連結在一起的初衷。我想起訪問過克里斯之後，再次造訪 Facebook 園區所見到的情景。新的大樓竄起，多了工業風、少了人情味。有人告訴我，負責壯大 Facebook 的工程師所購置的房產，比負責平臺安全的資安團隊更優。擴張就是這場遊戲的名稱，沒有人想踩下煞車，不過眼下已經來到危急關頭，這家公司最重要的領導者卻神隱了。

大家爭相要找到祖克柏和桑德柏格，我也像其他記者一樣，把旋轉式名片架全翻遍了。我打了一通又一通的電話，在新聞編輯部裡走來走去，又到傑夫辦公室外頭晃蕩，在錄製現場節目的布景旁徘徊。只要有座位空著，我就坐過去埋首於筆電。有任何消息進來時，我喜歡跟著消息移動，也就是說，我會邊講電話邊走動，隨意坐在新聞編輯部空著的辦公桌旁和角落做筆記。接著，開始有議論湧入了，多個消息來源低調指出，Facebook 內部有討論，而且公司上下憤慨之情也與日俱增。員工抱怨馬克和雪柔被自己的屏障保護得很好，還說他們的親信以及親信的親信擔憂這兩位的形象遠勝公司服務的對象，甚至就連 Facebook 的管理階層也憤憤不平，快要按耐不住。在這種重大關頭，公司的領導者在哪裡？這樁醜聞沒有平息的意思，反而爆炸在即。

我拿到的資訊已經足以彙整出 Facebook 內部狀況的樣貌，所以在下班前我發送了一篇報導給上頭。隔天早上，我的收件匣來了一封電子郵件寫著：**二十分鐘後帶著妳的報導上電視。**我飛奔到化妝間弄頭髮和上妝，心臟狂跳，那種手上握有足以造成撼動的獨家資訊時會有的興奮感湧上了心頭。毛茸茸的粉刷和化妝海綿正在交替伺候我，這時我又收到一封電子郵件：**詹姆斯會加入，跟妳一起報導這個片段。**我倒抽一口氣，結果被一團撲粉煙霧嗆到咳了起來。「詹姆斯」是一位下巴方正、典型的電視名人，他特別喜歡聽自己說話，雖然他大部分的時候話都不多，總說些「啊」、「為什麼呢」之類的東西。我咬緊牙關，在手機上輸入「太棒了！」回覆那封郵件。

數分鐘後，我上現場和主播打招呼，這位主播自稱是「支持女性的女性」。我坐在詹姆斯旁邊；我帶著我實實在在的新聞，他帶著他的高論。

「詹姆斯，不如由你先說吧，」主播開始說道，她明明就很清楚我是科技方面的專家。詹姆斯大聲發表想法，搭配豐富的手勢，彷彿在用傲慢自負指揮著透明的管絃樂團，我在一旁耐心又禮貌地靜靜坐著。聽他單調乏味地陳述意見，我告訴自己，**我一定講得簡潔又一針見血。Facebook 內部發生的狀況我其實都知道，我不光只有想法，我是有消息來源的。**我擺出空洞但還算合宜的表情，等著他結束他對社群媒體剛形成的想法，可是這段只有寶貴幾分鐘的短暫片段就快流逝了。現在只剩三十秒左右的時間，主播終於轉向我。

「羅莉，我就快速提問一下，這家公司內部的人怎麼說呢？」

我才講了兩句話，她就笑著說：「好的，我們必須結束了。」

結束後，大家都在握手，我無比沉重地坐在那裡，心裡納悶這位吹牛大王是怎麼成功獨占這一刻的，這明明是「我的」報導路線。為什麼總是有這種為所欲為又缺乏經驗的人，而且這種人反而比較被看重，說話比我大聲，還占有一席之地？

我解開領夾式麥克風，謝過在場的所有人，擔心自己如果不露出笑容的話，會尖叫出聲。詹姆斯從我身旁擠過去，低頭看著手機，一副自大的模樣用手機打了封電子郵件。我望著他離去，心中暗自做了一個決定。我沒有去找丹尼爾或愛瑞卡吐苦水，也不打算等著被下一個穿西裝的人踐踏，我要採取自己的行動。離開現場的時候，我內心浮現了一個念頭：**我要預約祖克柏的時間採訪他。**

我沒有告訴任何人我的計畫。憤憤不平的心情激勵了我，現在我有一種清醒的平靜感。馬克．祖克柏遲早會出來講話，不過他一旦開口，那必定是對我說話。

我拿出筆電，準備上 Facebook 傳訊息給 Facebook 創辦人。我先搜尋他的名字，然後看到我們的共同好友有一百多人，很多都是他的同事，其中有一些已經跳到別的公司，一些仍待在他周邊。有鑑於我們共同的人脈眾多，我知道 Facebook 的演算法一定會將這些資料列入考量，所以不會將我的訊息歸類為「隨機」，而將我的來訊放到名為「其他收件匣」的煉獄裡。

我開始撰寫訊息，說明我瞭解幕後發生了很多狀況。「我想讓你知道，當務之急就是讓大家聽到公司領導者的想法，」我寫道，並請他考慮在鏡頭前與我談一談。寫完之後，我快速審視過這長長的一篇訊息，然後在心裡告訴自己，**塞格爾，不必想太多。**

接著我就按了「傳送」。

接下來的幾分鐘，我不斷地重讀這封訊息，雖然知道不管發生什麼結果都不是我能控制的。我試著忘掉剛剛發訊息的事，把電子郵件都點一點，將新聞臺各單位的要求分類一下。CNN、HLN和CNN國際新聞臺請我上電視回答「祖克柏在哪裡」這個問題。我也在問這個問題，所以我的眼睛才會每隔二十秒就跳回去看 Facebook。

過了四十二分鐘之後，我終於看見了。馬克．祖克柏的大頭貼照跳了出來，他已經打開我的訊息。

好吧，我心想。**也許我們有了點進展。**

我不敢離開座位，擔心錯過今年度最重要的訪問之一，所以我決定從各方面進攻。馬克已經看了訊息，不過我體認到協助引導做決定的人是他的公關人員。我致電給 Facebook 公關部負責人卡琳，她是個作風直接了當，你會想跟她一起並肩作戰的人。

我們聊了一下，然後我告訴她我就是打算訪問祖克柏的人。手機貼在耳朵上的同時，我抬頭瞥見不斷出現的CNN新聞跑馬燈。暴風雪就要來了，不久後所有從紐約市出發的航班都會取消。

「我得知道我需不需要去搭飛機，」我對卡琳說，試圖表現出事態緊迫的感覺。她說她會回電給我。

我又檢查了一次訊息，看看馬克是否有回音，可惜沒有。我從椅子上跳起來，連走帶跑地往七樓攝影棚而去，準備和不同凡響的英國主播李察．奎斯特（Richard Quest）進行訪談。我們一上現場，李察的雙手就猛敲玻璃桌大聲說道：「事情都到這個地步，祖克柏到底跑去哪兒了？」

我們結束拍攝準備休息時，有一通電話進來了，是Facebook公關人員打來的。

「給我好消息吧，」我對著電話說，人已經站在電梯門口。

「情況好像不錯，」公關人員回答。「但還不能保證什麼。」

我回到五樓新聞編輯部，把現況向傑夫匯報，也告訴他如果收到好消息的話，我們就必須弄到機位在暴風雪來襲前飛離紐約。他在記筆記的時候，我又接到了一通電話。

「去搭飛機吧，」卡琳說道。

我立刻連發了兩封電子郵件，第一封傳給一小群必須知道這個消息的人，他們會把「我敲定祖克柏了」的事情宣傳出去。第二封則直接寄給傑夫．佐克，告訴他：**愛瑞卡負責幫我製作。**我看向窗外，雲的色調已經轉為「高譚市」的灰，集結成濃密的覆蓋物。我們得加快行動才行。

我在返家收拾行李的路途上，傑克打來找我一起和CNN的差旅部門商討出差事宜。我用臉頰和肩膀夾住手機，衝進公寓裡抓起幾罐化妝品，把它們丟到我有史以來打包過最小的行李袋中。接著我從衣櫃隨便拉出一件洋裝，這時CNN差旅部門那位好心的女士說，因為暴風雪就要來了，我們是否考慮隔天再去搭飛機？我拒絕了這個提議，並且向她表示，若是她能讓我們順利搭上飛機，我一定獻上我生的第一個孩子。差旅部的女士請我們稍後片刻。

妳嚇壞她了，傑克傳簡訊告訴我。

我拿了牙刷。**安德森・庫柏這會兒一定在私人飛機上了，**我想著就覺得淒苦，雖然心裡也知道沒這麼誇張。

差旅部的女士回到電話上，她找到奇蹟了。有一個航班過幾小時就會從紐瓦克機場起飛，那是最後一班可以起飛的飛機。我們會在半夜時於奧勒岡轉機，從那裡飛到舊金山，這樣一來就有足夠的時間可以換好衣服，再衝到Facebook園區。行李袋拉鍊只拉了一半，我就迫不及待打電話叫Uber。

我抵達機場時離最後登機時間只剩半小時，大排長龍的安檢隊伍蜿蜒到走廊。我和CNN差旅部通了很長的電話，過程中不知道為什麼我的TSA（美國運輸安全管理局）預檢號碼並沒有成功輸入到訂位系統裡。我在心裡盤算著，倘若我去排一般的登機隊伍，恐怕會錯過班機。

我焦急地拿出手機，把電子郵件、各種應用程式和鑰匙圈都找遍了，就是找不著我的預檢號碼。我的呼吸變得很沉重，衣服黏在身上。我急得準備要闖過柵欄了，這時我想到世上有一個人可以救我。我立刻傳簡訊給伊森。

嘿，你好嗎？我寫道。

我看到顯示正準備打字的三個小點點出現又消失。伊森想必正在思考我為什麼傳訊息來，再決定該如何回應，畢竟我們已經好幾個月沒說話。我們之間有必要這麼客套嗎？還是說我其實可以就事論事？老天幫幫我，我要直接問了。

我正準備要去採訪馬克・祖克柏，請別告訴別人。你會不會有我的TSA預檢號碼？

我閉上眼睛。**我真是糟糕啊。**

一秒後我睜開眼睛，他已經把號碼傳來了。他就是這麼有條理的人，值得頒獎牌給他，真的沒話說。只是他並非我要的「那個人」而已。

我通過安檢，開始拔腿衝刺。我看見傑克的後腦杓了，他在人群中穿梭，三腳架在他身旁搖來晃去。五分鐘後，我們抵達登機門，加入最後的登機隊伍行列。我和傑克的模樣，看起來就好像剛剛跟龍捲風起了小小衝突似的。我低頭查看手機時，一縷汗濕滑溜的頭髮垂到臉頰上。電子郵件陸陸續續湧了進來，CNN的新聞製作之輪已經開始轉起來。

我秒發一則訊息給愛瑞卡，她總是在我混亂的時候支持我。**成功了。**

她馬上就回覆我。今天是她兒子的一歲生日，但是她沒有看著兒子把雙手插進超大蛋糕裡，而是和CNN差旅部通電話，逕自吵著要更改另外一位仍在暴風雪半空中的製作人原本的路線，請他從費城飛到加州門洛帕克。於此同時，她也試著勸說Facebook公關部的卡琳，讓CNN現場轉播車停在他們園區附近真的不會讓天塌下來。愛瑞卡若是去當人質談判專家，一定可以闖出一番名堂。

我的手機訊號在空橋的死角斷線了，這時我總算能靜下來感受此刻的嚴重性，也想一想到底有沒有打包到內衣褲。我拖著腳步上了飛機，拉著隨身行李先走過商務艙和豪華經濟艙，然後又經過普通經濟艙來到很後面的地方，我的座位就在那排的中間等著我。上方行李櫃裡有兩個過大的行李箱，我使勁將自己的行李塞進它們中間的空位，這時我下方的人突然拍手大叫。我看了看四周，擔心是不是發生了什麼事。但是沒有，這位仁兄正在觀賞籃球比賽，他好像當自己在吧檯邊跟好友待在一起似的。我躲開他凶猛的手肘，迅速將耳機戴上，沒多久飛機引擎就轟隆作響，壓過了這個人發出的哼哼聲和喝采聲。

我馬不停蹄地工作了兩個小時，把提問、流程、計畫全部審視過一遍。周遭令我分神的事物都消失了，我全神貫注，直到鄰座那位打開一塊鮭魚切片，這絕對是因為我前世殺了人，所以這輩子才會得到這種座位安排。我努力重新集中精神，但魚腥味揮之不去。接下來的數小時，我的五臟內腑好像一雙在別無他物的洗衣機裡翻攪的襪子。

我們在奧勒岡降落，我來到登機門旁那間空蕩蕩的咖啡店，感激涕零到快崩潰。我把要提問的內容拿出來複習，都還沒來得及檢查我寫的東西、點上一杯咖啡，就聽到廣播說我那班飛往舊金山的飛機要登機了。

一個半小時之後，我和傑克抵達了舊金山，跳上一輛 Uber 的後座。再過幾分鐘，我們就可以進行期待已久的梳洗了。這個時候，後方傳來警笛聲，紅藍色的閃光投射過來，我納悶那輛警車是在追誰，直到我們的駕駛放慢速度停下來，那輛警車也同樣停下車時我才明白。我那缺乏睡眠的大腦立刻進入高速運轉狀態。**這不是問題，我可以施展魅力讓大家脫身，**我心裡這樣想，接著把身體坐直，準備跟警察交涉。我擺出最燦爛的笑容，然後從後照鏡瞥了自己一眼。深深的黑眼圈掛在我臉上，頭髮也開始亂翹，我的某位前男友正是看過我這種模樣而靈感噴發，幫我取了「音速小子」（Sonic the Hedgehog）的綽號。我發現在經歷了機場混亂、睡眠不足還有鮭魚門事件後，我剩下的魅力大概只跟尼斯湖水怪差不多。

我縮了回去，決定讓正義順其自然的發展。警察開了超速罰單，接下來的六分鐘路程我代表整個矽谷族群一再向駕駛致歉，說起來這裡就是一個會讓有錢人變得更有錢，而他會變得更窮的地方。

最後我們總算抵達飯店了，梅根就在那裡等著我，她是我的化妝師兼神仙教母。我來舊金山出差過很多次，幾年前某次來這裡時第一次見到梅根。從那以後，住在灣區的她就成了我化妝師首選，有時候碰到我生涯當中最重大的訪問，她還會幫我貼上假睫毛。梅根也目睹過新聞編輯部不少戲劇化事件，也見過創辦人失控的情景，以及自我造成的恐慌場面。另外，由於她喜歡做靈氣治療，因此渾身上下散發著不可思議的平靜感，我視之為額外福利。我將自己置於她的靈氣範圍中，跟著她進入我房間。

梅根把她各式各樣的化妝工具拿出來，我則拉開隨身行李的拉鍊。從接到卡琳的來電，一直到衝去機場前的這段時間，我隨便抓了幾件衣服就來了，這表示現在我手上的選項實在……非常有限。我低頭凝視著一件有著尖角開叉的黑色短裙，一件無袖、有紅橘色高領的黑色針織衫。我忍不住吸了一口氣。這場訪問會出現在《安德森·庫柏》的現場直播節目，再加上CNN對此瘋狂宣傳。這將會是我到目前為止整個職業生涯中最大的獨家，但這種穿搭——怎麼說呢，十分「前衛」。梅根喊了我的名字，我抓起那件無袖高領。**管他的，**我心想。

我們一行人抵達Facebook園區，此時的我差不多已經進入專業狀態。有人帶我們進入一棟較新的大樓並穿過大廳，大廳高聳的水泥牆上畫滿了五彩繽紛的塗鴉。我們登記好之後拿到識別證，接著又走過Facebook的「標語」牆，牆上寫著諸如「同理心」之類的正面文字。「快速行動，打破一切」那個標語則早已不復存在。

儘管外界一片混亂，媒體、用戶和要求祭出懲罰的政客們鬧得沸沸揚揚，但公司內部卻異常平靜。我們走過一排排開放式辦公桌和白板，Facebook公關人員像影子一樣緊緊黏著我們。梅根拎著化妝包跟著我，傑克帶著我們的小型布景緊接在後。最後我們來到一間單調的會議室，我也在角落看到一個很像錄音機的小裝置，言下之意顯而易見：我們不管做什麼都無所遁形。

我們小組花了一個半小時布置場地和架設機器。他們說馬克很講究自己要坐的椅子，這倒也說得過去。在公司正面臨歷來最令人尷尬的時刻之一，他自然希望能坐得舒適一點。我本身對於能坐下來進行採訪，感到無比興奮。

終於等到訪問即將開始，室內溫度已經往下掉了十度。我不該忘記那次在芝加哥被我命名為「冰箱裡的訪問」的採訪經驗，現在穿在身上的無袖高領上衣令我十分後悔。

我試著讓自己放輕鬆，這時馬克踏入房間。如今的氣勢已經和我們第一次見面時截然不同。上一次我們的訪問可以說經過了公關的縝密策劃，他們致力於強調Facebook 的團體及公司打造的社群所具有的力量。當時我們枯站在那兒，身邊都是笑容滿面的各社團成員，他們都是在 Facebook 上結識或在峰會上見過面。然而，那股氣勢早已遠去，現在跟來的人很少，要解釋的事情卻非常多。

「嘿！」他打了聲招呼，朝我們小組走來並且主動與我們聊天。這次他身邊的人員比我們上次見面時少，講起話來也自在多了，不過我還是可以感覺到他的緊張；在這種時刻，他看起來特別脆弱。梅根在他臉上撲了一點粉之後，我們就各自就座，開始這場訪問。可是才開始不到幾秒，馬克就喊停，請我們給他一分鐘，接著就突然離去，後面跟著他的公關人員。

我除了把筆記移來挪去，對傑克打信號要他去收集情報之外，就動也不動地待在原位，等候他們的最新指示。由於CNN已經對外宣傳，我們這段到現在還沒拍成的訪問片段會在安德森·庫柏的節目中播出，所以倒數計時器已經開跑了。不過話說回來，這場訪問還有機會進行嗎？十分鐘過後，公關帶著消息回來了。

「各位介意我們換房間嗎？」其中一位公關說道。「『這裡不夠冷，馬克比較喜歡冷一點的房間。」應該是他過往碰到重要訪問時都會汗流浹背的關係，又或者是這一天來自四面八方的壓力所致，但無論如何馬克顯然在零度以下的溫度會比較自在一點。我在心裡盤算了一下，如果要趕上節目的播出，就必須盡快讓訪問開始。倘若訪問現場移到西伯利亞就是我事前準備的提問可以馬上獲得解答的關鍵，那麼我們立刻就換。

我們在另一間更冷的房間內匆忙布置場地，這次準備只花了二十分鐘。這裡沒有椅子，只有一張小沙發。我在沙發的一側坐下來，馬克終於回來之後，他坐在我身旁，我們促膝對談。

「你確定你願意我們靠這麼近？」我開玩笑地說。不過兩人的笑容很快收了起來，所有人都準備好。

我們開始倒數計時，確認我倆的麥克風都沒問題。

祖克柏，請數到五。

「一、二、三、四、五。」

塞格爾。

「五、四、三、二、一。」

接著我們便開始拍攝。

「馬克，發生什麼事了？哪裡出錯了？」我問他。

他凝視我一秒，卻讓我度秒如年，接著他把預先擬好的回應一一道來。

「我真的很遺憾發生這種事，」他說道，堅持先從道歉開始，然後繼續解釋事情出錯的細節，以及劍橋分析如何濫用了過時的實務做法。

這個部分花了一分鐘的時間，不過我們也抓到節奏了。

「Facebook 應該受到規範嗎？」我問道。

「我不確定我們**不該**受到規範，」他回答。

我問他是否會在國會作證，但他迴避了這個問題，只表示會有更具資格的人來回答特定問題。我特別強調大眾想聽的是「他」的意見，也就是 Facebook 創建者的現身說法，藉此挑戰他。然而他不願做出承諾，但也沒把話說死。

我們的訪問已經接近表定的二十分鐘時限，Facebook 公關人員試圖打斷我們的談話，但馬克沒有停下來，所以我們繼續聊了十分鐘，然後又一個十分鐘。等到他似乎再也沒有可說的事情之後，我問他最後一個問題：他想不想為他的孩子們打造一個更善良的 Facebook？

馬克吐了一口氣。他的眼神有一絲幾乎難以察覺的轉變，也許是因為訪問就快結束，又或者是因為這特殊的一刻十分重要，將對公司的未來帶來深刻影響。又或者是因為我提到他的孩子們。我更加仔細地看著他，他的眼睛開始泛淚。

「有了孩子之後改變很多，」他說。

「比方說什麼？」我問道，避免和他的公關人員對上眼，他們早就坐立難安，現在準備要出手了。

「我過去經常想，眼前最重要的事情莫過於對全世界發揮最大的正面影響力，但現在我只在乎能不能打造某種將來我的女兒長大後會引以為傲的東西。」

「那麼你覺得自己現在就是這麼做嗎？」我繼續進逼。在操縱大選和資料收集等議題的追殺之下，再加上民眾對科技影響人類心理健康甚至是社會整體健康的疑慮與日俱增，我的提問變成一個徘徊不去、懸而未決的課題。

「是的。」他慢慢說道，字字斟酌。「我們一心一意想為人們做好這件事。」

我就在這裡，坐在一位工程師旁邊，他打造了可想而知最大的社群網路，因為他能夠用基本元素，也就是〇和一來看世界，所以才有辦法做到。在這個成功的方程式中，同理心和對人類深刻的理解並非必需。他還在大學的時候，遠在他的孩子出世之前，在女兒們顛覆他的內在演算法的很久以前，就已經創立了自己的公司。公司的初衷是連結世界，不管是為了金錢、權勢還是為了公益，但是他的盲點似乎就是他本身沒有與人連結的能力。他成年以後，多半由樂觀主義和相當程度的傲慢領著他前行，再加上他身邊圍繞著一圈屏障。公司已經長成龐然大物，現在它的商業模式、在社會上的角色，以及高層主管的意圖都受到質疑。

當你和某個人在某個時機點面對面而坐，而且你知道這個時機點一定會和未來產生共鳴時，那種感覺真的很奇特。在這麼一個重大的日子裡，那個辦公室所有的一切——我和馬克交談的房間、在場的少數人、我們的攝影機等等——都顯得詭異的渺小。這場訪問沒有別緻的布景，但我知道訪問片段一定會被廣泛引用。

這當中對我而言最有意思的地方，也許就是馬克其實就是一個凡人。我們已經正式跨入新的時代，在這個新時代，我們的科技巨擘，也就是在蓬勃發展的這些年被塑造成神的那些人，正被迫重新進入平流層，一路下墜回到地表。這場訪問是一場舞蹈，但我知道這一刻造成的餘波蕩漾勢必會延伸到將來，顛覆 Facebook 如何衝擊社會以及科技如何影響人類全體的論述。那段盲目樂觀且不計後果承諾創造連結的「蠻荒西部」時光已經劃下句點，如今我們在及膝的水中跋涉前行，進入監管與紛亂並存、風險重大的新紀元。

我們並肩而坐，我感謝馬克撥出時間接受訪問，然後他就離去了。二十分鐘的訪問最後延長到四十分鐘。

在門關上前，我和傑克站了起來，把裝備收拾好，然後衝出 Facebook 的辦公室，將我們錄製的影帶送去停在門洛帕克某處的現場轉播車。我們拍攝的畫面以光速傳到 CNN 新聞編輯部，數分鐘後就在《安德森．庫柏三百六十度》中播出。

這個訪問片段被引用到世界各地，各家報紙幾乎都立刻出特稿，探討 Facebook 的勢力與影響力。名嘴紛紛針對科技在保護用戶隱私的角色方面發表自己的意見，推特上好不熱鬧，人們對祖克柏說的話多表稱讚。這是第一次他親口說 Facebook 也許——只是也許——應該受到規範。

數小時後，我上了《安德森》的現場直播，闡述我個人的洞見，一小組男性也跟我一起上節目。他們深入剖析我做的訪問，導致我沒有多少時間可以分享自己的意見。不過我的臉上依然掛著笑容，因為到頭來，無論有多少男人的叫嚷大到蓋過我的聲音，我都是那個採訪到馬克·祖克柏的人。

第十八章

麥當勞騙局

她還沒開口說那些話之前，我就已經知道了。我可以從她臉頰的顏色看出來，那抹玫瑰色中另有一絲蒼白的陰影，再加上她雙臂緊緊交叉在胸前，可見她忍著一件很重要的事情，不知道該怎麼開口才好。所以我替她說出來。

「妳要走了。」

愛瑞卡點點頭，沉默不語。我不知道一個人可以同時有這麼多感受：在某個你愛的人尚未走出這扇門之前，你內心滿是懷舊之情；等她勇敢跨出去時又感到無比驕傲；然後又帶有一種羨慕，羨慕她擁有我缺乏的勇氣。

我可以感覺到她很緊張，所以即使我身上的每一個細胞彷彿都在大叫著「別走！」，但我還是溫柔地對她說「我明白了」。

「我要去NBC，他們準備推出一個串流新聞頻道，我要去幫忙管理。」她說。以愛瑞卡製作CNN第一個串流節目《很像人類》的資歷，她絕對是最適合的。

「我真為妳感到驕傲，」我低聲說道，伸手抱住她，一邊將我缺了另一半、自己獨留CNN的那股恐懼感推開，一切都會不一樣了。不過話說回來，我若是願意誠實面對的話，就知道一切早就變了，不管是有線新聞的性質、政治氛圍，還是我們在各部門的新角色。這些年來我們一直在下著企業的棋局，但同樣的棋局能下的最多也就只有這麼長的時間了。

「也該是時候了。」這句話雖然是對她說，但我指的其實是我們兩個。

「我知道。」

我們默默坐在祕密房間裡，凝視著外面的哥倫布圓環，回想著過去那些清晨和夜晚。我想到我剛開始站在攝影機前，望著鏡頭想盡辦法讓自己的現場播報畫面看起來自然一點。愛瑞卡就陪在我身旁，像父母看著孩子學走路那樣。在我需要站得更直，需要相信自己的時候，她一直是我的支柱。我把她拉到科技的報導路線，踏上多年的探險之旅，激發她的熱情。我們兩個都提升了彼此。

那也是一種並肩作戰的感覺，而戰場就是新聞編輯部，我倆是追逐好故事的士兵。我們報導過綁架案、網路恐怖主義和爆炸案，朝著現場畫面奔去。她從IFB無數次對我低聲說話，在我懷疑自己時，她的聲音會鞭策我繼續前進。如果你有心又持續奮戰，如果在別扇門勢必會關上時你想通要敲哪扇正確的門，你就會成功，我和愛瑞卡一直秉持這種信念。

我們以前從來沒有阻止過對方，我現在也不會這麼做。我不僅應該讓她走，無論我倆的願望清單多麼有野心，我都想成為她的後盾。我會一直提醒她，她是多麼特別。

一個月後，我收到了這封電子郵件。

塞格爾，

實在好難用言語形容我倆的關係對我有何意義。什麼叫做「整體勝於局部總和」，我們的關係就是最佳示範。還有……想想我們一起經歷過的所有瘋狂——和ISIS聊天，從阿里爾．卡斯楚的地下室報導綁架案，參加交換伴侶派對，探訪性工作者做生意的簡陋地下室，我們的車在黑帽大會期間被駭，讓復仇式色情駭客在鏡頭前認罪——我們兩個現在還能活得好好的沒生病，簡直就是奇蹟。

縱使我有千言萬語想說，但都不是可以寫在計畫本上完成打勾的項目，所以我擅自重寫了我們的清單，希望可以在短時間之內完成所有項目，把它們全都勾起來。

羅莉：繼續發揮獨有的同理心，去述說最觸動人心的故事，喚醒大家最深切的關注。

愛瑞卡：（重新）製作串流新聞。

羅莉：建立妳自己的王國。

愛瑞卡：萬分想念和塞格爾一起工作的日子。

……不管是一起喝酒、每月的力量晚餐，還是妳需要加油打氣的任何時候，全都未完待續。

發個簡訊我就來。

愛瑞卡直接用「E」署名作為這封信的結尾。這是她的電子郵件地址被停用前，以

CNN員工名義寄給我的最後一封信。

分手或分開的經驗我經歷過不少，但愛瑞卡的離開卻啟動了另一個我自己都不知道的省思角落。在少了她的空虛裡，我允許自己放慢步調去好好思考，讓我自身的三個小點點暫作停留。我祝願愛瑞卡事事成功，但事事成功對我自己而言又是什麼含意呢？我想建立何種「王國」？

思考到最後總會回歸到這個更遠大的野心：創建一家媒體公司，致力於在這個充滿濾鏡的世界尋找真實。我想打造一個空間，可以讓我發想創意和製作《很像人類》這類的專案，在這個空間裡不會有人批評我太強勢或野心太大，又或者不知感恩。我想支持其他我認為十分重要的聲音，我不想耐心等待邊間辦公室那些主管瞭解我的憧憬。我想打造自己的公司，但是該怎麼做？我完全沒有頭緒。這些年來我是報導了很多新創公司沒錯，然而牽涉到創立新公司這件事本身，我不知道我有沒有這種能耐。

我回想起二〇一六年投資人克里斯・薩卡對我說的話：「這是一個非常不一樣的特殊旅程，未必適合每一個人。你必須有點傻、有點怪，必須有點瘋狂。」

我開始拿餐巾紙做筆記，把重點寫在便利貼上。我依舊繼續埋首於工作，但我也允許自己去做夢。

「還有哪位妳沒跟他預約時間？」主播在現場直播時開玩笑地說。「下一位是誰？教宗嗎？」

我微微一笑，把逼近的恐懼感拋到腦後。這陣子一直在忙新的系列報導《人類程式碼》（*Human Code*），需要訪問一連串重要科技公司的執行長。我才剛採訪完 Apple 執行長提姆．庫克（Tim Cook），他宣布推出一項可以管控科技成癮問題的新工具。能採訪到庫克是天大的收穫，可惜是連續進行的簡短式訪問，我渴望能深入挖掘這些議題。

CNNMoney 已經進行品牌重整正式改為 CNN Business，針對此新單位的推出，我獲派的任務是製作出轟動的系列報導。

接下來數月，我東西岸兩邊跑，有時一週一次或兩次，與各家創辦人進行訪談，深入探討倫理道德和未來。我在舊金山會見了 Pinterest 執行長班．希柏曼（Ben Silberman），這位說話溫和的前工程師表明他擔心公司創造了過分重視幻想的文化，導致人們難以營造現實的生活經驗。

國防科技技術公司 Anduril 的廠區位於洛杉磯郊外，這裡是創辦人帕爾默．拉奇（Palmer Luckey）及其團隊打造未來武器與防衛技術的地方，我也到此與他對談，針對「是否可用 AI 來決定生殺大權」、「無人機技術是否該用來追蹤非法跨越美國邊境的人」等諸如此類的問題進行討論。

我也訪問了客戶關係管理平臺 Salesforce 執行長馬克．貝尼奧夫（Marc Benioff），由於 Facebook 有讓人上癮的特性，所以他把該平臺比喻成香菸，同時也點破了這家公司的實務做法：「當所有人和所有東西都連結起來的時候，就必須認真思考，你相信眼前所發生的一切嗎？」

繼崔維斯．卡蘭尼克（Travis Kalanick）之後接手擔任 Uber 新執行長的達拉．柯霍斯洛夏西（Dara Khosrowshahi）也接受我的採訪。Uber 特別延攬這位 Expedia 前執行長來處理棘手的問題。

「你會想對蘇珊．佛勒說什麼話？」我希望他對這位因為勇於拒絕接受現狀而啟動了改變漣漪的女性發表一些想法，畢竟正是她的部落格文章指出了 Uber 遭到指控的性別歧視文化，進而震盪了整個矽谷。

「我會說她做得很好，」他表示，顯得謹慎又有些彆扭。「聽著，事情正在轉變，我認為眼前發生的一切十分重要，最終也一定會變好，只是在歷經改變的各個階段時，會感覺過程很痛苦。」

這一點我完全認同，矽谷最得我歡心的風氣正是「改變」。現在的圈外人，總有一天會變成圈內人；我本身也是如此。只是，坐在這些把我們帶往下一波世界秩序的科技巨人面前愈久，我就愈渴望得到更多——更多長篇故事報導、更多的透明度和真實性、更多的細微差別。

在這段時間，矽谷和華盛頓特區愈走愈近。就我記憶所及，科技公司創辦人過去認為華盛頓是個步調緩慢、作風企業化又充滿官僚的地方，科技與政府之間一向井水不犯河水，但隨著全國各地怨聲四起，這種關係很快就起了變化。如今科技公司被迫進入水深火熱的煎熬，面對平臺的生存危機。科技公司的領導者遭到基於黨派利益的政治人物質詢，必須捍衛自家公司，為他們對保守派抱有偏見的指控辯護。

我在發生劍橋分析醜聞期間訪問祖克柏的一個月後，第一次萬眾矚目的聽證會登場。祖克柏承認他會出現在國會面前，「假如這是應該要做的事情的話。」

二〇一八年四月，我飛到華盛頓特區觀看他履行這段陳述及其作證過程。場外，打扮成俄羅斯聊天機器人的民眾舉著抗議標語，等著要看一眼祖克柏。場內，議院加了很多椅子，讓所有有興趣旁聽這場聽證會的各方人士有位子可坐。以前我在參加主流媒體甚少關注的科技大會時，那些和我坐在一起的科技圈作者，現在互相幫忙在參議院的席位占位子。整個空間鬧烘烘的，大家都在等候全世界最令人興奮——就過去幾個月來講，是最可恨的——的公司執行長之一，他就要現身回答政治人物的提問。

八月的時候，傑克．多西致電廣播節目主持人肖恩．漢尼提（Sean Hannity），為運用「影子禁令」(shadow banning) 遮蔽保守言論的指控替公司辯護。所謂的影子禁令是指限制平臺上特定內容的能見度，如此一來用戶就比較不容易看到這些言論。接著在九月於國會山莊舉行的另外一場聽證會上，多西和參議員馬克．華納（Senator Mark Warner）討論到人民是否有權利知道自己是跟真人還是機器交談。我想到羅莉聊天機器人，想到隨著人類與機器的界線變得模糊，一定會在不久的將來出現道德考量的問題。

我們已經正式踏入了新紀元。

從甘迺迪機場四號航廈二十五號閘口出來要走一段很長的路，而這段路程對我來說已經變成像刷牙一樣的例行活動。我疲憊不堪，在馬不停蹄出差一個多月後，我的背發疼，站在行李提領區的我好像靈魂出竅了。奔波於東西兩岸的這段期間，有一件事如影隨行跟著我，但我依然難以做出決定：我和CNN的合約再過三個星期就到期了，究竟要留下還是離開，我得做出決定。

我回到辦公室之後，直接走去三號剪接室。想聊天抒解壓力，找羅斯準沒錯，而這樣的對話我們已經持續十年了。我走進去時，他正瞇著眼看螢幕。

「這也太瘋狂了，」羅斯邊搖頭邊說。「麥當勞因為幾百年前推出的地產大亨遊戲被告了。」

「什麼？」我湊到他肩膀上方，讀著那條標題：「前員警操縱麥當勞地產大亨遊戲偷走數百萬美元。」

我的喉嚨一緊，感覺自己臉色發白，我慢慢坐到羅斯身旁的旋轉椅上，一邊瀏覽那篇文章的內容。

顯然有人對麥當勞超大規模的地產大亨遊戲敲竹槓，整件事最後演變成一場詐騙案。這個遊戲的最大獎項全都落在一群知情人士的手上，其中包含了黑幫老大、脫衣舞俱樂部業者和毒販。

根據這篇文章，一位前警官在一間負責製作地產大亨遊戲貼紙抽獎券的行銷公司擔任保全主管，他利用職務之便，把價值最高的抽獎券——換句話說就是木板路——賣給他認識的人。

我盯著羅斯的螢幕，慢慢消化這件事情產生的衝擊。我冀望著能逃離一下童年生活，所以吃了幾百份的麥當勞套餐，但不管撕開多少張超大薯條上的抽獎貼紙，卻總是徒勞無功。原來整件事就是一場騙局。

我和丹尼爾舉杯向木板路致意的那些夜晚，竟然是以這個被操縱的地產大亨遊戲為初衷，這個遊戲害我多長了討厭的六、七公斤，還讓我整個人生都秉持著這套信念。

「羅斯，我想你一定不明白這件事情有多傷，」我緩緩說道。

「妳還好嗎？」他擔心地看著我。

原來木板路從來就不存在，那只不過是虛假的希望。沒有人得過一百萬美元，根本沒有人可以用充滿高熱量又不公平的方式得到。

我沒辦法呼吸。我花這麼多追逐木板路，和丹尼爾喝了那麼多馬丁尼，聊著該如何得到奇蹟。我的整個人生哲學就是建立在如果努力奮鬥，如果拒絕安於平凡，如果堅持下去，木板路就會來到的信念上。即便是在科技領域，我也把木板路的概念視如生命——不能就這樣滿足於現況，王國便是這樣建立起來的，產業就是這樣顛覆的，世界也是這樣改造的。

我生活的每個層面都堅持非木板路不可。但現在這一切若都是騙局那該怎麼辦？假如根本沒有木板路的存在那該怎麼辦？

我立刻傳訊息把這篇報導轉給丹尼爾。

喔，老天，他回答。

我呆若木雞地拿著手機，羅斯的聲音在身旁的某處。玩麥當勞地產大亨從來沒贏過一百萬這我無所謂，然而根本就不可能實現我以為有機會做到的事情，這一點讓我的世界天翻地覆。

要是你拒絕接受現狀會怎麼樣，你經歷了所有的心靈折磨、分手、艱難的職涯行動抉擇、內心和外界的戰役，為了更好的事情去奮戰……然後這種東西竟然不存在？這全都是麥當勞騙局？

第十九章

木板路就在心裡

該留還是該走這個問題，就像糟糕的第一次約會，總是徘徊在眼前，揮都揮不開，現在我只希望這件事有個了斷。我很驕傲自己努力過，但必須有個結論，才能去我最終真正想去的地方。

我的第一個想法是繼續與CNN合作，但不是專為CNN工作。留在某個職位上讓我有安全感，我可以一邊著手處理創立公司的事情。這個想法十分美好，然而任何非專屬的關係都會有一個「但書」。CNN高層不輕易鬆手，他們想簽一個有附帶條件的協議，譬如優先購片、獨家之類的條件，那感覺是很大的束縛。這也表示，我不是留下就是離職，要做這個決定並不容易，直到二〇一八年十一月最後一個星期一下午五點，我才下定決心。

隨著期限將至，我飽受焦慮之苦。早上天還沒亮我就醒來，經常一邊聽著垃圾車繞來繞去的熟悉聲音，一邊瞪著天花板，腦海裡轉著一樣的想法：**如果有勇氣離開的話呢？**

我很容易就可以從宏觀的角度來講自己的故事：**羅莉，這就是高潮點，是時候做決定、扭轉妳的人生了！**但是就像史蒂夫．賈伯斯（Steve Jobs）曾經說過的：「你沒辦法事先把這些點點滴滴串連起來，唯有在回顧時才會明白這些點滴是如何串連，所以你必須相信眼前的這些有朝一日會以某種方式串連起來。」

但問題是，我已經深陷在恐懼與焦慮之中，根本無法相信任何東西，更不用說相信自己了。清晰的目光是要設法去贏來的，但我忙著逃跑，沒辦法靜下來花一點時間找到它。

也因此當傑瑞．科隆納邀請我以參與者而不是記者的身分，加入一個在科羅拉多州洛磯山脈舉行的私人靜修營時，我立刻就答應了。他經常為他輔導的創辦人舉辦靜修營，我對這種活動瞭解不多，只知道他告訴我參加的人經過一個週末之後，似乎就能帶著一種清晰的感覺走出迷霧森林。總之我沒多問細節，就直接答應了他。

我本以為所謂的靜修營是一間偏僻小屋，周圍有成群的野牛在閒晃，在只剩幾天就必須告知CNN我的決定的情況下，這個環境簡直就是我逃避現實最需要的地方，結果等我抵達之後才明白，身旁有不少都是我訪問過的創辦人。

你一定是在開玩笑吧，我心想，這時我笑著向一位創辦人揮手打招呼，他提供的服務驅動著三分之一的網路，我希望臉上的笑容可以蓋住我的恐懼。每次我和這些人士談話時總是如影隨行的攝影機此刻不見了；麥克風和臉上的妝也都不見了。我覺得自己很脆弱，完全沒有遮掩，身上唯一有的東西就是我事先寫好的筆記，現在也弄得皺巴巴的，那是傑瑞交代我們要先做的功課之一。

我的人生有意義嗎？我用藍色原子筆潦草地寫下答案。**務必把一直限縮妳的憧憬和行動的那些螢幕、濾鏡和假想都除去。重新開始、停下、重做一次。**

如果他們要我把這些答案大聲念出來，我就把自己拿去餵野牛。

所有人都抵達之後，傑瑞把我們二十個人全部集合到一間樸素的會所，這間會所上方都是木頭，還擺著舒適的皮沙發，我們收到指示，要對彼此敞開心胸暢談，絕對不會留下任何紀錄。雪開始落下，早知道就多帶十二層衣服來保暖和偽裝自己。

我傾聽創業家分享他們最深層的希望和最黑暗的恐懼，在這些創業家中有不少是大公司女性領導者。他們現在說的都是以前不曾告訴過我的事情，也絕對不可能在鏡頭前說的事情。那是一種解放和對自己的坦然。我和在場很多人有共同點，我無意報導他們的故事，但是傾聽這些故事卻有助於我更瞭解自己，讓我得以慢慢構築跳板，等待一躍而起。接著就輪到我了，我告訴他們我心目中最完美的工作不能滿足我，告訴大家我想要更多，切換到發言這一端的角色令我覺得十分難為情。不過，當我在分享自身的故事時，這個我過去不曾真正講清楚的故事，我漸漸從敞開心扉的彆扭中安下心來。

第二天，傑瑞指示我們去跟樹木說話，這也太古怪又太玄了，如果是以往的我一定會馬上跑掉，但若是身價上億的企業執行長可以對著樹講話，那我也做得到。

我走進靜謐的樹林中央，雪落在身旁。這裡遠離車輛、警報器、燈光和推送通知，整個世界似乎停止了。最後我來到一棵大樹旁，它的枝幹朝我伸過來。我看看四周，依然意識到我在職場上認識的那些人士就在附近。**他們也在跟樹木說話，**我這樣提醒自己，然後又納悶這一小塊林地不知道會因為創辦人對著樹木講話而增值多少。我抓到自己正在啟動防禦機制，趕緊克制自己別再開玩笑。我得開始認真一點，就算這指的是對樹木講話也一樣。

我動也不動地站在科羅拉多州野外的一棵老松樹前。寂靜席捲而來，幾乎要把我震聾。

接著每一件事的壓力全朝我砸來，我哭了，眼淚滑下臉頰。

我回到了亞特蘭大，把自己的童年一片片拼湊起來。我以前用來支撐自己的那些故事，包括駛離車道的車、我的藍綠色 JanSport 後背包被丟棄在我們郊區那個小窩的沙發上，這些全都猛然爆開，在經過了這麼久之後，我也第一次允許自己去感受。我感受到我破碎的家庭、被拋棄的錐心之痛、格格不入的無奈、跳脫框架的能力。我體驗到揭露重大新聞的快感，體驗到對於承諾的恐懼，體驗到麥克和伊森給我的愛以及後來的苦痛。以飛機為家的孤單，攝影鏡頭給我的保護，總是堅持到底，為別人的長處喝采而不是我自己，這些我全都感覺到了。

我想到了丹尼爾、黛比和愛瑞卡，想到過去十年職涯的每一刻，想到我費盡千辛萬苦製作的重大報導能夠影響社會和文化。我想到《很像人類》，還有拒絕照章行事的作風迫使我創造自己的典範，從無到有把東西創造出來，用說故事作為教育、賦權和人際連結的途徑。

我覺得自己漸漸融化，正在釋放各種情緒，包括擔心被拋棄和失望的恐懼以及帶著韌性的痛苦在內。

我將手放在樹幹上，開始對它說話。「有些人會說你快死了，但我認為你站得比以前更挺更高。你好好撐過了。」

這時又有另一種轉變到來。我的防備心一直很重，當我感到巨大的悲傷時，從不肯讓任何人靠近我，這樣他們就沒有機會真正傷我的心。

「我避免別人傷我的心，」我告訴這棵歷經滄桑的樹木，把手放在它粗糙的樹皮上。「但是我卻傷了自己的心。」

我的心思全在這棵松樹上，渾身動不了。我為那個害怕親密感的孩子哀傷，所以我對自己和松樹許下承諾，要將盤據在心裡的那股恐懼放走。那股恐懼感總是告訴我，**妳一定會失望，沒有人真正愛妳，妳不會擁有愛。**

我就這樣佇立在松樹前好幾個小時，柔軟的雪慢慢堆了起來，擦去淚水後，我發現來時的小路已經消失在雪下。

妳會找到回去的路，我向自己保證。我受到一股急迫感的刺激，奮力穿過雪地，然後我回頭再看了一眼松樹，但現在幾乎看不到它了，不過卻可以看見自己從那棵樹走過來時所留下的足跡。我轉過頭來繼續朝著會所走去，這是我人生第一次聽到雪花飄落那純淨的聲音。

那天晚上，我找到傑瑞。我告訴他我內心的煎熬和該不該留在CNN的難題。我說我的人生目標就是找到木板路，我問他會不會我這輩子都用來尋覓更美好的感情和更有意義的工作。

他的表情變柔和了。他先調整了一下眼鏡，接著便讓靜默迴盪在空中。通常碰到這種情況時，我會設法填補對話的空白，但這次我觀照自己的內心，我從內心看到雪又開始落下，星星映照在銀色山坡上。

「羅莉，妳還不明白嗎？」他說道，將我從思緒中拉出來。「木板路就在心裡。」

等我踏上回紐約的飛機時，該怎麼做我已經瞭然於胸。

二〇一八年十一月二十六日，老天，我很不自在。我穿著紅色洋裝，坐在布魯克林丹波區的海濱步道，整個人看起來很像那個被我當成吉祥物的跳舞女郎表情貼。我喝了兩杯咖啡壯膽，一邊看著小朋友們跑去坐旋轉木馬，他們用手臂抱住華麗的馬匹，跟著上下起伏，背景是勾勒出紐約線條的高聳大樓。這幅像明信片一般的景象，我會寄給年輕時的自己，也就是坐在艾斯比蘭多咖啡店寫著自己未來的那個我：

親愛的羅莉，妳會實現完美的紐約夢，然後妳會坐在對岸，感覺眼前的一切好陌生。

我握住外帶咖啡杯那薄薄的杯身取暖，想把咖啡的熱能全都吸到手裡。今天是我準備離開CNN的日子。

再過兩個小時我就要和傑夫開會。我喝了最後一口咖啡，然後把戰略再順過一遍。一開始先報告《人類程式碼》和我針對Facebook十五週年規劃的紀錄片的最新進度，用好消息討好他，再順勢切入辭職的事。這個計畫很可靠，但我還是得奮力抵抗那種緊張到很想嘔吐的感覺。

我望著拖船在水面滑行過去，用歷盡滄桑的目光看著這個城市，這時我想到了過去這十年和那位搬到聖馬可廣場一二六號的年輕女孩，想到當上記者的目標已經完成打勾了。我對過去十年感到自豪，但也忍不住看著這精彩的十年造成的破壞。滿臉稚氣的創業家寫出了演算法，想當年他們草創的公司仍在迭代階段時，他們就向我承諾會把世界改造得更美好。但眼下的世界看起來並沒有更好，反而變得更極端，好像所有人都在互相大吼，沒有人願意傾聽對方。再來就是新聞編輯部的文化有了轉變，已經和我的身分認同交織得難解難分，我無法想像失去了這個身分認同會是什麼情景，但我知道我必須試著去想像。當我靜下來想想那些在新聞編輯部幫忙提攜過我、在幕後為我奮鬥的女性，我可以感覺到冷冷的水泥地面撐住我的雙腳。這些女性有很多都離開了。我那些位在領導階層的心靈導師這些年來也陸陸續續離開，有些是離開後才能更上一層樓，有些則因為被排擠而感到厭倦，或者像我一樣感到疲憊不堪。

幫助過我的人就是現在阻礙我的人，這一點令我十分難受，不過這又是另一種灰色地帶。但可以清楚看到的是，很多機會似乎消失了，我和愛瑞卡以及很多其他類似職位的女性不確定還想不想奮鬥下去的那些戰役和戰爭，也總是一直打輸。也許我沒辦法確切指出來，但只要往身後一看，在這家新聞臺工作十年之後的答案就在那裡，這一切可以用我後來終於明白的幾個字來形容：**千刀萬剮**。

這件事不容易解開，因為我的故事說起來是一場勝利。我成功了，也向上爬升了，這有一大半是因為自我踏入職場以來，諸多意志堅強的記者和主管願意投資我，其中有一些仍在這家公司任職。然而，無論我轉換到哪個方向，還是經常碰壁。像我這樣的人不可能跟高層主管辦公室扯上邊，這裡的職場文化就是如此。這裡的工作環境漸漸出現一種氛圍，我猜想當年那些提攜過我的女性在離職前想必也有同樣的感受。我爬得愈高，就覺得自己可以立足的地方愈少。現在是時候站出來替自己說話，而不是依賴別人告訴我什麼時候或用何種方式來表達意見。

這是個風和日麗的好天氣，小朋友們正在布魯克林大橋公園裡奔跑，我向主管、製作人，以及公司裡曾帶領我走到今天這個位置的男男女女致敬，同時也對自己許下承諾，我會建立我心目中的世界。我要創造我自己的環境，讓所有人都能向上提升；這不是容易的事，對於該怎麼做我也毫無頭緒。不過他們的框框是再也容不下我了。

我並非強勢或不知感恩，我是充滿野心沒錯，但不想為此道歉。對這家提攜我的公司，我有著五味雜陳的感激之情，而那些千刀萬剮也沒有毀掉我，反而幫我重生成新的版本，一種專屬於我的版本。

堅持這個感覺，我在心裡對自己說。我伸展了一下雙腿，然後起身離去。

「請到第八大道和第九大道之間的五十八街，」我告訴 Uber 駕駛。報這個地點就像報自己的名字一樣，過去十年我已經說過這句話太多次了。**CNN，哥倫布圓環，**我的第二個家。

車子經過丹波區四處可見的紅磚倉庫大樓和文青咖啡店時，我打電話給爸爸，報告我的最新情況。我們經常通電話，我也依賴他給我建議。

「我不敢相信我要這樣做，」我愈是大聲說出來，這件事就會變得愈真實。

我又繼續問了一遍同樣的問題，這個問題似乎是自我成年以來不管哪方面都在問自己的問題。我看著外頭的曼哈頓，還有沿著東河滑行的船隻。

「該如何離開那些其實並不可怕，但內心告訴你它不太對的事物？」我很開心現在能向父親諮詢心事，我們克服了走樣的親密關係，培養了真正的感情。在我為了留下或離開的抉擇而掙扎時，父親儼然成為我的知己，是第一批支持我離開的人。

「如果要實踐夢想，在某些時間點上妳必須腳踏實地，」在我們掛上電話前，父親對我說道。

踩穩步伐，腳踏實地。這肯定不容易。

「我來問妳一個問題吧。」駕駛是一位年長的黑人男士，他穿著藍色夾克，透過後照鏡凝視我。他顯然從我和父親零碎的焦慮談話中感覺到一點什麼。

「當然，請盡量問，」我回答。

「妳愛自己嗎？」他的聲音又低沉又緩慢，讓我擔心自己的人生會開始變得像九〇年代梅格．萊恩（Meg Ryan）主演的電影一樣。他繼續說道：「因為假如妳相信自己，那無論別人說什麼都不重要。」

我相信自己嗎？也該是開始相信自己的時候了吧！

「謝謝你，」我低聲說道，忍住想伸手抱他的念頭。說不定這就是傑瑞要我們對樹木說話的效果，不過我也變得有點玄了。

我下了 Uber 之後，一路走到時代華納中心，上到五樓。我把平底鞋換掉，改穿高跟鞋，然後在傑夫辦公室外面等候，直到他的助理請我進去。

我按照計畫，先把我已經針對《人類程式碼》這個系列所採訪過的創辦人列舉出來，包括 Uber 新任執行長、Pinterest 執行長、Salesforce 執行長等等。我讓自己浸淫在冷靜沉著的感覺中一會兒，接著再深深吸一口氣，準備切入我的「大消息」。這時，傑夫的電話響了。

他用手勢告訴我先暫停一下，打來的是他女兒，她在跟爸爸抱怨牙醫。

「別擔心，」他說，聲調變得很柔和，瞬間從電視臺高層主管變身為父親。「妳不用再去那家兒童牙醫了。」

我坐在那兒一邊聽他講電話，一邊感覺到自己的信心正一點一滴流失。**我怎麼能離開這裡？**我幾乎快不敢相信自己竟然會有辭職的念頭了。就在我最後一滴勇氣流乾之前，那通電話結束了。傑夫寶藍色的眼睛從我身上瞥向我身後的電視螢幕，然後又轉回來。我自始至終都得爭取他的關注。

我用了我所有的毅力站起身來談合約問題。我知道CNN想續約，我本來想告訴傑夫眼前的情況太棘手、我心情很不安，也想告訴他我很害怕，說我都在硬撐。結果我沒有，只是結結巴巴對他說：「條款太多了……」

他似乎不解。「什麼條款？那些我們都可以修改，只要給我四到五個訪問就可以。」

「但是，」我說，「如果這些訪問給你的話，我就不能用在其他地方了。」

我到底有沒有講到重點？

我們開始來來回回、兜著圈子協商。我心中已經被自我懷疑占滿，像曼哈頓大橋前那座旋轉木馬一樣開始暈眩起來。就在這個時候，我突然靈光乍現。

「傑夫，我想跟你聊聊龍蝦是怎麼成長的。」

坐在辦公桌另一邊的他先是看著我，然後移到沙發上，那是有要事商談時他會坐的地方。

接下來我便向這位全球最強大媒體組織之一的總裁娓娓道來，有一位猶太拉比在一支 YouTube 影片介紹龍蝦成長的過程。當改變自我的想法一直折磨我時，當擺脫我「應該」是什麼模樣的想法讓我煎熬時，我深深愛上了這支風靡了將近三十萬人的影片。

「龍蝦長大了就必須從殼裡出來，因為原來的殼已經太不舒服了。那種感覺很糟，而且是非常糟，這就是我為什麼這麼難說出口的原因，」我解釋道。

他直直望著我。

「妳想飛，」他說道。

「我確實想，」我回答，順勢抓住了這個混和的象徵說法。「我已經在CNN待了十年，現在需要一張空白畫布。沒有人在做我現在做的東西，我就是這領域的代言人。」

「妳想當卡拉．斯威舍（Kara Swisher）*，」他答道。

「不是，」我說。「我想要當羅莉．塞格爾。」

*美國著名的女性科技記者之一。

希望他能明白我一直以來所說的話：科技變得很像人類，我們需要同理心，我們需要真摯可靠的聲音來報導這種動向。

「妳想飛，」他又重複說了一遍。

這回他真正明白了。

我望著傑夫，知道這是我們最後一次這樣交談。

「我可以稍微多愁善感一下嗎？」這些話慌亂間就脫口而出。

他明亮的雙眼閃著光芒。「當然可以。」

「我一直很感激你就算沒有百分之百瞭解我說的話，但你信賴我，而且是真心相信。」我又繼續說道：「你相信我。我在這家公司的每個職位都是我去推銷自己才有的，還有我也不照章行事，我這輩子都當不了傳統記者。」對傑夫說這些話讓我的信念變得更具體實在。

「我知道，」他回答。「傳統記者不是妳的風格。」

我們最後討論了我預計何時離職的行政事宜，接著就結束談話了。我謝過傑夫，然後走出他的辦公室，對自己的勇氣感到不可置信。

那天晚上，我沿著西城走去我位在雀兒喜區的新公寓。我在置於床頭那本日記裡寫下一句話。**每一件事情都不確定的時候，就表示任何事都有可能。**我環顧我的新住處，這間比以前那間小多了，牆面是白色裸磚，還有一個很迷你的旋轉階梯通往不太平的屋頂，從屋頂上可以俯瞰西城。這個住處沒有一樣東西稱得上完美，還未拆封的箱子擺得到處都是，整體看上去亂糟糟的。但是我有一個感覺，某種真實的東西會從灰燼之中浮現出來。

隔天，我仍處於不可置信的感覺中，走在離辦公室還有兩條街的地方，一邊想著再過一段時間，這就不再是我通勤的路線了，但這時黛比傳來一封緊急簡訊，打斷我的思緒：**辦公室這邊有炸彈！**

我拐過轉角走向大樓，看到大家都湧到外面來，但個個都有典型的記者病：沒有人想離大樓太遠，因為很快我們本身就成為新聞報導的主角。警察封鎖了五十六街，大聲呼喊要旁觀者退遠一點，周邊街道停滿了紐約市警局的警車和消防車。

我走到一群編輯人員身邊。「羅斯在哪裡？」我問其中一個人，心跳得好快，希望他已經出來了。

結果他像變魔術一樣突然冒出來，戴著灰色圓便帽，身穿黑色夾克。我立刻伸出雙臂圈住他，給他一個很大的擁抱。我們望著眼前的情景，街道都用黃色警示帶封起來了，紅藍色的警示燈閃個不停，警用卡車車頂的警報器發出尖銳刺耳的聲音，在這個冷颼颼但晴朗的秋日裡，閃亮的高樓大廈把那些警示燈光和鳴笛聲反射到我們身上，那些聲音和光線都變形了。

「這個時候說早安會不會有點怪？」我說道。

「我可以接受。」他笑回。

顯然有人把一個土製炸彈送進了辦公大樓，這個炸彈後來在郵件收發室裡找到。感謝老天，保全先將可疑的包裹做了記號，並沒有直接打開它。我默默為蓋瑞祈禱，他是我最喜歡的保全人員。我沒辦法想像如果炸彈在收發室爆炸或是在新聞編輯部那層爆炸的話會有什麼後果。謝天謝地，我們得知每個人都平安無事，包括所有的保全人員在內。

我站在警戒線外，看到他們把爆炸裝置從大樓移走。這家媒體一向是民主的支柱，如今卻成了令人鄙視的對象。信賴感已經被「假新聞」這個詞攪亂，真相事實也被個人想法和不實資訊取而代之。我的目光停留在那輛裝有爆炸物的大卡車上，然後我拿出 iPhone 手機把它錄了下來。

稍後我們得知，將 CNN 炸成碎片的陰謀是從推特和 Facebook 的推文及貼文開始的。雖然這些威脅訊息已經被舉報，但並沒有被移除。隨著線上貼文武器化，變成實體暴力行為，仇恨言論朝著線下世界而來。如今轉折點已經來到，點一點、滑一滑就能轉變成讓鳴笛大作和警察大吼「後退！」的可怕行徑。

我望向羅斯，這個男人在我接到父親來電說他長了腫瘤之後，陪我走了五十條街；這個男人傾聽我含淚訴說分手的種種，告訴我如何把零碎的影帶內容剪接成揪心的故事。我對這位曾幫我拿到現在這份工作的男人滿懷感激，雖然我現在就要離職了。

「我要創立自己的公司，」我告訴他。

他點點頭，看起來絲毫不覺得意外。

「有機會的話要用我好嗎？」他說，對我眨眨眼，然後給我一個大大的擁抱。

「你知道我永遠也請不起你，」我說，附帶淚眼汪汪的笑容。

在CNN最後的幾週就像一陣旋風飛逝而過。我完成了我的兩個特輯節目，也和所有老同事道別。在最後一天上班日，我把新聞編輯部繞了一圈，聽著那熟悉的嘰嘰喳喳講話聲和手機的嗡嗡叫聲。燈光亮得刺眼，電視妝很厚重，但我覺得如釋重負。那些走廊充滿了回憶，有我追逐過的報導、我預約過的訪問，還有忙著整理新聞報導影片的那些深夜和清晨。我深深愛著這個地方，年輕歲月都投入到小邊間努力打拚。

接著我又回去再見一次傑夫。我的手提包裡有個紙鎮，那是我和伊森在紐奧良買的，是個小龍蝦造型的小雕像，不過看起來有點像龍蝦。

「我希望你知道，在我經歷過的所有分離場面當中，這個是最讓我難受的，」我對他說，指的是我即將離開CNN這件事。「我想這就表示這次分離對我而言意義最重大。」

我把紙鎮遞給他。

他笑著把紙鎮放在辦公桌上的那些相框旁邊。

數天後，他在我的歡送卡上面簽名並寫上，**給我最喜歡的龍蝦。**

再一次，又到了我替自己撰寫職務內容的時候了。

後記

點點點

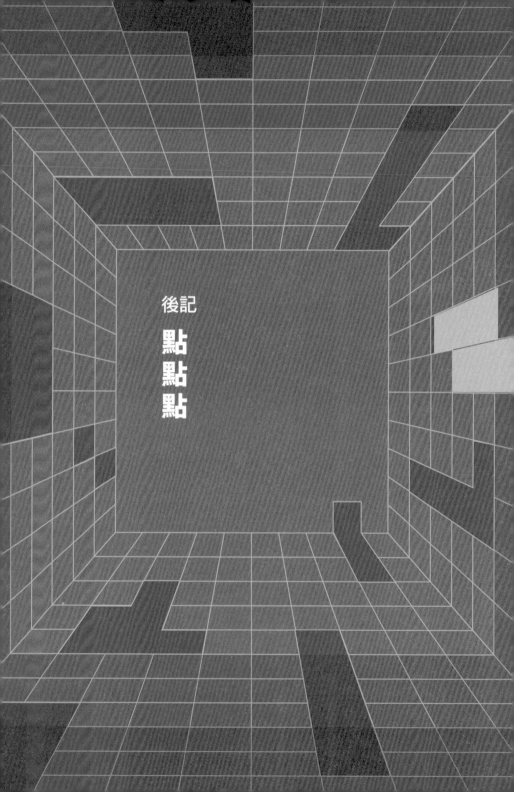

我離開CNN的時候十分心痛，不過卻是我做過最棒的事情，因為這是我的龍蝦時刻。我的整個職業生涯都在報導那些對抗各種「應該」的人，包括應該怎麼過日子、應該有什麼作風之類的普世標準，然而我卻毫無概念，原來離開這個我「應該」非常渴望的工作，離開我「應該」好好維持的感情關係，離開我原本可以過上的好生活是這麼困難的事情。拒絕這些東西是需要勇氣的，而且老天爺啊，真的太難了。

離開CNN後的一個月，也就是二〇一九年三月的某一日，丹尼斯．克勞利請我去SXSW盛會的舞臺上訪問他，向Foursquare成立十週年紀念日致敬。我帶了我十年前第一次訪問他時用的舊筆記本去，筆記本上潦草寫著「興衰起伏」和「堅持不懈」等字詞，而這些字詞似乎就是我們兩人的寫照。

回想十年前，他是個派對咖，地鐵站成排的海報上都看得到他；回想十年前，我是個假裝自己是製作人的CNN製作助理。如今他是兩個孩子的父親，從Foursquare執行長之位下臺後擔任執行董事長，我開始獨立闖天下，沒有CNN的保護殼。從產業欣欣向榮那段夜夜豪飲的生活到現在，我們兩個都知道自己經歷了多少才走到了今天。

離職後一個月，我坐在他身旁，想起了早年紐約的科技風景。那個時候的一天很漫長，充滿了野心和機會，晚上邊喝啤酒邊敲定交易，千百萬美元的收購案湧向二十幾歲的年輕人，讓他們很早就致富。我還想起了東村以及我那間位在聖馬可廣場沒有電梯的公寓，想起了紐約市中心貼了很多Foursquare的貼紙，那是工程師寫了幾個小時的程式碼又去湯姆和傑瑞酒吧喝了很多啤酒之後，醉醺醺跑去幫建築物貼貼紙的結果，目的就是要驕傲地向大家暗示，**我們來了，我們是某件事物的一分子。**

但是現在，每一個人都成長了，我們也到達目標了，不過我有一種感覺，很多屬於「某件事物」一分子的人，已經準備好進入下一個篇章。

我們準備結束訪問時，我請丹尼斯說明一下我十年前訪問的那個他，和此刻與我一起坐在臺上的這個人最大的不同點是什麼。

「我過了好幾年覺得除非等 Foursquare 掛了我才能結婚，等 Foursquare 掛了我才能生孩子的人生，」他說道。「但是這種日子走到一半我又覺得，去他的，我要過一過工作以外的生活，於是我就結婚了，也有兩個超級棒的孩子，這是最棒的事情了，比創立 Johnny Startup* 更棒。」他停了一下又補充說：「謝謝妳讓我有機會說了這些話。」

「結束科技話題最好的方式，就是用人性來結束，」我回答，而且我真心這麼以為。

這些年來我築起了一個重新為科技注入人性的夢想，已經收集了許多記錄著各種點子和要點的筆記與餐巾紙，現在終於是實現這個雄心壯志的時候了。

我和一位親愛的朋友德瑞克・道吉合作，早期我們在CNN工作的時候就曾經共事過。我倆開始策劃新公司，這讓我想起最初那段和黛比及愛瑞卡合作的時光。德瑞克確實是一位最佳拍檔，能用冷靜沉著來因應我的混亂，我們馬不停蹄，邊喝咖啡邊忙，不管是一大清早或是深夜都有我們工作的身影。

我這些年來建立的人脈就是我們的資源，同時我也開始和原本就認識的天使投資人商談。不管是我還是德瑞克，都把家裡的牆壁貼上一大堆便利貼，便利貼寫了節目構想、主題和公司的雄心壯志。這一切都以我們的創立使命為依歸：從充滿濾鏡的世界裡找出真實，以人性和各種視角去審視複雜的問題。我們仔細思考過一家現代媒體可以是什麼模樣，同時也對自己許諾，我們要建立一個跳脫傳統媒體與電視的公司，目標是創作節目、書籍和電影，並且探索還沒有人開始討論的新形式媒體。

二〇一九年十二月，我們的「點點點」（Dot Dot Dot）公司推出了，同時我們的辦公室也在聖誕節期間開張，就位在小義大利一個賣卡諾里起司捲小攤子的上方。然而，才過了幾個月，新冠病毒襲擊紐約市，我們只能落荒而逃，留下空蕩蕩、只剩螢幕和便利貼的辦公室。

救護車的鳴笛聲成了生活中的配樂，眼下流行的活動是隔離。在這個天翻地覆的世界裡，光是對著鄰居呼吸都有可能害了他們，我們想透過科技視角來尋找人性的概念，在此刻竟顯得格外深刻和重要。如今人們透過攝影鏡頭彼此連結；我們開 ZOOM 線上會議、按讚、捲動、傳訊和點擊，大家在抖音（TikTok）上面跳舞，Instagram 隨便

*丹尼斯．克勞利曾創立的公司之一。

一滑都是做麵包的影像和表示感謝的「#gratitude」主題標籤。但是坦白說，人們**實際上**過得如何真的很難判斷。我們迫切需要人情味，隨著人們標註了被病毒奪去的摯愛，Facebook 已然成了數位墳場。人性美好的致敬和非凡舉動無所不在，只是大家都用了「痛苦」這個共同濾鏡。

我們創立「點點點」的時候，是在一個疫情即將迫使大家更加依賴科技，與科技的關係更密不可分的時空。尋覓連結這樣的概念，如今有了全新的意義和急迫，而我們的使命也變得更為重要。

我們使出渾身解數創作別具意義的內容，讓人們不至於那麼寂寞孤單。我和德瑞克在各自的公寓推出內容工作室，設計《很像人類》這種我們認為能發揮影響力的節目概念。也因此我們製作了名為《第一次接觸》(*First Contact*) 的播客 (podcast) 節目，透過說故事的方式正視科技界的道德問題，同時我們也和我認識多年的矽谷創辦人簽下交易，準備在因疫情而起的新平臺上創作內容。

我要驕傲地宣告，我寫的這本書正是「點點點」的產品。

我們有過好時光，也碰過壞日子。但即便是新冠病毒帶走家人、朋友和鄰居這種可怕的境遇，也可以成為不凡的視角。

然而，二〇二〇年終究是個擊垮媒體的一年。利基市場的平臺隨後崛起，成為受信賴的管道，傳統媒體則在進入後川普時代之前便已苦苦掙扎。我們有超前意識，而且也已經起步。我相信我們會一直尋找立足點，不過創立「點點點」已經是我生涯至此做過最艱難但又最有收穫的事情。

在那段特別辛苦的日子裡，我有一天從 Zoom 那個像監牢的框框打電話給傑瑞，想問他在眼下這前所未有的衰退趨勢當中，我能否完成原本著手要做的事情。

當我看到他熟悉的臉龐出現在螢幕上那一刻，如釋重負地鬆了一口氣。

「之後一定會有疫苗可以打，憲政危機會挺過去，我們會處理種族清算、經濟崩盤的問題，也一定能夠擁抱彼此，」他用令人安心的嗓音向我保證。

不過這真是一張很長的清單啊！

「還有，羅莉，」他又補充說，定睛看著我滿是憂慮的臉。我不但笑容緊繃，也沒辦法直視他。「妳的公司一定會找到賺錢的方法。」

我晚上經常睡不著，擔心疫情當前我不得不解僱員工，擔心我完成不了已經著手去做的事情。害怕我們的摯愛會被病毒奪走，害怕我們的生活會被摧毀，這種恐懼感已經蔓延到全球，每一個人都在經歷生存的痛苦，我的焦慮也只是其中的一部分而已。

「這種事本來就像雲霄飛車一樣，」傑瑞提醒我，指的是我倆都很清楚的創業歷程。「所以問題是，妳打算怎麼對付這個過程？」

我還沒辦法回答這個問題，不過我承諾自己，一定會好好熟悉這段起伏不定的旅程。

他又繼續說道：「現在跟我說說強的事吧。」

我告訴他我找到了「沒有問號的感情」，這是個出乎意料的驚喜。

我笑了起來，想到瓊恩明亮的藍眼睛，他與生俱來的善良，還有他出現在我眼前已經八年了，我倆竟然都沒有抬起頭來弄明白這一點。但是在這個超現實的夏天，全球疫情瓦解一切，只留下我們最基本也最重要的東西時，一切都改變了。

我想起傑瑞說過的話：**木板路就在心裡。**離開CNN一年之後，我覺得自己找到了心中的木板路，也知道我好好照顧了自己的頭腦和心靈，所以感覺很安心。我已經放慢腳步，也冒險一試，去誠實面對我想要過的那種生活，結果我的人生因此敞開。瓊恩就是我的奇蹟。

「羅莉，別忘了人生意義和愛，這些就是妳的支柱，」傑瑞說道。「其他東西都很瘋狂，只要能掌握人生意義，與愛保持連結，持續成長就行。」

我登出後深深吸了一口氣，繼續回去工作。我必須把自己浸淫在那些點滴當中，相信有朝一日這些點點滴滴必能串連起來。

在我邁向下一個階段，挺過不可預見的試煉與磨難之後，我有這個榮幸回頭審視過去十年的所見所聞，有這個榮幸以親身經歷體認到成功會跟著失敗而來，並且明白執行長也是人，矽谷的泡泡應該粉碎，同時也知道木板路就在那裡，奇蹟就在那裡，只是必須從內心找起。

沒錯，科技將人們置於非常「……」的一刻，然而這不就是重點嗎？各種不確定會為我們創造龐大的機會——正如傑瑞所說——讓我們鼓起強烈的勇氣，去做真正的自己。在這個濾鏡愈來愈多的世界裡找到真實並不容易，我每天都在為此努力，但這也激發我繼續去尋覓；尋覓更重要的東西、一百萬美元的拼圖、沒有問號的感情、可以改變世界的科技、我相信每個人都有能力去過的生活。

我們設法從這個新時代摸索出一條路的過程中，我所抱持的信念是，將人類帶到目前這個處境的那股力量，其實就是歷史上讓人類歷經各種複雜時期的力量。以我的經驗來講，這股力量同時包含了不安與韌性，也就是儘管外界發生種種崩解也依然信任我們內在的演算法，也正是這股力量造就了最厲害的創業家、最美好的關係，還有更重要的是，創造出有人生意義、愛與成長的圓滿生活。

所以，現在就破開人生，培養適合你的新殼，迎接充滿龍蝦時刻的未來，這是只有你能做決定的事情。沒有○和一，沒有演算法，科技是人類的另一層皮膚，現在就開始重新再感受一次吧！

謝誌

寫書是我一生的夢想，能寫自己的故事更是一種恩典。這本書揭露了很多，所以把它攤在陽光下的感覺就像全裸走在街上一樣，但有一種剛剛好的可怕。而今天這本書之所以能問世，那都是太多人齊心相助才有這個結果。

我的經紀人貝姬．史威倫（Becky Sweren），謝謝妳給我勇氣分享自身的故事，引導我走完這趟旅程。我依然記得我們最初在一間滿是書本的辦公室裡對話的情景，也忘不了妳對我的鼓勵（和信心），相信我一定會如期交稿。妳在我準備好好看看自己時看到了我，也投資了我，我永遠感激不盡。

潔西卡．辛德樂（Jessica Sindler）和迪伊．史崔特（Dey Street），謝謝妳們相信這個故事的價值；麗茲．史坦恩（Liz Stein），謝謝妳全力以赴，激發了我的每一步。妳們是我最不可思議的傑出女性團隊。

德瑞克·道吉，謝謝你，你是我這一路走來的精神支柱，也是我的明燈、磐石，又是我的商業夥伴和摯友，謝謝你時時給我勇氣，讓我看清楚現實。

媽媽，謝謝妳。妳讓我知道什麼叫做擁有一顆非凡的心，若是沒有妳，我不會有今天，謝謝妳這麼多年來給我的愛與支持。在電話那頭的妳一直陪伴著我。我永遠感激妳。

爸爸，謝謝你一直支持我的夢想，在我採取不合常理的行動時依然表現得泰然自若，即便這個行動意味著祕密採訪貞潔舞會，或是眼睜睜看著我辭掉夢幻工作。謝謝你營造了一個充滿愛與支持的環境。

大衛·塞格爾，我這位創意無限又走在時代尖端的弟弟，謝謝你，你給我的第一個提點讓我知道科技是很有意思的東西。我永遠心存感激。

羅拉·潘楚西（Laura Pancucci），謝謝妳，雖然書中沒有提到妳的名字，但每一處都有妳。妳是我人生中最特別的人之一，若是沒有妳這一切都不可能發生。願每個人的生命裡都有像羅拉·潘楚西這樣的人，妳改變了我的一生，這本書的主題和字字句句都有妳的存在，謝謝妳。

我的紐約家人：在這裡有一群最棒的怪咖朋友挺我真的太不可思議了。謝謝你們在我寫書的過程給予情感支援，而且坦白說，在我的生命中也是如此。黛比，妳是我的死黨，總是提醒我別忘了同理心與人性。狄倫和茱迪，疫情肆虐時你們兩位在對街舉行逾越節家宴，讓我也吃到「聚餐」。我怎麼會如此幸運？

漢娜，我聰慧美麗的朋友，和妳一起散步可以療癒我，妳我之間的友誼使我成為更完整的人。

愛瑞卡·芬克，謝謝妳成為這本書中史詩愛情故事之一。我每天努力奮鬥，都是為了要把我們最終的願望清單完成劃掉。

傑夫·佐克，謝謝你從我職業生涯初期就把賭注押在我身上，也感謝你有創業家的精神。

莎賓娜·珍森（Sabine Jansen），謝謝妳幫忙追蹤珍貴的往昔回憶，從混亂中理出秩序。

萊斯理·威爾斯（Leslie Wells），謝謝妳在這段路上亦步亦趨的相助，促使這本書順利跨過終點線，沒有妳我不可能做到。拉菲·羅森堡（Raffie Rosenberg），謝謝妳從「點點點」草創之初就成為我的得力女助手。

卡拉·克雷普（Carla Klepper），謝謝你讓我在《緋紅黃金》（*Crimson and Gold*）做我人生第一個寫作工作，一直鼓勵我展現自己的話語權。

貝芙麗·歐森文卡尤（Beverly Osemwenkhaeu）和梅瑞爾·達利（Merrel Daly），謝謝妳們讓我覺得活出最棒的自己。

麥可·艾森伯格（Michael Eisenberg），謝謝你說服我「按『行動』鍵就對了。」多虧有你，我們才有今天。

阿里耶，波爾寇夫（Aryeh Bourkoff），謝謝你找到我、「點點點」和其他的一切，你的精神指引和友誼是恩典。一起迎向不凡。

最後，強，我要特別謝謝你。找到你對我而言是天大的驚喜，謝謝你成為我的奇蹟。

方向 77

記者、科技與改變世界的怪胎們

從小魚變大鯊魚，CNN 前資深記者與科技大老的華麗冒險
Special Characters: My Adventures with Tech's Titans and Misfits

作　　者：羅莉．塞格爾（Laurie Segall）
譯　　者：溫力秦
責任編輯：簡又婷
校　　對：簡又婷、林佳慧
封面設計：蕭旭芳
排版設計：Yuju
寶鼎行銷顧問：劉邦寧

發 行 人：洪祺祥
副總經理：洪偉傑
副總編輯：林佳慧
法律顧問：建大法律事務所
財務顧問：高威會計師事務所
出　　版：日月文化出版股份有限公司
製　　作：寶鼎出版
地　　址：台北市信義路三段 151 號 8 樓
電　　話：(02)2708-5509／傳　真：(02)2708-6157
客服信箱：service@heliopolis.com.tw
網　　址：www.heliopolis.com.tw
郵撥帳號：19716071 日月文化出版股份有限公司

總 經 銷：聯合發行股份有限公司
電　　話：(02)2917-8022／傳　真：(02)2915-7212
製版印刷：軒承彩色印刷製版股份有限公司
初　　版：2023 年 6 月
定　　價：400 元
ISBN：978-626-7238-82-0

國家圖書館出版品預行編目 (CIP) 資料

記者、科技與改變世界的怪胎們：小魚變大鯊魚，CNN 前資深記者與科技大老的華麗冒險／羅莉．塞格爾 (Laurie Segall) 著；溫力秦譯 . -- 初版 . -- 臺北市：日月文化出版股份有限公司，2023.06
448 面；14.7 × 21 公分 . --（方向；77）
譯自：Special characters : my adventures with tech's titans and misfits
ISBN 978-626-7238-82-0（平裝）

1.CST: 塞格爾 (Segall, Laurie.) 2.CST: 回憶錄 3.CST: 新聞記者
785.28　　　　　　　112005257

日月文化集團
HELIOPOLIS
CULTURE GROUP
客服專線 02-2708-5509
客服傳真 02-2708-6157
客服信箱 service@heliopolis.com.tw

廣告回函
台灣北區郵政管理局登記證
北台字第 000370 號
免貼郵票

日月文化集團 讀者服務部 收

10658 台北市信義路三段151號8樓

對折黏貼後，即可直接郵寄

日月文化網址：**www.heliopolis.com.tw**

最新消息、活動，請參考 FB 粉絲團

大量訂購，另有折扣優惠，請洽客服中心（詳見本頁上方所示連絡方式）。

大好書屋　寶鼎出版　山岳文化

EZ TALK　EZ Japan　EZ Korea

日月文化集團
HELIOPOLIS
CULTURE GROUP

感謝您購買 **記者、科技與改變世界的怪胎們**
從小魚變大鯊魚，CNN前資深記者與科技大老的華麗冒險

為提供完整服務與快速資訊，請詳細填寫以下資料，傳真至02-2708-6157或免貼郵票寄回，我們將不定期提供您最新資訊及最新優惠。

1. 姓名：＿＿＿＿＿＿＿＿ 性別：□男 □女
2. 生日：＿＿＿年＿＿＿月＿＿＿日 職業：
3. 電話：（請務必填寫一種聯絡方式）
（日）＿＿＿＿＿＿（夜）＿＿＿＿＿＿（手機）＿＿＿＿＿＿
4. 地址：□□□＿＿＿＿＿＿＿＿
5. 電子信箱：＿＿＿＿＿＿＿＿
6. 您從何處購買此書？□＿＿＿＿＿縣/市＿＿＿＿＿書店/量販超商
□＿＿＿＿＿網路書店 □書展 □郵購 □其他
7. 您何時購買此書？ 年 月 日
8. 您購買此書的原因：（可複選）
□對書的主題有興趣 □作者 □出版社 □工作所需 □生活所需
□資訊豐富 □價格合理（若不合理，您覺得合理價格應為＿＿＿＿）
□封面/版面編排 □其他＿＿＿＿＿＿＿＿
9. 您從何處得知這本書的消息： □書店 □網路／電子報 □量販超商 □報紙
□雜誌 □廣播 □電視 □他人推薦 □其他
10. 您對本書的評價：（1.非常滿意 2.滿意 3.普通 4.不滿意 5.非常不滿意）
書名＿＿＿ 內容＿＿＿ 封面設計＿＿＿ 版面編排＿＿＿ 文/譯筆＿＿＿
11. 您通常以何種方式購書？□書店 □網路 □傳真訂購 □郵政劃撥 □其他
12. 您最喜歡在何處買書？
□＿＿＿＿＿縣/市＿＿＿＿＿書店/量販超商 □網路書店
13. 您希望我們未來出版何種主題的書？＿＿＿＿＿＿＿＿
14. 您認為本書還須改進的地方？提供我們的建議？
＿＿＿＿＿＿＿＿＿＿＿＿＿＿＿＿
＿＿＿＿＿＿＿＿＿＿＿＿＿＿＿＿
＿＿＿＿＿＿＿＿＿＿＿＿＿＿＿＿
＿＿＿＿＿＿＿＿＿＿＿＿＿＿＿＿

方 向

寶鼎出版

方 向

寶鼎出版